**COLLECTION MICHEL LÉVY**
— 1 franc le volume —
1 franc 25 centimes à l'Étranger

# ALEXANDRE DUMAS
— ŒUVRES COMPLÈTES —

# INGÉNUE

I

PARIS
MICHEL LÉVY FRÈRES, LIBRAIRES-ÉDITEURS
RUE VIVIENNE, 2 BIS

1860

**COLLECTION MICHEL LÉVY**

# ŒUVRES COMPLÈTES
# D'ALEXANDRE DUMAS

Coulommiers. — Imprimerie de A. MOUSSIN.

# INGÉNUE

PAR

ALEXANDRE DUMAS

PARIS

MICHEL LÉVY FRÈRES, LIBRAIRES-ÉDITEURS

RUE VIVIENNE, 2 BIS

—

1860

Tous droits réservés

# INGÉNUE

## I

### LE PALAIS-ROYAL

Si le lecteur veut bien nous suivre avec cette confiance que nous nous flattons de lui avoir inspirée, depuis vingt ans que nous lui servons de guide à travers les mille détours du labyrinthe historique que, Dédale moderne, nous avons entrepris d'élever, nous allons l'introduire dans le jardin du Palais-Royal pendant la matinée du 24 août 1788.

Mais, avant de nous hasarder sous l'ombre de ce peu d'arbres que la cognée de la spéculation a respectés, disons un mot du Palais-Royal.

En effet, le Palais-Royal — qui, à cette époque où nous levons le rideau sur notre premier drame révolutionnaire, est en train de subir, grâce à son nouveau propriétaire, le duc de Chartres, devenu duc d'Orléans depuis le 18 novembre 1785, une transformation considérable — mérite, par l'importance des scènes qui vont se passer dans son enceinte, que nous racontions les différentes phases qu'il a parcourues.

Ce fut en 1629 que Jacques Lemercier, architecte de Son Éminence le cardinal-duc, commença de bâtir, sur l'emplacement des hôtels d'Armagnac et de Rambouillet, l'habitation qui prit d'abord modestement le titre d'hôtel de Richelieu; puis, comme, à cette puissance qui s'agrandissait de jour en jour, il fallait une demeure digne d'elle, on vit, peu à peu, devant cet homme dont la destinée, était de faire brèche à toutes les murailles, s'écrouler le vieux mur d'enceinte de Charles V; en s'écroulant, le mur combla le fossé, et la flatterie put entrer de plain-pied au Palais-Cardinal.

S'il faut en croire les archives ducales, le terrain seul sur lequel s'élevait le chef-d'œuvre de Jacques Lemercier avait coûté, d'acquisition, huit cent seize mille six cent dix-huit livres, somme énorme pour cette époque, mais qui, cependant, était bien faible, en comparaison de celle qu'on avait dépensée pour le monument : celle-là, on la cachait avec soin, comme Louis XIV cacha, depuis, celle que lui avait coûtée Versailles; quoi qu'il en soit, elle éclatait par tant de magnificence, que l'auteur du *Cid*, qui logeait dans un grenier, s'écriait devant le palais de l'auteur de *Mirame* :

> Non, l'univers entier ne peut rien voir d'égal
> Aux superbes dehors du Palais-Cardinal;
> Toute une ville entière, avec pompe bâtie,
> Semble d'un vieux fossé par miracle sortie,
> Et nous fait présumer, à ses superbes toits,
> Que tous ses habitants sont des dieux ou des rois!

En effet, ce palais était si magnifique — avec sa salle de spectacle, qui pouvait contenir trois mille spectateurs; avec son salon, où l'on jouait les pièces que les comédiens représentaient ordinairement sur le théâtre des Marais-du-Temple; avec sa voûte, décorée en mosaïque sur fond d'or par Philippe de Champagne; avec son musée des grands hommes peints par Vouet, Juste d'Egmont et Paerson, musée dans lequel, confident de l'avenir, le cardinal avait d'avance marqué sa place; avec ses statues antiques, venues de Rome et de Florence; avec ses distiques latins, composés par Bourdon, ses devises, imaginées par Guise, l'interprète royal, — que le cardinal-duc, qui, cependant, ne s'effrayait point facilement, on le sait, s'effraya de cette magnificence, et, pour être sûr d'habiter son palais jusqu'à sa mort, le donna de son vivant au roi Louis XIII.

Il en résulta que, le 4 décembre 1642, jour où le cardinal-duc trépassa en priant Dieu de le punir si, dans le cours de sa vie, il avait fait une seule chose qui ne fût point pour le bien de l'État, ce palais, où il venait de mourir, prit le nom de Palais-Royal; nom que les révolutions de 1793 et de 1848 lui enlevèrent, pour lui donner successivement ceux de Palais-Égalité et de Palais-National.

Mais, comme nous sommes de ceux-là qui, malgré les décrets, conservent leurs titres aux hommes, et, malgré les révolutions, gardent leurs noms aux monuments, le Palais-Royal, si nos lecteurs veulent bien le permettre, continuera de s'appeler, pour eux et pour nous, le Palais-Royal.

Louis XIII hérita donc de la splendide demeure; mais Louis XIII n'était guère qu'une ombre survivant à un cadavre, et, comme fait le spectre d'Hamlet à son fils, le spectre du cardinal faisait signe à Louis XIII de le suivre; et, de quelque résistance qu'il se cramponnât à la vie, Louis XIII, frissonnant et pâle, le suivait, entraîné par l'irrésistible main de la Mort.

Alors, ce fut le jeune roi Louis XIV qui hérita de ce beau palais, d'où le chassèrent, un matin, MM. les frondeurs; chose qui le lui fit prendre dans une telle haine, que, lorsqu'il revint de Saint-Germain à Paris, le 21 octobre 1652, ce fut, non plus au Palais-Royal qu'il descendit, mais au Louvre; si bien que cet édifice, qui émerveillait tant le grand Corneille, devint la demeure de madame Henriette, que l'échafaud de White-Hall avait faite veuve, et à laquelle la France donnait cette hospitalité que l'Angleterre devait rendre, deux siècles plus tard, à Charles X, et qui se pratique de Stuart à Bourbon.

En 1692, le Palais-Royal forma la dot de Françoise-Marie de Blois, cette fille langoureuse et endormie de Louis XIV et de madame de Montespan, dont la princesse palatine, femme de Monsieur, nous a laissé un si curieux portrait.

Ce fut M. le duc de Chartres, plus tard régent de France, qui, la joue rougie encore du soufflet que lui avait donné sa mère en apprenant sa future alliance avec la bâtarde royale, fit entrer, à titre d'augmentation d'apanage, le Palais-Royal dans la maison d'Orléans.

Cette donation faite à Monsieur et à ses enfants mâles descendant de lui en loyal mariage, fut enregistrée au Parlement le 13 mars 1693.

Est-ce la réunion de ces deux chiffres 13 qui a porté deux fois malheur à deux descendants mâles de cette illustre maison?

Pendant la période écoulée entre la fuite du roi et la donation du Palais-Royal à Monsieur, de grands changements avaient été pratiqués dans le château; Anne d'Autriche, en effet, au temps de sa régence, y avait ajouté une salle de bain, un oratoire, une galerie, et, par-dessus tout cela, le fameux passage secret dont parle la princesse palatine, et par lequel la reine régente se rendait chez M. de Mazarin, et M. de Mazarin chez elle « car, ajoute l'indiscrète Allemande, il est aujourd'hui à la connaissance de tout le monde que M. de Mazarin, qui n'était pas prêtre, avait épousé la veuve du roi Louis XIII. »

Ce fait n'était peut-être pas encore, comme le disait la princesse palatine, à la connaissance de tout le monde; mais, grâce à elle, il allait singulièrement se populariser.

Étrange caprice de femme et de reine, qui résiste à Buckingham, et qui cède à Mazarin!

Au reste, les nouvelles constructions ajoutées par Anne d'Autriche ne déparaient pas la splendide création du cardinal-duc.

La salle de bain était ornée de fleurs et de chiffres dessinés sur fond d'or; les fleurs étaient de Louis, et les paysages de Bélin.

Quant à l'oratoire, il était orné de tableaux dans lesquels Philippe de Champagne, Vouet, Bourdon, Stella, Lahire, Dorigny et Paerson avaient retracé la vie et les attributs de la Vierge.

Enfin, la galerie, placée dans l'endroit le plus retiré du château, était à la fois remarquable par son plafond doré, qui était de Vouet, et par son parquet en marqueterie, qui était de Macé.

C'est dans cette galerie que la reine régente avait fait arrêter, en 1650, par Guitaut, son capitaine des gardes, MM. de Condé, de Conti et de Longueville.

Le jardin contenait, alors, un mail, un manége et deux bassins, dont le plus grand s'appelait le Rond-d'Eau; il était planté d'un petit bois assez touffu et assez solitaire pour que le roi Louis XIII, le dernier des fauconniers français, pût, de son vivant, y chasser la pie.

En outre, on avait ajouté au palais un appartement destiné à l'habitation du duc d'Anjou, et, pour le construire, on avait détruit l'aile gauche du palais, c'està-dire cette vaste galerie que Philippe de Champagne avait consacrée à la gloire du cardinal.

Monsieur mourut d'une attaque d'apoplexie foudroyante, le 1er juin 1701.

C'était l'homme que Louis XIV avait le plus aimé au monde; ce qui n'empêcha point, lorsque, deux heures après cette mort, madame de Maintenon entra dans la chambre de son auguste époux, — car elle aussi était mariée, — ce qui n'empêcha point, dit Saint-Simon, qu'elle ne trouvât le roi chantant un petit air d'opéra à sa propre louange.

A partir de cette heure, le Palais-Royal devint donc la propriété de celui qui, quatorze ans plus tard, devait être régent de France.

Nous savons tous, un peu plus ou un peu moins, un peu mieux ou un peu plus mal, ce qui se passa dans la sévère demeure du cardinal du 1er septembre 1715 au 23 décembre 1723; — et peut-être est-ce depuis cette époque que s'est répandu chez nous ce proverbe : « Les murs ont des yeux et des oreilles. »

Outre les yeux et les oreilles, les murs du PalaisRoyal avaient une langue, — et cette langue a, par la bouche de Saint-Simon et du duc de Richelieu, raconté de singulières choses.

Le 23 décembre 1723, le régent, étant assis près de madame de Phalaris, se sentit le front un peu lourd, et, inclinant la tête sur l'épaule du *petit corbeau noir*, — c'est ainsi qu'il appelait sa maîtresse, — il poussa un soupir, et mourut.

La veille, Chirac, son médecin, avait fort insisté pour que le prince se laissât saigner; mais le duc avait remis la chose au lendemain : — l'homme propose, Dieu dispose.

Au milieu de tous ses plaisirs, si étranges qu'ils fussent, le régent, qui, au bout du compte, était artiste, avait fait bâtir, par son architecte Oppenort, un magnifique salon servant d'entrée à la galerie élevée par Mansart; ces deux constructions s'étendaient jusqu'à la rue de Richelieu, et ont fait place à la salle du Théâtre-Français.

Alors, Louis, fils dévot d'un père libertin; Louis, qui devait faire brûler pour trois cent mille francs de tableaux de l'Albane et du Titien, à cause des nudités qu'ils représentaient; Louis, sauf la grande allée du cardinal, qu'il conserva, fit planter le jardin du Palais-Royal sur un dessin nouveau; le petit bois touffu, cher aux pies-grièches, disparut; deux belles pelouses s'étendirent bordées d'ormes en boules qui entourèrent un grand bassin placé dans une demi-lune, et orné de treillages et de statues; puis, au delà de cette demi-lune, fut disposé un quinconce de tilleuls se rattachant à la grande allée et formant un berceau impénétrable aux rayons du soleil.

Le 4 février 1752, Louis d'Orléans mourut à l'abbaye de Sainte-Geneviève, où, depuis dix années, il avait pris un logement; on eût dit que, fils pieux, il s'était retiré là afin de prier sur les fautes de son père. « C'est un bienheureux qui laisse bien des malheureux! » dit Marie Leczinska, cette autre sainte, en apprenant la mort prématurée de cet étrange prince, qui avait légué son corps à l'école royale de chirurgie, afin qu'il servît à l'instruction des élèves.

Louis-Philippe d'Orléans lui succéda : la célébrité de celui-là fut d'avoir épousé, en premières noces, la sœur du prince de Conti, et, en secondes noces, Charlotte-Jeanne Béraud de la Haie de Riou, veuve du marquis de Montesson.

Ce fut, en outre, le père, — car nous n'admettons

pas la sacrilége dénégation du fils, — ce fut, en outre, le père de ce fameux duc de Chartres, connu sous le nom de Philippe-Égalité.

L'oraison funèbre de ce prince fut prononcée par l'abbé Maury, oraison tellement étrange, que le roi en défendit l'impression.

Depuis quelques années, le duc d'Orléans, retiré tantôt dans sa campagne de Bagnolet, tantôt dans son château de Villers-Coterets, avait laissé non-seulement la jouissance, mais même la propriété du Palais-Royal à son fils; ce fut alors que celui-ci eut l'idée de transformer en un vaste bazar le château du cardinal-duc.

Il fallait l'autorisation du roi : — le roi la donna par lettres-patentes du 13 août 1784, qui permettaient à M. le duc de Chartres d'*accenser* les terrains et bâtiments du Palais-Royal parallèles à la rue des Bons-Enfants, à la rue Neuve-des-Petits-Champs et à la rue de Richelieu [1].

Tout insoucieux qu'il était, le vieux duc se réveilla, à cette nouvelle que son fils allait se faire spéculateur. Peut-être une caricature qui parut à cette époque, et qui représentait le duc de Chartres déguisé en chiffonnier, et cherchant, — qu'on me pardonne le calembour : grâce au ciel, j'en suis innocent! — et cherchant des locataires (*des loques à terre*), lui tomba-t-elle sous les yeux. Il fit des représentations à son fils; celui-ci les repoussa.

— Prenez garde, dit le vieux prince, l'opinion publique sera contre vous, mon fils.

— Bah! répondit celui-ci, l'opinion publique, je la donnerais pour un écu!

Puis, se reprenant :

---

[1] L'*accensement* d'un terrain était une aliénation à perpétuité, moyennant un cens annuel et non rachetable.

— Pour un gros, bien entendu!

Il y avait des écus de deux espèces : les petits et les gros; les petits valaient trois livres, et les gros six.

En conséquence, il fut décidé, entre le prince et son architecte Louis, que le Palais-Royal changerait non-seulement d'aspect, mais encore de destination.

Le vieux duc d'Orléans mourut un an après cette décision prise et comme les travaux commençaient de s'exécuter. On eût dit que, pour ne pas voir ce qui allait se passer, le petit-fils de Henri IV voilait ses yeux avec la pierre d'une tombe.

Dès lors, il n'y eut plus d'empêchement aux desseins du nouveau duc d'Orléans, si ce n'est toutefois cette opinion publique dont l'avait menacé son père.

Les premiers opposants furent les propriétaires des maisons qui bordaient le Palais-Royal, et dont les fenêtres donnaient sur le magnifique jardin : ils firent au duc d'Orléans un procès qu'ils perdirent; et, murés dans leurs hôtels par les constructions nouvelles, ils furent forcés de vendre à vil prix, ou d'habiter des réduits obscurs et malsains.

Les autres opposants furent les promeneurs : tout homme qui s'est promené dix fois dans un jardin public regarde ce jardin comme étant à lui, et croit avoir droit d'opposition à tout changement que l'on veut y faire; or, le changement était grand : la cognée abattait les uns après les autres les magnifiques marronniers plantés par le cardinal! Plus de sieste sous leurs feuilles, plus de causeries à leur ombrage; tout ce qui restait, c'était le quinconce de tilleuls, et, au milieu de ce quinconce, le fameux arbre de Cracovie.

Disons ce que c'était que ce fameux arbre de Cracovie, dont la chute, en 1788, faillit provoquer une émeute non moins grave que la chute des arbres de la liberté en 1850.

## II

### L'ARBRE DE CRACOVIE

L'arbre de Cracovie était, les uns disent un tilleul, les autres un marronnier; — les archéologues sont divisés sur cette grave question, que nous n'essayerons pas de résoudre.

En tout cas, c'était un arbre plus élevé, plus touffu, plus riche d'ombre et de fraîcheur que tous les autres arbres qui l'entouraient. En 1772, lors du premier démembrement de la Pologne, c'était sous cet arbre que se tenaient les nouvellistes au grand air, et les politiques en plein vent. Ordinairement, le centre du groupe qui discutait sur la vie et la mort de cette noble patiente mise en croix par Frédéric et Catherine, et reniée par Louis XV, était un abbé qui, ayant des relations avec Cracovie, se faisait le propagateur de tous les bruits venant de la France du Nord, et, comme, en outre, cet abbé était, à ce qu'il paraît, un grand tacticien, il faisait, à tout moment et à tout propos, manœuvrer une armée de trente mille hommes dont les marches et les contre-marches causaient l'admiration des auditeurs.

Il en résultait que l'abbé stratégiste avait été surnommé l'*abbé Trente-mille-hommes*, et l'arbre sous lequel il exécutait ses savantes manœuvres, *l'arbre de Cracovie*.

Peut-être aussi les nouvelles qu'il annonçait avec la même facilité qu'il faisait manœuvrer son armée, — et qui parfois étaient aussi imaginaires qu'elle, — avaient-elles contribué à faire connaître cet arbre sous sa dénomination presque aussi gasconne que polonaise.

Quoi qu'il en soit, l'*arbre de Cracovie*, qui, au milieu des changements opérés au Palais-Royal par le duc d'Orléans, était demeuré debout, continuait à être le centre des rassemblements, non moins nombreux au Palais-Royal en 1788 qu'en 1772; seulement, ce n'était plus de la Pologne que l'on s'inquiétait sous l'arbre de Cracovie : — c'était de la France.

Aussi, l'aspect des hommes était-il presque aussi changé que celui des localités.

Ce qui avait opéré surtout ce changement dans l'aspect des localités, c'étaient le cirque et le camp des Tartares que le duc d'Orléans, désireux de tirer parti de son terrain, avait fait bâtir : — le cirque au milieu du jardin, — et le camp des Tartares sur la face qui fermait la cour, et qu'occupe aujourd'hui la galerie d'Orléans.

Disons, d'abord, ce que c'était que ce cirque, dans lequel, à un moment donné, nous serons forcé d'introduire nos lecteurs.

C'était une construction présentant un parallélogramme allongé, lequel, en s'allongeant, avait dévoré les deux charmantes pelouses de Louis le Dévot, — et qui, avant d'être achevée, était déjà occupée par un cabinet littéraire, genre d'établissement tout nouveau alors, et dont le propriétaire, un nommé Girardin, avait conquis, grâce à cette invention, la célébrité due à tout novateur; — puis, par un club qu'on appelait le club Social, et qui était le rendez-vous de tous les philanthropes, de tous les réformateurs et de tous les négrophiles; — enfin, par une troupe de saltimbanques qui, deux fois par jour, comme au temps de Thespis, donnait le spectacle sur des tréteaux improvisés.

Ce cirque ressemblait à une immense tonnelle, entièrement revêtu qu'il était de treillage et de verdure. Soixante et douze colonnes d'ordre dorique qui l'entouraient juraient un peu, il est vrai, avec cet aspect champêtre; mais, à cette époque, il y avait tant de choses opposées qui commençaient à se rapprocher, et même à se confondre, qu'on ne faisait pas plus attention à celle-là qu'aux autres.

Quant au camp des Tartares, Mercier — l'auteur du *Tableau de Paris* — va nous dire ce que c'était.

Écoutez la diatribe de cet autre Diogène, presque aussi cynique et presque aussi spirituel que celui qui, une lanterne à la main, cherchait, en plein jour, un homme, sous les portiques du jardin d'Académus :

« Les Athéniens, dit-il, élevaient des temples à leurs phrynés, les nôtres trouvent le leur dans cette enceinte. Là, des agioteurs avides, qui font le pendant des jolies prostituées, vont trois fois par jour au Palais-Royal, et toutes ces bouches n'y parlent que d'argent et de prostitution politique. La banque se tient dans les cafés, c'est-à-dire qu'il faut voir et étudier les visages subitement décomposés par la perte ou par le gain : celui-ci se désole, celui-là triomphe. Ce lieu est donc une jolie boîte de Pandore; elle est ciselée, elle est travaillée; mais tout le monde sait ce que renfermait la boîte de cette statue animée par Vulcain. Tous les Sardanapales, tous les petits Lucullus logent au Palais-Royal, dans des appartements que le roi d'Assyrie et le consul romain eussent enviés. »

Le camp des Tartares, c'était donc l'antre des voleurs, et le bouge des prostituées; — c'était, enfin, ce que nous avons vu jusqu'en 1828 sous le nom de *galerie de Bois*.

L'aspect des localités avait, en changeant, contribué à changer l'aspect des hommes.

Mais, ce qui avait surtout contribué à cette métamorphose, c'était le mouvement politique qui, vers cette époque, s'opérait en France, et qui, venant du bas en haut, secouait la société de ses profondeurs à sa surface.

En effet, on comprend la différence qu'il y a, pour de véritables patriotes, à s'occuper du sort d'une nation étrangère ou des intérêts de leur pays, et l'on ne niera point que les nouvelles qui arrivaient de Versailles ne fussent, à cette heure, plus émouvantes pour les Parisiens que ne l'étaient, seize ans auparavant, celles qui venaient de Cracovie.

Ce n'est pas qu'au milieu de l'agitation politique, on ne vît encore errer, comme des ombres d'un autre temps, quelques-unes de ces âmes sereines ou quelques-uns de ces esprits observateurs qui poursuivent leur route à travers les rêves charmants de la poésie, ou les acerbes tumultes de la critique.

Ainsi, à part cette grande foule groupée à l'ombre de l'arbre de Cracovie, et qui attendait les *Nouvelles à la main* en lisant le *Journal de Paris* ou la *Lunette philosophique et littéraire*, le lecteur qui nous accompagne peut remarquer, dans une des allées latérales aboutissant au quinconce de tilleuls, deux hommes de trente-cinq à trente-six ans, portant tous deux l'uniforme, l'un des dragons de Noailles avec ses revers et son collet roses, l'autre des dragons de la Reine avec ses revers et son collet blancs. Ces deux hommes sont-ils deux officiers qui parlent bataille? Non; ce sont deux poëtes qui parlent poésie, ce sont deux amants qui parlent amour.

Au reste, ils sont ravissants d'élégance et parfaits de bon ton : c'est l'aristocratie militaire dans son expression la plus charmante et la plus complète; à cette époque où la poudre commence à être un peu négligée par les anglomanes, par les Américains, par les avancés enfin, leur coiffure est des plus soignées, et, pour n'en point déranger l'harmonie, l'un tient son chapeau sous le bras, l'autre le tient à la main.

— Ainsi, mon cher Bertin, disait celui des deux promeneurs qui portait l'uniforme des dragons de la Reine, — c'est un parti pris, vous quittez la France, vous vous exilez à Saint-Domingue?

— Vous vous trompez, mon cher Évariste : je me retire à Cythère, voilà tout.

— Comment cela?

— Vous ne comprenez pas?

— Non, parole d'honneur!

— Avez-vous lu mon troisième livre des *Amours?*

— Je lis tout ce que vous écrivez, mon cher capitaine.

— Eh bien, vous devez vous rappeler certains vers...

— A Eucharis ou à Catilie?

— Hélas! Eucharis est morte, mon cher ami, et j'ai payé mon tribut de pleurs et de poésie à sa mémoire; je vous parle donc de mes vers à Catilie.

— Lesquels?

— Ceux-ci :

> Va, ne crains pas que je l'oublie,
> Ce jour, ce fortuné moment,
> Où, pleins d'amour et de folie,
> Tous les deux, sans savoir comment,
> Dans un rapide emportement,
> Nous fîmes le tendre serment,
> De nous aimer toute la vie!

— Eh bien?

— Eh bien, je tiens mon serment : je me souviens.

— Comment! votre belle Catilie...?

— Est une charmante créole de Saint-Domingue, mon cher Parny, qui, depuis un an, est partie pour le golfe du Mexique.

— De sorte que, comme on dit en termes de garnison, vous rejoignez?

— Je rejoins et j'épouse... D'ailleurs, vous le savez,

mon cher Parny, je suis, comme vous, un enfant de l'Équateur, et, en allant à Saint-Domingue, je croirai retourner vers notre terre natale, retourner vers notre belle île Bourbon avec son ciel d'azur, sa végétation luxuriante; n'ayant pas la patrie, j'aurai son équivalent, comme on a encore le portrait quand on ne peut plus posséder l'original.

Et le jeune homme se mit à dire, avec un enthousiasme qui paraîtrait bien ridicule aujourd'hui, mais qui était de mise à cette époque, les vers suivants :

> Toi dont l'image en mon cœur est tracée,
> Toi qui reçus ma première pensée,
> Les premiers sons que ma bouche a formés,
> Mes premiers pas sur la terre imprimés,
> Sous d'autres cieux cherchant un autre monde,
> J'ai vu tes bords s'enfuir au loin dans l'onde...
> Que de regrets ont suivi mes adieux !
> Combien de pleurs ont coulé de mes yeux !
> Que j'aime encore, après quinze ans d'absence,
> Ce Col [1], témoin des jeux de mon enfance !

— A merveille, mon cher Bertin ! mais je vous prédis, moi, que vous ne serez pas plus tôt là-bas, avec votre belle Catilie, que vous oublierez les amis que vous laissez en France.

— Oh ! mon cher Évariste, comme vous vous trompez !

> En amitié fidèle, encor plus qu'en amour,
> Tout ce qu'aima mon cœur, il l'aima plus d'un jour !

D'ailleurs, votre renommée, mon grand poëte, ne sera-t-elle point là pour me faire penser à vous ? Si j'avais le malheur de vous oublier, vos élégies ont des ailes, comme les hirondelles et les amours, et le nom

[1] Nom d'un château qui appartenait à M. Desforges, riche colon de l'île Bourbon.

d'une autre Éléonore viendra me faire tressaillir là-bas comme un écho de ce beau Paris, qui m'a si bien reçu, et que je quitte, cependant, avec tant de joie?

— Ainsi, c'est décidé, mon ami, vous partez?

— Oh! tout ce qu'il y a de plus décidé... Tenez, mes adieux sont achevés déjà :

> Oui, c'en est fait, j'abandonne Paris ;
> Qu'un peuple aimable, y couronnant sa tête,
> Change l'année en un long jour de fête :
> Pour moi, je pars ! Où sont mes matelots ?
> Venez, montez et sillonnez les flots !
> Au doux zéphyr abandonnez la voile,
> Et de Vénus interrogeons l'étoile.

— Oh! que vous savez bien à qui vous faites votre prière, mon cher Bertin! dit une troisième voix se mêlant à la conversation ; Vénus est votre vierge Marie, à vous!

— Ah! c'est vous, mon cher Florian! s'écrièrent à la fois les deux amis, qui à la fois étendirent leurs deux mains, que Florian serra dans chacune des siennes.

Puis, aussitôt :

— Recevez mon compliment sur votre entrée à l'Académie, mon cher, ajouta Parny.

— Et le mien sur votre charmante pastorale d'*Estelle*, dit Bertin.

— Ma foi ! continua Parny, vous avez raison de revenir à vos moutons : nous avons besoin de votre monde de bergers pour nous faire oublier le monde de loups dans lequel nous vivons ; aussi, voyez, voilà Bertin qui le quitte !

— Ah çà ! ce n'était donc pas un adieu purement poétique que vous nous faisiez tout à l'heure, mon cher capitaine?

— Non, vraiment, c'est un adieu réel.

— Et devinez pour quel antipode il part ? Pour Saint-

Domingue, pour la reine des Antilles? Il va planter du café, et raffiner du sucre, tandis que, nous, Dieu sait si l'on nous laissera planter même des choux... Mais que regardez-vous donc ainsi?

— Eh! pardieu! je ne me trompe pas, c'est lui! dit Florian.

— Qui, lui?

— Ah! messieurs, continua le nouvel académicien, venez donc avec moi, j'ai deux mots à lui dire.

— A qui?

— A Rivarol.

— Bon! une querelle!

— Pourquoi pas?

— Ah çà! vous êtes donc toujours ferrailleur?

— Par exemple! il y a trois ans que je n'ai touché une épée.

— Et vous voulez vous refaire la main?

— Le cas échéant, pourrais-je compter sur vous?

— Parbleu!

Et les trois jeunes gens s'avancèrent, en effet, vers l'auteur du *Petit Almanach de nos grands hommes*, dont venait de paraître la seconde édition, laquelle avait fait plus de bruit encore que la première.

Rivarol était assis ou plutôt couché sur deux chaises, le dos appuyé à un marronnier, et faisant semblant de ne pas voir ce qui se passait autour de lui; de temps en temps seulement, il jetait à gauche ou à droite un de ces regards où pétillait la flamme de l'esprit le plus éminemment français qui ait jamais existé.

Puis, à la suite de ce regard qui enregistrait un fait ou dénonçait une idée, il rapprochait ses deux mains pendantes à ses côtés, et, sur les tablettes qu'il tenait de l'une, il écrivait quelques mots avec le crayon qu'il tenait de l'autre.

Il vit s'avancer les trois promeneurs; mais, quoiqu'il

dût bien penser que ceux-ci venaient à lui, il affecta de ne point faire attention à eux, et se mit à écrire.

Cependant, tout à coup, une ombre se projeta sur son papier : c'était celle des trois amis. Force fut à Rivarol de lever la tête.

Florian le salua avec la plus grande courtoisie ; Parny et Bertin s'inclinèrent légèrement.

Rivarol se souleva sur sa chaise sans changer de position.

— Pardon si je vous dérange dans vos méditations, monsieur, lui dit Florian ; mais j'ai une petite réclamation à vous faire.

— A moi, monsieur le gentilhomme ? fit Rivarol avec son air narquois. Serait-ce à propos de M. de Penthièvre, votre maître ?

— Non, monsieur, c'est à propos de moi-même.

— Parlez.

— Vous m'aviez fait l'honneur d'insérer mon nom dans la première édition de votre *Petit Almanach de nos grands hommes*.

— C'est vrai, monsieur.

— Serait-ce indiscret, alors, de vous demander, monsieur, pourquoi vous avez enlevé mon nom de la seconde édition, qui vient de paraître ?

— Parce que, entre la première et la seconde édition, monsieur, vous avez eu le malheur d'être nommé membre de l'Académie, et que, si obscur que soit un académicien, il ne peut, cependant, pas réclamer le privilége des inconnus ; or, vous le savez, monsieur de Florian, notre œuvre est une œuvre philanthropique, et votre place a été réclamée.

— Par qui ?

— Par trois personnes qui, je dois l'avouer humblement, avaient encore à cet honneur plus de droits que vous.

— Et quelles sont ces trois personnes?

— Trois poëtes charmants qui ont fait, le premier, un acrostiche; le second, un distique, et le troisième, un refrain... Quant à la chanson, elle nous est promise incessamment; mais, puisque le refrain est fait, nous pouvons attendre.

— Et quels sont ces illustres personnages?

— MM. Grouber de Groubental, Fenouillot de Falbaire de Quingey, et Thomas Minau de Lamistringue.

— Cependant, si je vous recommandais quelqu'un, monsieur de Rivarol...?

— J'aurais le regret de vous refuser, M. de Florian : j'ai mes pauvres.

— Celui que je vous recommande n'a fait qu'un quatrain.

— C'est beaucoup.

— Voulez-vous que je vous le récite, monsieur de Rivarol?

— Comment donc! récitez, monsieur de Florian, récitez... Vous récitez si bien !

— Je n'ai pas besoin de vous dire à qui il est adressé, n'est-ce pas?

— Je ferai mon possible pour deviner.

— Le voici.

— J'écoute.

— Ci-gît Azor, chéri de ma Sylvie.
Il eut même penchant que vous, monsieur Damon :
A mordre il a passé sa vie;
Il est mort d'un coup de bâton !

— Ah! monsieur de Florian, s'écria Rivarol, ce petit chef-d'œuvre serait-il de vous?

— Supposez qu'il soit de moi, monsieur de Rivarol, qu'auriez-vous à me demander?

— Oh! monsieur, j'aurais à vous demander de me le dicter, après me l'avoir récité.

— A vous?

— A moi, oui.

— Pourquoi faire?

— Mais pour le mettre dans les notes de ma troisième édition... Chacun sa place, monsieur; le tout est de se rendre justice. Je n'ai pas d'autres prétentions que d'être, en littérature, ce que la pierre à aiguiser est en coutellerie : je ne coupe pas, je fais couper.

Florian se pinça les lèvres. — Il avait affaire à forte partie ; cependant, il reprit :

— Et, maintenant, monsieur, pour en finir avec vous, si je vous disais que, dans l'article que vous avez eu la bonté de me consacrer, il y avait quelque chose qui m'a déplu?

— Dans mon article, quelque chose qui vous a déplu? Impossible! il n'a que trois lignes.

— C'est pourtant ainsi, monsieur de Rivarol.

— Oh! vraiment... Serait-ce dans l'esprit?

— Non.

— Serait-ce dans la forme?

— Non.

— Dans quoi est-ce donc?

— C'est dans le fond.

— Oh! si c'est dans le fond, le fond ne me regarde pas, monsieur de Florian ; il regarde Champcenetz, mon collaborateur, qui cause en se promenant là-bas avec le nez de Métra. — Votre serviteur, monsieur de Florian.

Et Rivarol se remit tranquillement à écrire.

Florian regarda ses deux amis, qui lui firent signe des yeux qu'il devait se regarder comme battu, et, par conséquent, s'en tenir là.

— Allons, décidément vous êtes homme d'esprit, monsieur, dit Florian, et je retire mon quatrain.

— Hélas! monsieur, s'écria Rivarol d'un air comiquement désespéré, il est trop tard!

— Comment cela?

— Je viens de le consigner sur mes tablettes, et c'est déjà comme s'il était imprimé; mais, si vous en voulez un autre, je me ferai un plaisir de vous l'offrir en place du vôtre.

— Un autre? et toujours sur le même sujet?

— Oui, tout frais arrivé de ce matin par la poste; il m'est adressé ainsi qu'à Champcenetz : je puis donc en disposer en son nom et au mien. C'est d'un jeune avocat picard, nommé Camille Desmoulins, qui n'a encore fait que cela, mais qui promet, comme vous allez voir.

— A mon tour, j'écoute, monsieur.

— Ah! pour l'intelligence des faits, il faut que vous sachiez, monsieur, que certains envieux me contestent, à moi ainsi qu'à Champcenetz, la noblesse, comme ils vous contestent, à vous, le génie ; vous comprenez bien que ce sont les mêmes. Ils disent que mon père était aubergiste à Bagnoles, et la mère de Champcenetz, femme de ménage, je ne sais où. Cela posé, voici mon quatrain, qui ne peut, certes, que gagner à l'explication que je viens de vous donner :

>   Au noble hôtel de la Vermine,
>   On est logé très-proprement :
>   Rivarol y fait la cuisine,
>   Et Champcenetz, l'appartement.

Vous voyez, monsieur, que le premier fait un admirable pendant au second, et que, si je vendais l'un sans l'autre, celui que je garderais serait dépareillé.

Il n'y avait pas moyen de tenir rancune plus longtemps à un pareil homme. Florian lui tendit, en conséquence, une main que Rivarol prit avec ce fin sourire et ce léger clignement d'yeux qui n'appartenaient qu'à lui.

D'ailleurs, au même instant, il se faisait autour de Métra, et aux environs de l'arbre de Cracovie, un mouvement qui indiquait l'arrivée de quelque nouvelle importante.

Les trois amis suivirent donc l'impulsion donnée par la foule qui s'agglomérait sous les quinconces, et laissèrent Rivarol se remettre à ses notes, qu'il continua de prendre avec la même insouciance que s'il eût été seul.

Cependant, ce ne fut pas sans avoir répondu à un coup d'œil de Champcenetz qui voulait dire : « Qu'y a-t-il? » par un regard qui signifiait : « Rien encore, pour cette fois-ci. »

III

LES NOUVELLISTES

Métra, que venait de nommer Rivarol, et qui causait, comme nous l'avons dit, avec Champcenetz, s'était fait un des hommes les plus importants de l'époque.

Était-ce par son esprit? Non ; son esprit était assez commun. Était-ce par sa naissance? Non; Métra appartenait à la bourgeoisie. Était-ce par la longueur démesurée de son nez? Non, pas encore.

C'était par ses nouvelles.

Métra, en effet, était le nouvelliste par excellence : sous le titre de *Correspondance secrète*, il faisait paraître — devinez où ?... A Neuville, sur les bords du Rhin, — un journal contenant toutes les nouvelles parisiennes.

Qui savait le véritable sexe du chevalier ou de la chevalière d'Éon, à qui le gouvernement venait de donner l'ordre de s'en tenir à des habits de femme, et qui portait la croix de Saint-Louis sur son fichu ?

Métra.

Qui racontait dans leurs moindres détails, et comme s'il y eût assisté, les soupers fantastiques de l'illustre Grimod de la Reynière, lequel, abandonnant un instant la casserole pour la plume, venait de faire paraître la parodie du *Songe d'Athalie ?*

Métra.

Qui avait le mot des excentricités du marquis de Brunoy, l'homme le plus excentrique de l'époque ?

Métra.

Les Romains, en se rencontrant au forum, se demandèrent, chaque matin, pendant trois siècles : *Quid novi fert Africa?* (Quelles nouvelles apporte l'Afrique?) Les Français se demandèrent pendant trois ans : « Que dit Métra? »

C'est que, le grand besoin du moment, c'étaient les nouvelles.

Il y a certaines périodes dans la vie des nations pendant lesquelles une inquiétude étrange s'empare de tout un peuple : c'est lorsque ce peuple sent, peu à peu, manquer sous ses pieds le sol sur lequel, pendant des siècles révolus, ont tranquillement marché ses ancêtres ; il croit à un avenir, — car qui vit espère ; — mais, outre qu'il ne distingue rien dans cet avenir, tant il est sombre, il sent encore qu'un abîme obscur, profond, inconnu, est entre cet avenir et lui.

Alors, il se jette dans des théories impossibles ; alors, il se met à la recherche des choses introuvables ; alors, comme ces malades qui se sentent si désespérés, qu'ils chassent les médecins, et appellent les charlatans, il cherche la guérison, non pas dans la science, mais dans l'empirisme; non pas dans la réalité, mais dans le rêve. Alors, pour peupler cet immense chaos où le vertige règne, où la lumière manque, — non point faute qu'elle soit née, mais parce qu'elle va mourir, — apparaissent des hommes de mystère comme Swedenborg, le comte de Saint-Germain, Cagliostro; chacun apporte sa découverte, découverte inouïe, inattendue, presque surnaturelle : Franklin, l'électricité; Montgolfier, l'aérostat; Mesmer, le magnétisme. Alors, le monde comprend qu'il vient de faire, si aveugle et si chancelant qu'il soit, un pas immense vers les mystères célestes, — et l'orgueilleux genre humain espère avoir monté un des degrés de l'échelle qui conduit à Dieu !

Malheur au peuple qui éprouve ces tiraillements; car, ces tiraillements, ce sont les premiers frissons de la fièvre révolutionnaire ! pour lui, l'heure de la transfiguration approche; sans doute, il sortira de la lutte glorieux et ressuscité, mais il aura eu, pendant une agonie où il aura sué le sang, sa passion, son calvaire et sa croix.

Tel était l'état des esprits en France, à l'époque où nous sommes arrivés.

Pareilles à ces oiseaux qui s'emportent par grandes volées, qui tourbillonnent dans les airs, et qui montent jusqu'aux nuages, d'où ils redescendent tout frissonnants, — car ils ont été demander des nouvelles de la foudre, et l'éclair leur a répondu; — pareilles, disons-nous, à ces oiseaux, de grandes rafales de peuple couraient effarées, s'abattaient sur les places; puis, après avoir demandé : « Qu'y a-t-il ? » reprenaient leur vol insensé à travers les rues et les carrefours.

On comprend donc l'influence que prenaient sur cette foule les gens qui répondaient à son immense interrogation en lui donnant des nouvelles.

Voilà pourquoi Métra le nouvelliste était encore plus

entouré, le 24 août 1788, qu'il ne l'était les autres jours.

En effet, on sentait, depuis quelque temps, que la machine gouvernementale était tellement tendue, que quelque chose allait s'y rompre.

Quoi? Le ministère probablement.

Le ministère fonctionnant à cette heure était on ne peut plus impopulaire. C'était le ministère de M. Loménie de Brienne, qui avait succédé à celui de M. de Calonne, tué par l'assemblée des notables, et lequel avait succédé lui-même au ministère de M. de Necker.

Mais, soit que Métra fût sans nouvelles ce jour-là, soit que Métra en eût et ne voulût pas les dire, au lieu que Métra parlât à ceux qui l'entouraient, c'étaient ceux qui l'entouraient qui parlaient à Métra.

— Monsieur Métra, demandait une jeune femme ayant une robe à la lévite, coiffée en chapeau galant surmonté d'un parterre, et portant à la main une longue canne-ombrelle, — est-il vrai que la reine, dans son dernier travail avec Léonard, son coiffeur, et mademoiselle Bertin, sa marchande de modes, ait non-seulement annoncé le rappel de M. Necker, mais encore se soit chargée de lui notifier ce rappel?

— Eh! faisait Métra d'un ton qui voulait dire : « C'est possible! »

— Monsieur Métra, disait un élégant coiffé en petit-maître, vêtu d'un habit à olives, avec un gilet bordé de bandes d'indienne, — croyez-vous que monseigneur le comte d'Artois se soit, comme on le dit, prononcé contre M. de Brienne, et ait positivement déclaré hier au roi que, si l'archevêque ne donnait pas sa démission de ministre dans les trois jours, il était tellement jaloux du salut de Sa Grandeur, qu'il irait la lui demander lui-même?

— Eh! eh! faisait Métra d'un ton qui voulait dire:

« J'ai entendu raconter quelque chose de pareil à cela. »

— Monsieur Métra, demandait un homme du peuple au teint hâve et au corps amaigri, vêtu d'une culotte râpée et d'une veste sale, — est-il vrai que l'on ait demandé à M. Sieyès, ce que c'était que le tiers-état, et que M. Sieyès ait répondu : « *Rien* pour le présent, *tout* pour l'avenir? »

— Eh! eh! eh! faisait Métra d'un ton qui voulait dire : « Je ne sais pas si M. Sieyès a dit cela ; mais, s'il l'a dit, il pourrait bien avoir dit la vérité ! »

Et tous de crier en chœur :

— Monsieur Métra, des nouvelles! des nouvelles, monsieur Métra !

— Des nouvelles, *citoyens,* dit au milieu de la foule une voix glapissante, en voulez-vous? je vous en apporte !

Cette voix avait un accent si singulier, un timbre si étrange, que chacun se retourna, cherchant des yeux celui qui venait de parler.

C'était un homme de quarante-six à quarante-huit ans, dont la taille n'atteignait pas cinq pieds, aux jambes tordues dans des bas gris transversalement rayés de bleu, chaussé de souliers béants dont une ficelle échevelée remplaçait les cordons, coiffé d'un chapeau à l'Andromane, c'est-à-dire à calotte basse et à bords retroussés, et dont le torse était enfermé dans un habit marron usé partout, troué au coude, et s'ouvrant sur la poitrine pour laisser voir, derrière une chemise sale, entre-bâillée et sans cravate, des clavicules saillantes et les muscles d'un cou qui semblait gonflé de venin.

Quant à sa figure, arrêtons-nous-y un instant, car elle mérite une mention particulière.

Sa figure, maigre, osseuse, large et déviant un peu de la ligne verticale à l'endroit de la bouche, était mouchetée comme la peau du léopard ; seulement, ce qui la mouchetait, c'était ici le sang, là la bile ; ses yeux, proéminents, pleines d'insolence et de défi, clignotaient comme ceux de l'oiseau de nuit jeté au grand jour ; sa bouche, largement fendue, comme celle du loup et de la vipère, avait le pli habituel de l'irritation et du dédain.

Toute cette tête, couronnée de cheveux gras, longs, noués derrière la nuque avec une lanière de cuir, et dans lesquels passait à chaque instant, comme pour comprimer le cerveau qu'ils recouvraient, une main grossière, sale et aux ongles noircis, semblait un masque posé sur le soupirail d'un volcan.

Vue d'en haut et bien éclairée, cette tête, inclinée sur l'épaule gauche comme celle d'Alexandre, ne manquait pas d'expression ; cette expression révélait à la fois l'entêtement, la colère et la force ; ce qui étonnait principalement en elle, c'était le désordre, la divergence, je dirai presque le bouleversement de ses traits : chacun semblait tiré de son côté par une pensée particulière, pensée fiévreuse qui le faisait frissonner, sans que ce frissonnement, pour ainsi dire individuel, se communiquât au reste du visage ; c'était, enfin, l'enseigne vivante, le prospectus animé de toutes ces passions fatales qui, d'ordinaire, éparpillées par la droite du Seigneur sur la foule, que Dieu aveugle pour qu'elle détruise, s'étaient, cette fois, par extraordinaire, concentrées dans un seul homme, dans un seul cœur, sur un seul visage.

A l'aspect de cet étrange personnage, tout ce qu'il y avait d'hommes de bonnes façons et de femmes élégantes dans la foule sentit courir sous sa peau comme un frémissement ; le sentiment que chacun éprouvait était double : il se composait à la fois de la répulsion qui écarte et de la curiosité qui attire.

Cet homme promettait des nouvelles ; s'il eût offert

toute autre chose, les trois quarts de ceux qui étaient là se fussent enfuis, mais les nouvelles étaient une denrée si précieuse par le temps qui courait, que tout le monde resta.

Seulement, on attendit ; nul n'osait interroger.

— Vous demandez des nouvelles? reprit l'homme extraordinaire. En voici, et des plus fraîches encore! M. de Loménie a vendu sa démission.

— Comment, vendu? s'écrièrent cinq ou six voix.

— Certainement, il l'a vendue, puisqu'on la lui a payée, — et même assez cher! mais il en est ainsi dans ce beau royaume de France : on paye les ministres pour entrer, on les paye pour rester, on les paye pour sortir ; et qui les paye? Le roi! Mais qui paye le roi? Vous! moi! nous!... Donc, M. de Loménie de Brienne a fait son compte et celui de sa famille : il sera cardinal, c'est convenu ; il a, à la calotte rouge, les mêmes droits que son prédécesseur Dubois. Son neveu n'a point l'âge pour être coadjuteur; n'importe! il aura la coadjutorerie de l'évêché de Sens! Sa nièce — il faut bien qu'on fasse quelque chose pour la nièce, vous comprenez, puisqu'on fait quelque chose pour le neveu — aura une place de dame du palais ; quant à lui, pendant un ministère d'un an, il s'est composé une petite fortune de cinq ou six cent mille livres de rente sur les biens de l'Église; en outre, il laisse son frère ministre de la guerre, après l'avoir fait nommer chevalier des ordres du roi et gouverneur de Provence... Vous voyez donc bien que j'avais raison de dire qu'il ne donne pas sa démission, mais qu'il la vend.

— Et de qui tenez-vous ces détails? demanda Métra s'oubliant jusqu'à interroger, lui qu'on interrogeait toujours.

— De qui je les tiens? Parbleu! de la cour... Je suis de la cour, moi!

Et l'homme singulier enfonça ses deux mains dans ses deux goussets, écarta ses jambes torses, se balança d'arrière en avant et d'avant en arrière, inclinant encore plus que d'habitude la tête sur l'épaule en signe de défi.

— Vous êtes de la cour? murmurèrent plusieurs voix.

— Cela vous étonne? dit l'inconnu. Eh! ne faut-il pas toujours, au contraire de l'ordre physique, que, dans notre ordre moral, la force s'appuie à la faiblesse, la science à la sottise? Beaumarchais n'était-il pas chez Mesdames; Mably, chez le cardinal de Tencin; Chamfort, chez le prince de Condé; Thuliers, chez Monsieur; Laclos, madame de Genlis et Brissot, chez le duc d'Orléans? Qu'y aurait-il donc d'étonnant que je fusse, moi aussi, chez quelqu'un de tous ces grands seigneurs-là quoique je prétende valoir un peu mieux que tous ceux que je viens de nommer?

— Ainsi la démission du ministre est, selon vous, certaine?

— Officielle, je vous dis.

— Et qui le remplace? demandèrent plusieurs voix.

— Qui? Parbleu! le *Génevois,* comme dit le roi; le *charlatan,* comme dit la reine; le *banquier,* comme disent les princes, et le *père du peuple,* comme dit ce pauvre peuple, qui appelle tout le monde son père, justement parce qu'il n'a pas de père.

Et un sourire de damné tordit la bouche de l'orateur.

— Vous n'êtes donc pas pour M. Necker, vous? hasarda une voix.

— Moi? Si fait, au contraire... Peste! il faut des hommes comme M. Necker à un pays comme la France! Aussi quel triomphe on lui prépare! quelles allégories on lui promet! J'en ai vu une, hier, où il ramène l'Abondance, et où les mauvais génies fuient à sa vue; on m'en a montré une autre aujourd'hui, où il est repré-

senté sous la forme d'un fleuve sortant d'une grange...
Son portrait n'est-il pas partout, à chaque coin de rue,
sur les tabatières, sur les boutons d'habit? ne parle-
t-on pas de percer une rue qui ira à la Banque, et qu'on
appellera la rue Necker? n'a-t-on pas déjà frappé douze
médailles en son honneur, presque autant que pour le
grand pensionnaire de Witt, qui a été pendu? — Si je
suis pour M. Necker, je le crois bien !... Vive le Roi !
vive le Parlement ! vive M. Necker!

— Ainsi vous affirmez que M. Necker est nommé
ministre en remplacement de M. de Brienne? dit, au
milieu de la foule, une voix dont l'interrogation retentissait comme une menace, et qui attira tous les yeux
sur celui qui venait de parler.

Hâtons-nous de dire que le second personnage qui
semblait venir réclamer sa part de l'attention publique
n'en était pas moins digne que celui en face duquel il
se posait.

Tout au contraire du premier, qui devait devenir son
antagoniste s'il ne devenait pas son ami, le second venu,
habillé avec une espèce de recherche, et remarquable
surtout par la finesse et la blancheur de son linge, était
une espèce de colosse haut de cinq pieds huit pouces,
parfaitement pris dans toutes les parties de sa taille
herculéenne. On eût dit une statue de la Force parfaitement réussie, excepté à l'endroit du visage, où le
moule semblait avoir fait défaut à l'airain : en effet,
tout son visage — visage informe — était, non pas
marqué, non pas creusé, mais labouré, mais bouleversé
par la petite vérole! Il semblait que quelque instrument rempli de plomb fondu lui eût éclaté à la face,
que quelque chimère à l'haleine de feu lui eût soufflé
à la figure; c'était, pour ceux qui le regardaient et qui
essayaient de reconstruire le *facies* d'un homme avec
ses traits ébauchés, c'était un débrouillement pénible,

un classement laborieux : le nez était écrasé, l'œil à peine visible, la bouche grande ; cette bouche, en souriant, laissait voir une double rangée de dents blanches comme l'ivoire, recouverte, lorsqu'elle se fermait, par le bourrelet de deux lèvres pleines d'audace et de sensualité ; c'était une ébauche gigantesque interrompue aux mains de Dieu dans le passage du lion à l'homme ; c'était, enfin, une création imparfaite mais énergique, incomplète mais terrible !

Le tout formait une étonnante concentration de vie, de chair, d'os, de force, d'aveuglement, d'obscurité et de vertige.

Sept ou huit personnes se trouvaient placées entre ces deux hommes ; elles se retirèrent aussitôt, comme si elles eussent craint d'être broyées à leur contact ; de sorte qu'ils se trouvèrent face à face sans aucun obstacle entre eux, le géant fronçant le sourcil au nain, et le nain riant au géant.

En un instant, Bertin, Parny, Florian, Rivarol, Champcenetz et même Métra, avaient disparu des yeux de cette foule, dont toute l'attention était concentrée sur ces deux hommes, qui, cependant, lui étaient complétement inconnus.

C'était l'époque des paris, — car les modes anglaises avaient fait invasion en France à la suite de M. le duc d'Orléans et des élégants de la cour ; — il était évident que l'un de ces hommes pouvait briser l'autre, rien qu'en laissant tomber sa main sur lui : eh bien ! s'il eût dû y avoir lutte entre eux, autant de paris eussent soutenu l'un que l'autre ; les uns eussent parié pour le lion, les autres pour le serpent ; les uns pour la force, les autres pour le venin.

Le géant répéta son interrogation au milieu du silence presque solennel qui s'était fait.

— Ainsi, dit-il, vous affirmez que M. Necker est

nommé ministre en remplacement de M. de Brienne?

— Je l'affirme.

— Et vous vous réjouissez de ce changement?

— Parbleu!

— Non point parce qu'il élève l'un, mais parce qu'il détruit l'autre, et que, dans certains moments, détruire, c'est fonder, n'est-ce pas?

— C'est étonnant comme vous me comprenez, citoyen!

— Vous êtes l'ami du peuple alors?

— Et vous?

— Moi, je suis l'ennemi des grands!

— Cela revient au même.

— Pour commencer l'œuvre, oui... mais pour la finir?

— Quand nous en serons là, nous verrons.

— Où dînez-vous, aujourd'hui?

— Avec toi, si tu veux.

— Viens, citoyen!

Et, sur ces mots, le géant s'approcha du nain, et lui offrit un bras de fer auquel le nain se suspendit.

Puis tous deux, sans plus s'inquiéter de la foule que si la foule n'eût pas existé, s'éloignèrent à grands pas, laissant les nouvellistes commenter, sous l'arbre de Cracovie, la nouvelle qu'on venait de livrer en pâture à leurs appétits politiques.

Arrivés à l'extrémité du Palais-Royal, et sous les arcades qui conduisaient au spectacle des Variétés, — situé où est aujourd'hui le Théâtre-Français, — les deux nouveaux amis, qui ne s'étaient pas encore dit leurs noms, furent rencontrés par un homme tout déguenillé faisant le commerce de billets le jour, et celui de contre-marques le soir.

On jouait, en ce moment, au théâtre des Variétés, une pièce fort courue, intitulée : *Arlequin, empereur dans la lune.*

— Monsieur Danton, dit le marchand de billets s'adressant au plus grand des deux hommes, c'est Bordier qui joue ce soir; voulez-vous une bonne petite loge bien cachée où l'on puisse mener une jolie femme, et voir sans être vu?

Mais Danton, sans lui répondre, le repoussa de la main.

Alors, le marchand de billets fit le tour, et, s'adressant au plus petit :

— Citoyen Marat, dit-il, voulez-vous un parterre? Vous serez là au milieu de fameux patriotes, allez! Bordier est des bons.

Mais Marat, sans lui répondre, le repoussa du pied.

Le marchand de billets se retira en grommelant.

— Ah! monsieur Hébert, dit un gamin qui dévorait de l'œil le paquet de billets que le marchand tenait dans sa main; ah! monsieur Hébert, faites-moi cadeau d'un petit amphithéâtre!

C'est ainsi que, le 24 août 1788, l'avocat aux conseils, Danton, fut présenté au médecin des écuries du comte d'Artois, Marat, par le marchand de contre-marques Hébert.

## IV

### CHEZ DANTON

Tandis que Rivarol demandait à Champcenetz, sans que celui-ci pût lui répondre, quels étaient les deux inconnus qui s'éloignaient; tandis que Bertin, Parny et Florian se quittaient, insoucieux, — oiseaux chanteurs imprévoyants de la tempête, — Bertin pour faire ses préparatifs de départ, Parny pour rimer ses derniers vers des *Galanteries de la Bible,* et Florian pour commencer son discours de réception à l'Académie ; tandis que Métra, perdu de réputation parmi ces nouvellistes dont il était le roi, s'enfonçait dans les profondeurs du cirque et allait demander le *Journal de Paris,* au cabinet de lecture de Girardin ; tandis que, sous les allées de tilleuls aboutissant au quinconce, et rayant le Palais-Royal dans toute sa longueur, les élégantes et les muscadins se promenaient sans s'inquiéter qui était encore ministre ou qui ne l'était plus, celles-ci, avec des chapeaux de gaze noire à la *caisse d'escompte,* lesquels chapeaux étaient sans fonds ; ceux-là avec des gilets aux grands hommes du jour, c'est-à-dire ornés des portraits des deux héros à la mode : La Fayette et d'Estaing, — nos deux patriotes traversaient la place du Palais-Royal, enfilaient la rue Saint-Thomas-du-Louvre, gagnaient le pont Neuf, et débouchaient, par la rue des Fossés-Saint-Germain, dans la rue du Paon, où demeurait Danton.

Pendant la route, chacun d'eux avait appris à qui il avait affaire. Hébert, comme nous l'avons vu, avait bien successivement prononcé les noms de Danton et de Marat ; mais ces noms prononcés n'étaient pas un renseignement bien clair, attendu que l'un, celui de Marat, était à peine connu, et l'autre, celui de Danton, tout à fait ignoré ; — mais, à son nom, chacun avait joint ses titres et ses qualités ; de sorte que Danton savait qu'il marchait côte à côte de l'auteur des *Chaînes de l'esclavage,* de *l'Homme, ou Principes et Lois de l'influence de l'âme sur le corps et du corps sur l'âme,* des *Mélanges littéraires,* des *Recherches sur le feu, l'électricité et la lumière,* de l'*Optique de Newton,* et, enfin, des *Mémoires académiques, ou Nouvelles Découvertes sur la lumière ;* et, de son côté, Marat savait qu'il donnait le bras à Georges-Jacques Danton, avocat aux conseils, dernier héritier d'une bonne famille bourgeoise d'Arcis-sur-Aube, époux, depuis trois ans, d'une charmante femme nommée Gabrielle Charpentier, et père, depuis deux ans, d'un garnement d'enfant sur lequel, comme tous les pères, il fondait les plus belles espérances.

La maison qu'habitait Danton était habitée en même temps par son beau-père, M. Ricordin; — le père de Danton était mort jeune, et sa mère s'était remariée; mais son beau-père avait été si parfait pour lui, qu'à peine s'était-il aperçu de la perte qu'il avait faite. — M. Ricordin tenait donc, au second étage, le grand appartement donnant sur la rue, tandis que Danton occupait, de son côté, un petit appartement dont les fenêtres s'ouvraient sur le passage du Commerce. Les deux appartements, celui du beau-père et celui du beau-fils, communiquaient par une porte, et, depuis quelque temps, dans l'espérance de la clientèle future du jeune avocat aux conseils, M. Ricordin avait détaché de son appartement, à lui, un grand salon dont Danton avait fait son cabinet. Moyennant cette adjonction, le petit ménage se trouvait plus à l'aise : Danton et toute sa puissante vitalité se renfermait dans ce grand cabinet, et laissait à sa femme, à son enfant et à la cuisinière, — qui formait le seul domestique de la maison, — tout le reste de l'appartement, se composant d'une grande cuisine commune desservant à la fois le beau-père et le beau-fils, d'une antichambre, d'une chambre à coucher et d'un salon.

Ce fut dans cette dernière pièce, ornée des portraits de madame Ricordin et de M. Charpentier père, que fut introduit Marat. Ces deux portraits étaient des types complets de la bourgoisie d'alors, et faisaient d'autant mieux ressortir une peinture représentant Danton en pied, debout, la main étendue, et sortant, pour ainsi dire, de la toile ; cette peinture n'était, lorsqu'on la regardait de trop près, qu'une esquisse à laquelle on ne pouvait rien distinguer ; mais, en reculant de quelques pas, en l'étudiant à distance, tout cet empâtement de couleurs se débrouillait, et l'on voyait apparaître une ébauche, — c'est vrai, — mais une ébauche vivante, pleine de flamme et de génie. Cette ébauche avait pris naissance, en quelques heures, sous le pinceau d'un jeune homme ami de Danton, et que l'on appelait Jacques-Louis David.

Le reste de l'appartement était extrêmement simple ; seulement, dans quelques détails tels que vases, chandeliers, pendules, on y devinait une sourde aspiration vers le luxe, un besoin sensuel de voir de l'or.

Au moment où Danton sonna, l'on reconnut sa manière de sonner, et tout courut vers la porte, la jeune femme, l'enfant, le chien ; mais, lorsque la porte s'ouvrit, lorsque, derrière le maître de la maison, on aperçut l'hôte étrange qu'il ramenait, la femme recula d'un pas, l'enfant se mit à pleurer, le chien aboya.

La figure de Marat se contracta légèrement.

— Pardonnez, mon cher hôte, dit Danton, vous êtes encore étranger ici, et...

— Et je produis mon effet, dit Marat. Ne vous excusez pas, c'est inutile : je connais cela !

— Ma bonne Gabrielle, dit Danton en embrassant sa femme comme un homme qui a quelque chose à se faire pardonner, j'ai rencontré monsieur au Palais-Royal : c'est un médecin distingué ; c'est plus que cela, c'est un philosophe, et il a bien voulu accepter l'offre que je lui ai faite de venir dîner avec nous.

— Amené par toi, mon cher Georges, monsieur est sûr de l'accueil qu'on lui fera ; seulement, l'enfant n'était pas prévenu, et le chien...

— Est de bonne garde, je vois cela, dit Marat ; d'ailleurs, j'ai remarqué une chose, ajouta-t-il avec un admirable cynisme, les chiens sont fort aristocrates de leur nature.

— Quelqu'un de nos convives est-il arrivé? demanda Danton.

— Non... le cuisinier seulement.

Madame Danton prononça ces derniers mots en souriant.

— Lui as-tu offert ton aide? — car, toi aussi, ma bonne Gabrielle, tu es une cuisinière distinguée!

— Oui; mais j'ai eu la honte de me voir refusée.

— Bah?... Alors, tu t'es bornée à dresser la table?

— Pas même cela.

— Comment, pas même cela?

— Non; deux domestiques ont tout apporté : linge, argenterie, candélabres.

— Croit-il donc que nous n'en avons pas? fit Danton en se redressant et en fronçant le sourcil.

— Il a dit que c'était chose arrêtée entre vous, et qu'il n'était venu faire la cuisine qu'à cette condition.

— Bon! laissons-le tranquille : c'est un original... Tiens, on sonne, mon enfant : va voir qui nous arrive.

Puis, se retournant vers Marat :

— Voici la liste de nos convives, mon cher hôte : un confrère à vous d'abord, M. le docteur Guillotin; Talma et Marie-Joseph de Chénier, deux inséparables; Camille Desmoulins, un enfant, un gamin, mais un gamin de génie; — et puis qui donc encore?... Vous, ma femme et moi, voilà tout... Ah! David, que j'oubliais. J'avais invité mon beau-père; mais il nous trouve de trop haute compagnie pour lui : c'est un bon et excellent provincial qui est tout dépaysé à Paris, et qui redemande à grand cris son Arcis-sur-Aube... Eh bien, entre donc, Camille! entre donc!

Ces derniers mots s'adressaient à un homme de taille moyenne, âgé de vingt-six à vingt-huit ans, et qui en paraissait vingt à peine. C'était visiblement un familier de la maison ; car, aussi bien reçu par tout le monde que Marat l'avait été mal, il s'était arrêté dans l'antichambre à serrer la main de madame Danton, à embrasser l'enfant, à caresser le chien.

Sur l'invitation de Danton, il entra.

— D'où viens-tu donc? demanda Danton. Tu as l'air tout ébouriffé.

— Moi ? Pas le moins du monde ! dit Camille en jetant son chapeau sur une chaise ; mais imagine-toi... Ah ! pardon, monsieur...

Il venait seulement d'apercevoir Marat, et le saluait ; Marat lui rendit son salut.

— Imagine-toi, continua Camille, que je viens du Palais-Royal.

— Et nous aussi, dit Danton, nous en venons.

— Je le sais bien ; je me suis inquiété de toi, et me suis fort étonné de ne pas te trouver sous le quinconce, t'y ayant donné rendez-vous.

— Tu y as su la nouvelle?

— Oui, la démission de cette canaille de Brienne, la rentrée de M. Necker ! C'est excellent, tout cela... Mais j'y venais pour autre chose, moi, au Palais-Royal.

— Et pourquoi y venais-tu donc?

— Je croyais trouver là quelqu'un disposé à me chercher une querelle, et, comme j'étais, moi, disposé à l'accepter...

— Bah ! qui donc cherchais-tu ?

— Cette vipère de Rivarol ou cet aspic de Champcenetz...

— A quel propos ?

— En ce que ces faquins-là m'ont mis dans leur *Petit Almanach de nos grands hommes.*

— Et qu'est-ce que cela te fait? dit Danton en haussant les épaules.

— Cela me fait, cela me fait... Cela me fait que je ne veux pas qu'on me classe entre M. Désessarts et M. Derome, dit Eugène ; entre un homme qui a fait *l'Amour libérateur*, une méchante pièce de théâtre, et un homme qui n'a encore rien fait.

— Et qu'as-tu donc fait, toi, demanda en riant Danton, pour être si difficile?

— Moi?

— Oui, toi.

— Je n'ai rien fait, mais je ferai, je t'en réponds. D'ailleurs, je me trompe : si, pardieu ! j'ai fait un quatrain que je leur ai envoyé... Ah ! je les arrange bien ! Écoute-moi cela ; c'est du Martial tout pur, vieux Romain :

> Au grand hôtel de la Vermine,
> On est logé très-proprement :
> Rivarol y fait la cuisine,
> Et Champcenetz l'appartement.

— Et tu as signé? demanda Danton.

— Parbleu ! c'est pour cela que je venais au Palais-Royal, d'où ils ne bougent ni l'un ni l'autre... Je croyais trouver réponse à mon quatrain : eh bien, je n'ai pas fait mes frais, comme dit Talma.

— Ils ne t'ont point parlé?

— Ils ont fait semblant de ne pas me voir, mon cher.

— Comment ! monsieur, dit Marat, vous en êtes encore à vous inquiéter de ce que l'on dit ou de ce que l'on écrit de vous?

— Oui, monsieur, oui, dit Camille ; j'ai la peau fort sensible, j'en conviens ; aussi, si jamais je fais quelque chose, soit en littérature, soit en politique, j'aurai un journal, et, alors...

— Alors, que direz-vous dans votre journal? fit une voix venant de l'antichambre.

— Je dirai, mon cher Talma, répondit Camille reconnaissant la voix du grand artiste, qui commençait alors sa carrière dramatique, je dirai que, le jour où vous aurez un beau rôle, vous serez le premier tragédien du monde.

— Eh bien, je l'ai, le rôle, dit Talma, et voici l'homme qui me l'a donné.

— Ah! bonjour, Chénier!... Tu as donc commis une nouvelle tragédie? ajouta Camille en s'adressant à ce dernier.

— Oui, mon ami, répondit Talma, une œuvre superbe qu'il a lue aujourd'hui, et qui a été reçue à l'unanimité : un *Charles IX*. C'est moi qui jouerai Charles IX, si toutefois le gouvernement permet que la pièce soit jouée... Imagine-toi que cet imbécile de Saint-Phal a refusé le rôle : il a trouvé que Charles IX n'était pas un personnage sympathique!... Sympathique, Charles IX! qu'en dis-tu, Danton? J'espère bien le rendre exécrable, moi!

— Vous avez raison au point de vue de la politique, monsieur, dit Marat : il est bon de rendre les rois exécrables; mais peut-être aurez-vous tort au point de vue de l'histoire.

Talma avait la vue extrêmement basse; il s'approcha de celui qui lui parlait, et dont il ne reconnaissait pas la voix, lui à qui étaient familières toutes les voix qu'on entendait chez Danton, et au milieu du voile de sa myopie qui s'éclaircissait, il finit par apercevoir.

Sans doute, la découverte ne fut point favorable, car il s'arrêta court.

— Eh bien? fit Marat, qui, comme pour madame Danton, comme pour l'enfant, comme pour le chien, remarquait l'impression produite.

— Eh bien, monsieur, reprit Talma un peu déconconcerté, je vous demande l'explication de votre théorie.

— Ma théorie, monsieur, la voici : c'est que, si Charles IX eût laissé les huguenots faire leur œuvre, — et, en ceci, je ne suis pas accusable de partialité, — le protestantisme devenait la religion de l'État, et les Condés passaient rois de France ; alors, il arrivait de notre pays ce qui est arrivé de l'Angleterre : c'est que nous nous arrêtions dans notre marche, et que l'esprit méthodique de Calvin se substituait à cette activité inquiète qui est le propre des peuples catholiques, et qui les pousse à la conquête des promesses du Christ. Le Christ nous a promis la liberté, l'égalité, la fraternité ; les Anglais ont eu la liberté avant nous ; mais, rappelez-vous bien ceci, monsieur, nous aurons l'égalité et la fraternité avant eux, et, ce bienfait, nous le devrons...

— Aux prêtres ? dit Chénier avec un air railleur.

— Non pas aux prêtres, monsieur de Chénier, répondit Marat appuyant sur la particule, qu'à cette époque, l'auteur d'*Azémire* et de *Charles IX* n'avait point encore répudiée ; pas aux prêtres, mais à la religion ; c'est la religion qui a fait le bien, ce sont les prêtres qui ont fait le mal. Auriez-vous introduit une autre idée que celle-là dans votre *Charles IX ?* Alors, vous vous seriez trompé.

— Eh bien, si je me suis trompé, le public fera justice de l'erreur.

— C'est encore une assez mauvaise raison que vous me donnez là, mon cher monsieur de Chénier, et je doute que vous l'ayez adoptée pour votre tragédie d'*Azémire*, comme vous me paraissez prêt à l'adopter pour votre tragédie de *Charles IX*.

— Ma tragédie d'*Azémire*, monsieur, n'a pas été jouée

devant le public; elle a été jouée à la cour, et vous connaissez, sur ce tribunal-là, l'opinion de Voltaire :

> La cour a sifflé tes talents ;
> Paris applaudit tes merveilles.
> Grétry, les oreilles des grands
> Sont souvent de grandes oreilles !

— Oh ! oui, monsieur, et ce n'est certes pas moi qui vous contredirai sur ce point ! Mais écoutez bien ceci, car je ne veux pas être taxé d'inconséquence : il se peut qu'un jour, vous entendiez dire que Marat poursuit la religion, que Marat ne croit pas en Dieu, que Marat demande la tête des prêtres. Je demanderai la tête des prêtres, monsieur ; mais ce sera justement parce que je vénérerai la religion, ce sera surtout parce que je croirai en Dieu.

— Et, si l'on vous donne les têtes que vous demandez, monsieur Marat, dit un petit homme de quarante à quarante-cinq ans qui venait d'entrer, — je vous conseille d'adopter l'instrument que je suis en train de confectionner.

— Ah ! c'est vous, docteur ? dit Danton en se retournant vers le nouveau venu, dont il n'avait pas salué l'entrée, préoccupé qu'il était de la conversation de Chénier et de Marat.

— Ah ! monsieur Guillotin ? dit Marat saluant avec une certaine déférence.

— Oui, M. Guillotin, dit Danton, excellent docteur, monsieur Marat, mais plus excellent homme... Et quel est donc l'instrument que vous confectionnez, mon cher docteur, et comment s'appelle-t-il ?

— Comment il s'appelle, cher ami ? Je ne saurais vous le dire, car je ne lui ai pas encore donné de nom ; mais le nom ne fait rien à la chose.

Puis, revenant à Marat :

— Vous ne me connaissez probablement pas, monsieur continua-t-il ; mais, quand vous me connaîtrez, vous saurez que je suis un véritable philanthrope.

— Je sais sur vous tout ce qu'on peut savoir, monsieur, dit Marat avec une certaine courtoisie qu'il n'avait encore fait paraître qu'à cette occasion, — c'est-à-dire que non-seulement vous êtes un des hommes les plus savants qui soient, mais encore un des meilleurs patriotes qui existent. Votre thèse à l'université de Bordeaux, le prix que vous avez remporté à la faculté de médecine, votre jugement sur Mesmer, les cures merveilleuses, enfin, que vous opérez tous les jours, voilà pour la science ; votre pétition des citoyens domiciliés de Paris, voilà pour le patriotisme. Je dirai plus, maintenant : c'est que je sais même quelque chose de l'instrument dont vous parlez. N'est-ce point une machine à trancher la tête ?

— Comment, docteur, s'écria Camille, vous vous intitulez philanthrope, et vous inventez des machines à tuer l'humanité ?

— Oui, monsieur Desmoulins, répondit gravement le docteur, et c'est justement parce que je suis philanthrope que je les invente. Jusqu'aujourd'hui, en appliquant la peine capitale, la société n'a pas seulement puni, elle s'est vengée. Qu'est-ce que tous ces supplices du feu, de la roue, de l'écartellement ? qu'est-ce que cette huile bouillante ? qu'est-ce que ce plomb fondu ? n'est-ce pas la continuation de la torture que votre excellent roi a modifiée, sinon abolie ? Messieurs, que veut la loi quand elle frappe ? Elle veut supprimer le coupable, voilà ; eh bien, toute la punition doit consister dans la perte de la vie, et non dans autre chose encore ; l'adjonction d'une douleur quelconque au supplice est un crime égal à celui, quel qu'il soit, que le criminel peut avoir commis !

— Ah ! par exemple ! s'écria Danton ; et vous croyez, vous, docteur, que vous détruirez l'homme, cette machine si admirablement organisée, qui se cramponne à la vie par tous ses désirs, par tous ses sens, par toutes ses facultés, vous croyez que vous détruirez l'homme comme un charlatan arrache une dent — sans douleur ?

— Oui, monsieur Danton ! oui, oui, oui ! dit le docteur s'exaltant, sans douleur !... Je détruis l'homme par l'anéantissement ; je détruis comme détruit l'électricité, comme détruit la foudre ; je frappe comme frappe Dieu, cette suprême justice !

— Et comment frappez-vous ? demanda Marat. Dites-moi cela, je vous prie, si ce n'est pas un secret. Vous ne pouvez vous faire idée combien votre conversation m'intéresse.

— Ah ! fit Guillotin respirant, comme s'il eût été au comble de la joie d'avoir, enfin, trouvé un auditeur digne de lui. Eh bien, monsieur, voici : ma machine est une machine toute nouvelle, et d'une simplicité... quand vous verrez cela, vous serez étourdi de cette simplicité ; et vous vous étonnerez qu'une chose si peu compliquée ait été six mille ans à se produire ! Imaginez-vous, monsieur, une plate-forme, une espèce de petit théâtre... M. Talma, vous écoutez aussi, n'est-ce pas ?

— Parbleu ! dit Talma, je crois bien que j'écoute ! et cela m'intéresse, je vous jure, presque autant que M. Marat.

— Eh bien, je disais donc : — imaginez-vous une plate-forme, une espèce de petit théâtre auquel on monte par cinq ou six marches ; le nombre n'y fait rien... Sur ce théâtre, je dresse deux poteaux ; au bas de ces poteaux, je pratique une sorte de petite chatière dont la partie supérieure est mobile et s'abaisse sur le cou du condamné, qu'elle contient ; au haut de ces deux poteaux, je place un couperet alourdi par un saumon de trente ou quarante livres, retenu par un fil : je détache ce fil sans même y toucher, — avec un ressort ; — le couperet glisse entre deux rainures bien graissées ; le condamné éprouve une légère fraîcheur sur le cou, et crac ! la tête est à bas.

— Peste ! fit Camille, comme c'est ingénieux !

— Oui, monsieur, reprit Guillotin s'animant de plus en plus, et cette opération qui sépare la vie de la matière, qui tue, qui détruit, qui foudroie ! cette opération dure... devinez combien de temps : — pas une seconde !

— Oui, pas une seconde, c'est vrai, dit Marat ; mais êtes-vous bien sûr, monsieur, que la douleur ne dure pas plus longtemps que l'exécution ?

— Comment voulez-vous que la douleur survive à la vie ?

— Pardieu ! comme l'âme survit au corps.

— Ah ! oui, je sais bien, fit Guillotin avec une légère amertume provenant de la prescience de la lutte, — vous croyez à l'âme ! vous lui assignez même, contrairement à l'opinion des spiritualistes, qui la répandent par tout le corps, vous lui assignez même un siége particulier : vous la logez dans les méninges ; ce qui fait que vous méprisez Descartes, et suivez Locke, que vous eussiez dû citer au moins, puisque vous avez pris une portion de sa doctrine. Oh ! si vous avez lu ma brochure sur le tiers état, j'ai lu votre livre sur l'homme ; j'ai lu tout ce que vous avez fait, vos travaux sur le feu, sur la lumière, sur l'électricité... Oui, oui, n'ayant pas réussi contre Voltaire et les philosophes, votre génie belliqueux s'est attaqué à Newton : vous avez cru détruire son optique, et vous vous êtes jeté dans une foule d'expériences hâtées, passionnées, légères, que vous avez essayé de faire ratifier par Franklin et par Volta; mais ni l'un ni l'autre n'ont été de votre avis sur la lumière, monsieur Marat; permettez-moi donc de penser autrement que vous sur l'âme.

Marat avait écouté toute cette sortie du docteur Guillotin avec une tranquillité dont se fût grandement étonné celui qui eût connu le caractère irritable du médecin des écuries d'Artois; — mais, aux yeux d'un profond observateur, cette tranquillité même eût offert la mesure du degré d'intérêt que Marat portait à la fameuse découverte du docteur Guillotin.

— Eh bien, monsieur, dit-il, pour un moment, et puisqu'elle vous effraye si fort, j'abandonne l'âme et je rentre dans la matière, car c'est la matière, et non l'âme, qui souffre.

— Alors, comme je tue la matière, la matière ne souffre pas.

— Mais êtes-vous bien sûr de la tuer?

— Si je tue la matière en tranchant la tête?

— Êtes-vous bien sûr de la tuer sur le coup?

— Parbleu! puisque c'est là justement qu'il frappe! dit Camille ne pouvant pas résister au plaisir de faire un jeu de mots, si mauvais qu'il fût.

— Veux-tu te taire, malheureux! dit Danton.

— Expliquez-vous, dit Guillotin.

— Oh! mon explication est bien simple : vous mettez le siége du jugement dans le cerveau, n'est-ce pas?... C'est avec le cerveau que nous pensons, et, la preuve, c'est que, lorsque nous avons beaucoup pensé, nous avons mal à la tête.

— Oui, mais c'est au cœur que vous mettez le siége de la vie, s'écria vivement Guillotin, qui prévoyait d'avance les arguments de son adversaire.

— Soit; mettons le siége de la vie au cœur; mais, le

sentiment de la vie, où le mettrons-nous? Au cerveau...
Eh bien, séparez la tête du corps; le corps sera mort,
c'est possible; le corps ne souffrira plus, c'est possible
encore; mais la tête, monsieur! la tête!

— Eh bien, la tête?...

— La tête, monsieur, elle continuera de vivre, et,
par conséquent, de penser tant qu'une goutte de sang
animera son cerveau, et, pour qu'elle perde son sang,
il lui faut au moins huit ou dix secondes.

— Oh! huit ou dix secondes, fit Camille, c'est bientôt
passé!

— C'est bientôt passé! s'écria Marat en se levant;
êtes-vous si peu philosophe, jeune homme, que vous
mesuriez la douleur par le temps qu'elle dure, et non
par le coup qu'elle frappe, par le fait, et non par les
suites? Mais, — songez donc à cela, — si une douleur
insupportable dure une seconde, elle dure une éternité;
et, lorsque cette douleur, insupportable déjà, laisse
assez de sentiment pour que celui qui l'éprouve com-
prenne, tout en l'éprouvant, que la fin de la douleur
est la fin de la vie, et quand, malgré cette douleur insupportable, pour prolonger sa vie, il voudrait prolonger sa douleur, vous ne croyez pas qu'il y ait là un
intolérable supplice?

— Ah! voilà justement où nous ne sommes pas d'accord, dit Guillotin; je nie qu'on souffre.

— Et, moi, je l'affirme, reprit Marat. D'ailleurs, le
supplice de la décollation n'est pas nouveau; je l'ai vu
pratiquer en Pologne et en Russie : on y assied le patient
sur une chaise; à quatre ou cinq pas devant lui, il y a
un tas de sable destiné, comme dans les arènes d'Es-
pagne, à cacher le sang; le bourreau détache la tête
d'un coup de sabre. Eh bien, moi, j'ai vu, — je vous
dis que j'ai vu, de mes yeux vu, — un de ces corps sans
tête se lever, faire deux ou trois pas en trébuchant, et

ne tomber qu'en heurtant le tas de sable qui était devant lui... Ah! dites, monsieur, que votre machine est plus rapide, plus expéditive; qu'en temps de révolution, elle offre l'avantage de détruire plus activement qu'une autre, et je serai de votre avis, — et ce sera déjà un grand service rendu à la société; — mais qu'elle soit plus douce? Non, non, non, monsieur, je nie cela!

— Eh bien, messieurs, dit Guillotin, c'est ce que l'expérience vous apprendra.

— Eh! docteur, fit Danton, voulez-vous dire que nous ferons l'essai de votre machine?

— Mais, mon cher ami, puisque ma machine n'est destinée qu'aux criminels... Je veux dire que l'on pourra expérimenter sur les têtes des criminels, voilà tout.

— Eh bien, monsieur Guillotin, mettez-vous près du premier condamné dont la tête tombera par l'emploi de votre moyen, ramassez cette tête à l'instant même; criez-lui à l'oreille le nom qu'elle portait pendant sa vie, et vous verrez cette tête rouvrir les yeux, et les tourner de votre côté; voilà ce que vous verrez, monsieur.

— Impossible!

— Voilà ce que vous verrez, monsieur, je vous le dis; et vous le verrez parce que, ayant fait ce que je vous dis de faire, moi, moi, je l'ai vu!

Marat avait prononcé ces paroles avec une telle conviction, que personne n'essaya plus, pas même le docteur Guillotin, de nier la persistance, sinon de la vie, au moins du sentiment dans les têtes coupées.

— Mais, avec tout cela, docteur, et malgré votre description, dit Danton, je ne me fais pas une idée bien exacte de votre machine.

— Tiens, dit en se levant, et en présentant un croquis à Danton, un jeune homme qui était entré, et qui, sans être vu, tant la conversation était animée, s'était assis, et avait crayonné sur un papier une esquisse de la terrible machine décrite par M. Guillotin; — tiens, Danton, voici la chose... Comprends-tu, maintenant?

— Merci, David! dit Danton. Ah! très-bien... Mais il me semble qu'elle fonctionne, ta machine.

— Oui, répondit David, elle est en train de faire justice de trois assassins : il y en a un, comme tu vois, que l'on exécute, et deux qui attendent.

— Et ces trois assassins sont Cartouche, Mandrin et Poulailler? demanda Danton.

— Non, ces trois assassins sont Vanloo, Boucher et Watteau.

— Et qui ont-ils donc assassiné?

— Pardieu! la Peinture.

— Monsieur est servi, dit un valet en grande livrée ouvrant les deux portes du cabinet de travail de Danton, devenu, pour un jour seulement, une salle à manger.

— Allons! à table, à table! dit Danton.

— Monsieur Danton, dit Marat, en mémoire du bonheur que j'ai eu de vous rencontrer aujourd'hui, faites-moi donc cadeau du dessin de M. David.

— Oh! bien volontiers, dit Danton. Tu vois, David, on me dépouille!

Et il tendit le dessin à Marat.

— Je t'en ferai un autre, dit David, sois tranquille, et peut-être que tu ne perdras rien au change.

Et, sur ces mots, on passa dans le cabinet ou plutôt, comme nous avons dit, dans la salle à manger.

## V

#### LE DINER

Le valet, en ouvrant la double porte, avait fait entrer, de la salle dans le salon, un véritable flot de lumière; — car, quoiqu'il fût à peine quatre heures de l'après-midi, heure à laquelle on dînait à cette époque, on avait improvisé la nuit en fermant volets et rideaux, et l'on avait illuminé cette nuit à grand renfort de lustres, de candélabres et même de lampions dont une double rangée, accompagnant la corniche, couronnait la salle d'un diadème de feu.

En outre, il était évident que tout avait été sacrifié, dans le cabinet de l'avocat aux conseils, à l'acte important qui allait s'y accomplir. — Le bureau avait été poussé entre les deux fenêtres; le grand fauteuil d'acajou à coussin de cuir s'était emboîté sous un buffet improvisé; des rideaux avaient été tendus devant les casiers pour cacher la vue des cartons, et pour faire comprendre que toute affaire, quelle qu'elle fût, était remise au lendemain; enfin, une table avait été dressée au milieu de la chambre.

Cette table de forme ronde, couverte du linge le plus fin, était ornée d'un surtout resplendissant de fleurs, d'argenterie et cristaux, au milieu desquels se tenaient debout, dans les poses les plus maniérées, de petites statues de Flore, de Pomone, de Cérès, de Diane, d'Amphitrite, de nymphes, de naïades et d'hamadriades, représentantes naturelles des différentes combinaisons culinaires qui forment un dîner bien ordonné, et dans lequel doivent paraître les produits les plus recherchés des jardins, des champs, des forêts, de la mer, des fleuves, des rivières et des fontaines.

Chaque convive avait, sur sa serviette, une carte où était écrit, d'une écriture parfaitement lisible, le menu du dîner, afin que chaque convive pût, ayant fait son choix d'avance, manger avec calcul et discernement.

Cette carte était ainsi composée :

1° Huîtres d'Ostende à discrétion, apportées par courier extraordinaire, vu l'époque de l'année où l'on se trouve, et qui ne seront tirées de l'eau de la mer que pour être ouvertes et servies sur la table.

2° Potage à l'osmazome.

3° Un dindon du poids de sept à huit livres, bourré de truffes du Périgord jusqu'à sa conversion en sphéroïde.

4° Une grosse carpe du Rhin, richement dotée et parée, venue vivante de Strasbourg à Paris, et morte dans le court bouillon.

5° Des cailles truffées à la moelle, étendues sur des roties bourrées au basilic.

6° Un brochet de rivière, piqué, farci et baigné d'une crme d'écrevisses.

7° Un faisan à son point, piqué en toupet, gisant sur une rôtie travaillée à la Soubise.

8° Des épinards à la graisse de caille.

9° Deux douzaines d'ortolans à la provençale.

10° Une pyramide de méringues à la vanille et à la rose.

### VINS COURANTS

Madère, bordeaux, champagne, bourgogne, le tout des meilleurs crus et des meilleures années.

### VINS DE DESSERT :

Alicante, malaga, xérès, syracuse, chypre, et constance.

Nota. Les convives sont libres de demander et d'entremêler les vins à eur fantaisie ; mais un ami leur donne le conseil, pour les premiers, d'aller des plus substantiels aux plus légers, et, pour les autres des plus lampants aux plus parfumés.

Les convives prirent chacun sa place, et lurent la carte du repas avec des impressions diverses : Marat, avec dédain ; Guillotin, avec intérêt ; Talma, avec curiosité ; Chénier, avec indifférence ; Camille Desmoulins, avec sensualité ; David, avec étonnement, et Danton, avec volupté.

Puis, en regardant autour d'eux, ils s'aperçurent qu'il leur manquait un convive : ils étaient sept seulement à table, et la table portait huit couverts.

La huitième place, réservée entre Danton et Guillotin, était vide.

— Messieurs, dit Camille, il nous manque quelqu'un, à ce qu'il paraît ; mais attendre un convive retardataire, c'est un manque d'égards pour tous ceux qui sont présents ; je demande donc qu'il soit procédé à l'ouverture de la séance, et cela sans retard.

— Et, moi, mon cher Camille, je demande mille excuses à la société ; mais elle a déjà, je l'espère, rien que par l'inspection de cette carte, trop de reconnaissance à celui qui doit occuper cette place, pour qu'elle commence, sans lui, un dîner qu'elle ne ferait pas sans lui.

— Comment ! le convive qui nous manque, dit Camille, c'est...?

— Notre cuisinier ! dit Danton.

— Notre cuisinier ? reprirent en chœur les convives.

— Oui, notre cuisinier... Pour que vous ne croyiez pas que je suis en train de me ruiner, messsieurs, il faut que je vous fasse l'historique de notre repas. Un brave abbé qu'on appelle l'abbé Roy, et qui est chargé des affaires des princes, à ce qu'il paraît, est venu me demander une consultation pour Leurs Altesses. — A qui dois-je cette bonne fortune ? le diable m'emporte si je m'en doute ; mais, enfin, la consultation a été donnée, et, il y a huit jours, l'honnête homme d'abbé est venu m'apporter mille francs. Donc, comme je n'ai pas voulu souiller mes mains de l'or des tyrans, j'ai résolu de consacrer le résultat de ma consultation à un dîner d'amis, et, comme Grimod de la Reynière est le plus voisin, j'ai commencé ma tournée par Grimod de la Reynière; mais l'illustre gourmet m'a déclaré qu'il ne dînait jamais hors de chez lui, qu'il ne fît le dîner lui-même; je lui ai déclaré, en conséquence, que je mettais non-seulement les mille francs à manger à sa disposition, mais encore ma cuisine, ma cuisinière, ma cave, etc. A cette offre, il a secoué la tête. « Je prends la cuisine, a-t-il dit, et je me charge du reste. » Tout le reste, messieurs, est donc de notre cuisinier : linge, argenterie, fleurs, surtout, candélabres, lustres, et, si vous avez quelque remercîment à faire, ce n'est point à moi, c'est à lui.

À peine Danton achevait-il cette explication, que la porte du fond s'ouvrit, et qu'un second laquais annonça :

— M. Grimod de la Reynière !

À cette annonce, chacun se leva, et l'on vit entrer un homme de trente-cinq à trente-six ans, à la figure douce, pleine, fleurie, agréable et spirituelle; il était vêtu d'un habit de velours noir, ample et à larges poches, d'une culotte de satin broché sur laquelle flottaient deux chaînes de montre chargées de breloques; il était chaussé de bas de soie à coins brodés et de souliers à boucles de diamants, et coiffé d'un chapeau rond de forme presque pointue qu'il ne quittait jamais, même à table, et dont le seul ornement était un velours large de deux doigts retenu par une boucle d'acier.

À sa vue, un murmure flatteur sortit de toutes les bouches, excepté de celle de Marat, qui regarda l'illustre fermier-général avec un air plus rapproché de la colère que de la bienveillance.

— Messieurs, dit Grimod en portant la main aux bords de son chapeau, mais sans lever ce chapeau de dessus sa tête, — j'eusse voulu, dans cette circonstance solennelle, me faire aider par mon illustre maître la Guêpière; mais il avait un engagement pris avec M. le comte de Provence, engagement duquel il n'a pu se libérer; j'en ai donc été réduit à mes seules ressources. En tout cas, j'ai fait de mon mieux, et je me recommande à votre indulgence.

Le murmure se changea en applaudissements; la Reynière s'inclina comme un artiste encouragé par les bravos du public. La carte du dîner avait, à l'exception de Marat, merveilleusement disposé tous les convives.

— Messieurs, dit Grimod, personne n'est plus obligé de parler que pour ses besoins : la table est le seul endroit où l'on ne s'ennuie jamais pendant la première heure.

En conséquence, et selon cet avis ou plutôt cet aphorisme, chacun se mit à dévorer ses huîtres sans autre accompagnement de paroles que ces mots de la Reynière, qui revenaient de temps en temps avec la même régularité, et je dirai presque avec la même gravité que ceux de *serrez les rangs,* sous le feu :

— Pas trop de pain, messieurs ! pas trop de pain !

Quand les huîtres furent mangées :

— Pourquoi *pas trop de pain?* demanda Camille Desmoulins.

— Pour deux raisons, monsieur : d'abord, le pain est l'aliment qui satisfait le plus vite l'appétit, et il est inutile de se mettre à table au commencement d'un dîner si l'on ne sait pas s'y maintenir en mangeant jusqu'à la fin. Les animaux se repaissent, tous les hommes mangent, l'homme d'esprit seul sait manger. Ensuite, le pain, comme tous les farineux, pousse à l'obésité; or, l'obésité, messieurs, — demandez au docteur Guillotin, qui ne sera jamais gras, lui, — l'obésité est la plus cruelle ennemie du genre humain : l'homme obèse est un homme perdu ! L'obésité nuit à la force, en augmentant le poids de la masse à mouvoir, sans augmenter la puissance motrice ; l'obésité nuit à la beauté, en détruisant l'harmonie de proportions primitivement établie par la nature, attendu que toutes les parties ne grossissent pas d'une manière égale ; l'obésité, enfin, nuit à la santé, en ce qu'elle entraîne avec elle le dégoût pour la danse, la promenade, l'équitation ; l'inaptitude pour toutes les occupations ou tous les amusements qui exigent un peu d'agilité ou d'adresse ; et, par conséquent, elle prédispose à diverses maladies, telles que l'apoplexie, l'hydropisie, la suffocation, etc., etc. J'avais donc raison de dire : « Pas trop de pain, messieurs ! pas trop de pain ! » Tenez, il y a deux hommes qui mangeaient trop de pain, l'histoire le constate : c'est Marius et Jean Sobieski ; eh bien, ils ont manqué de payer de leur vie leur prédilection pour le farineux. Jean Sobieski, à la bataille de Lowics, cerné par les Turcs, fut forcé de fuir ; le pauvre homme était énorme : la respiration lui manqua bientôt ; on le soutint presque évanoui sur son cheval, tandis que ses aides de camp, ses amis et ses soldats se faisaient tuer pour lui : il en coûta peut-être la vie à deux cents hommes, parce que Jean Sobieski avait mangé trop de pain ! Quant à Marius, qui, ainsi que je l'ai dit, avait aussi ce défaut, comme il était de petite taille, il était devenu aussi large que long ; il est vrai que, dans sa proscription, il avait un peu maigri ; mais encore était-il resté si gros, qu'il effraya le Cimbre chargé de le tuer. Plutarque dit que le soldat barbare recula devant la grandeur de Marius : détrompez-vous, messieurs, ce fut devant sa grosseur... Rappelez-vous bien cela, monsieur David, vous qu'on dit ami de la vérité, si vous traitez jamais le sujet de Marius à Minturnes.

— Mais, au moins, monsieur, dit David, cette fois l'obésité a-t-elle servi à quelque chose !

— Pas à grand'chose ; car Marius ne survécut pas longtemps à cette fâcheuse aventure. Rentré chez lui, il voulut célébrer son retour par un repas de famille ; il y fit un pauvre petit excès de vin, et en mourut. Je ne saurais donc trop vous répéter : « Pas trop de pain, messieurs ! pas trop de pain ! »

La savante dissertation historico-culinaire de l'orateur fut interrompue par la porte qui s'ouvrit.

On apportait le potage et le premier service.

Ce premier service était précédé d'un héraut d'armes portant la lance, et habillé en guerrier antique ; il était suivi du maître d'hôtel, vêtu tout de noir ; puis venait un jeune homme habillé de blanc, représentant le *puer* des anciens ; puis les cuisiniers, le bonnet de coton sur la tête, le tablier serré autour de la taille, les couteaux passés dans la ceinture, habillés d'une veste blanche, chaussés de bas blancs et de souliers à boucles, et portant les plats élevés entre leurs mains.

Cette procession, suivie de six valets qui, avec les deux valets présents, portaient le nombre égal à celui des convives, fit trois fois le tour de la table, et, au troisième tour, déposa les mets un peu en dehors du surtout, afin que les convives pussent jouir de leur vue, tout en mangeant le potage.

Après quoi, toute la procession sortit, à l'exception des huit serviteurs, dont chacun s'attacha à un convive, et ne le quitta plus.

Le potage seul avait été mis sur une table à part, et fut servi en une seconde.

C'était un simple consommé, mais si succulent, si fin de goût, si sapide enfin, que chacun, se reportant à la carte qu'il avait près de lui, voulut connaître à quelle substance nutritive il avait affaire en ce moment.

— Ma foi, mon cher Grimod, dit Danton, malgré l'autorisation que vous nous avez donnée de ne point parler pendant la première heure, je romprai le silence pour vous demander ce que c'est que l'osmazome.

— C'est tout bonnement, cher ami, — demandez au docteur Guillotin, — le plus grand service rendu par la chimie à la science alimentaire.

— Mais, enfin, dit Talma, qu'est-ce que l'osmazome? Je suis comme le Bourgeois gentilhomme, qui était enchanté de savoir ce qu'il faisait en faisant de la prose : je serais enchanté de savoir, moi, ce que je mange en mangeant de l'osmazome.

— Oui, oui!... qu'est-ce que l'osmazome? qu'est-ce que l'osmazome?... demandèrent toutes les voix, à l'exception de celle de Guillotin, qui souriait, et de celle de Marat, qui fronçait le sourcil.

— Qu'est-ce que l'osmazome? répondit Grimod de la Reynière en rabattant ses longues manches sur ses mains, naturellement mutilées, et qu'il n'aimait point à laisser voir à cause de cette mutilation ; le voici. L'osmazome, messieurs, est cette partie éminemment sapide des viandes qui est soluble à l'eau froide, et qui se distingue de la partie extractive en ce que celle-ci n'est soluble que dans l'eau bouillante. L'osmazome, c'est elle qui fait le mérite des bons potages ; c'est elle qui, en se caramélisant, forme le roux des viandes ; c'est elle par qui se consolide le rissolé des rôtis ; enfin, c'est d'elle que sortent le fumet et la venaison du gibier. L'osmazome est une découverte moderne, messieurs ; mais l'osmazome existait bien avant qu'on la découvrît... C'est la présence de l'osmazome qui a fait chasser tant de cuisiniers convaincus de distraire le premier bouillon [1] ; c'est la prescience de l'osmazome qui a fait la réputation des croûtes au pot ; c'est cette prescience qui inspirait le chanoine Chevrier, quand il inventa les marmites fermant à clef ;

[1] Voyez, sur l'osmazome, les théories de Brillat-Savarin.

enfin, c'est pour ménager cette substance, dont l'évaporation est si facile, que vous entendrez dire à tous les vrais gourmands, même à ceux qui ignorent ce que c'est que l'osmazome, que, pour faire de bon bouillon, il faut veiller à ce que la marmite *sourie* toujours et ne rie jamais. Voilà ce que c'est que l'osmazome, messieurs.

— Bravo! bravo! crièrent les convives.

— Moi, messieurs, dit Camille Desmoulins, je suis d'avis que, pendant tout le dîner, il ne soit question que de cuisine, afin que notre savant professeur puisse faire un cours complet, et qu'on impose une amende de dix louis, au profit des pauvres gens ruinés par la trombe du 13 juillet, à celui qui parlera d'autre chose.

— Chénier réclame, dit Danton.

— Moi? fit Chénier.

— Il désire, dit Talma en riant, qu'il soit fait une exception en faveur de *Charles IX*.

— Et David en faveur de *la Mort de Socrate*, dit Chénier, qui n'était pas fâché de rejeter sur un autre la plaisanterie qui lui était adressée.

— *Charles IX* sera, sans doute, une admirable tragédie, dit Grimod, et *la Mort de Socrate* est, à coup sûr, un magnifique tableau ; mais, sans faire l'éloge de mon éloquence, convenez, messieurs, que c'est un assez triste entretien, pour des gens qui dînent, qu'un entretien sur un jeune roi chassant aux huguenots, ou sur un vieux sage buvant la ciguë... Pas d'impressions tristes à table, messieurs! la mission du maître de la maison est un sacerdoce : convier quelqu'un à dîner, c'est se charger du bonheur moral et physique de ce quelqu'un, tout le temps qu'il demeure sous notre toit !

— Allons, mon cher, dit Danton, faites-nous l'historique de cette magnifique dinde dans laquelle vous venez de déployer le couteau avec tant de dextérité.

En effet, Grimod de la Reynière, quoiqu'il n'eût que deux doigts à chaque main, était un des plus habiles découpeurs qu'il y eût au monde.

— Oui, oui, l'histoire de la dinde? fit Guillotin.

— Messieurs, dit Grimod, l'histoire de cette dinde, simple individu, ne se rattache pas moins à l'histoire de l'espèce, et l'histoire de l'espèce, comme animal, est du ressort de M. de Buffon, comme produit, du ressort de M. Necker, nouveau ministre des finances.

— Bon! dit Chénier essayant d'embarrasser le gastronome, qui avait nié l'opportunité, à table, d'une conversation sur *Charles IX*, — quel rapport la dinde peut-elle avoir avec le ministre des finances, si ce n'est comme contribuable?

— Quel rapport la dinde peut avoir avec le ministre des finances? s'écria Grimod. C'est-à-dire que, si j'étais ministre des finances, messieurs, c'est surtout sur la dinde que j'opérerais.

— Vous n'oublieriez pas le dindon, j'espère! dit Camille Desmoulins avec ce blaisement qui donnait un côté si comique à ce qu'il disait.

— Ni l'une, ni l'autre, monsieur; seulement, j'ai dit la dinde, au lieu du dindon, parce qu'il est reconnu que, dans cette espèce, la viande de la femelle est plus fine que celle du mâle.

— Au fait! au fait! dirent deux autres voix.

— M'y voici, messieurs, au fait. Eh bien, à mon avis, les contrôleurs des finances n'ont pas encore, jusqu'aujourd'hui, envisagé le dindon sous un aspect en harmonie avec son mérite. Le dindon, messieurs, et particulièrement le dindon truffé, est devenu la source d'une addition importante à la fortune publique: au moyen de l'éducation des dindons, les fermiers acquittent plus facilement le prix de leurs loyers; les jeunes filles amassent une dot suffisante à leur mariage; voilà pour les dindons non truffés. — Maintenant, suivez ceci : c'est un calcul fort simple, et qui a rapport aux dindons truffés. Depuis le commencement de novembre jusqu'en février, c'est-à-dire en quatre mois, j'ai calculé qu'il se consommait, par jour, à Paris, trois cents dindes truffées : en tout, trente-six mille dindes ! Or, le prix commun de chaque dinde est de vingt francs ; en tout : pour Paris, sept cent vingt mille livres ! Supposons que la province tout entière, c'est-à-dire trente millions d'hommes comparés à huit cent mille, ne consomme, en dindes et dindons truffés, que trois fois autant que Paris ; la province donne un total de deux millions cent soixante mille livres qui, réunies aux sept cent mille de Paris, donnent deux millions huit cent quatre-vingt mille livres ; ce qui fait, vous le voyez, un assez joli mouvement de fonds. Maintenant, messieurs, ajoutez à cette somme, une somme à peu près égale pour volailles, faisans, poulets et perdrix pareillement truffés, vous atteindrez presque le chiffre de six millions, c'est-à-dire le quart de la liste civile du roi. J'avais donc raison de vous dire, messieurs, que les dindons étaient du ressort de M. Necker, aussi bien que de M. de Buffon.

— Et les carpes, demanda Camille, qui, en véritable épicurien qu'il était, prenait un plaisir infini à la conversation, de qui sont-elles justiciables ? Dites !

— Oh ! les carpes, c'est une autre affaire, dit Grimod ; c'est Dieu qui les fait, c'est la nature qui les élève, qui les engraisse, qui les parfume ; l'homme se contente de les prendre, et de les perfectionner, mais après leur mort, tandis que le dindon, animal domestique essentiellement sociable, se perfectionne de son vivant.

— Pardon, monsieur, dit Chénier, qui ne perdait pas une occasion d'attaquer le savant démonstrateur, — mais je vois, à propos de cette carpe, qu'elle est venue vivante de Strasbourg à Paris. Y a-t-elle été transportée avec des relais d'esclaves, comme faisaient les Romains, quand ils expédiaient le surmulot du port d'Ostia à la cuisine de Lucullus et de Varron, — ou dans un fourgon construit exprès, comme font les Russes, quand ils expédient le sterlet du Volga à Saint-Pétersbourg ?

— Non, monsieur ; cette carpe que vous voyez est tout bonnement venue de Strasbourg à Paris par la diligence qui apporte les lettres, c'est-à-dire en quarante heures à peu près. Elle a été prise avant-hier matin dans le Rhin ; elle a été mise dans une boîte faite à sa taille, au milieu d'herbe fraîche ; on lui a introduit dans la bouche une espèce de biberon correspondant à un vase contenant de la crème bouillie afin qu'elle ne s'aigrît pas, et elle a teté tout le long de la route, comme vous avez fait, monsieur Chénier, comme nous avons fait tous, quand nous étions enfants, et comme nous ferons encore, si le système de la métempsycose est vrai, et si jamais nous devenons carpes.

— Je m'incline, dit Chénier, battu pour la seconde fois, et je reconnais la supériorité de l'art culinaire sur l'art poétique.

— Et vous avez tort, monsieur Chénier : la poésie a sa muse, qu'on appelle Melpomène ; la cuisine à la sienne, qu'on appelle Gasterea ; ce sont deux puissantes vierges : adorons-les toutes deux, au lieu de médire de l'une ou de l'autre.

En ce moment, la porte se rouvrit, et, avec le même cérémonial qu'au premier service, les cuisiniers apportèrent le second.

Ce second service se composait, on se le rappelle, de cailles truffées à la moelle ; d'un brochet de rivière, piqué, farci et baigné dans une crème d'écrevisses ; d'un faisan à son point, piqué en toupet, gisant sur une rôtie travaillée à la Soubise; d'un plat d'épinards à la graisse de caille ; d'une douzaine d'ortolans à la provençale, et d'une pyramide de meringues à la vanille et à la rose.

Tout était digne de l'illustre gastronome; mais le faisan et les épinards surtout eurent un immense succès.

Aussi l'épilogueur Camille s'inquiéta-t-il comment un si mauvais général que M. de Soubise avait pu donner son nom à une si bonne rôtie que celle sur laquelle était couché le faisan.

— Monsieur, répondit Grimod voyant l'attention que chacun apportait à l'explication qu'il allait donner, monsieur, croyez bien que je ne suis pas de ces mangeurs vulgaires qui engloutissent les choses sans s'inquiéter de leur origine. Or, j'ai fait de profondes recherches sur ce nom de Soubise que le malencontreux général a eu la chance de laisser, en mourant, à un mets qui l'immortalisa. M. de Soubise, qui, malgré ces deux vers de Voltaire :

> Messieurs du roi, marchez à la victoire ;
> Soubise et Pecquigny vous mènent à la gloire !

fut un des capitaines les plus battus et les mieux battus qui aient jamais existé; M. de Soubise, dans une de ses retraites, se réfugia chez un garde-chasse allemand qui n'avait à lui offrir pour tout potage qu'un faisan, mais un faisan de huit à dix mois, attendu sept jours, bien à point par conséquent. Le faisan fut rôti pendu par les pattes à une ficelle, — mode de cuisson qui donne au rôti cuit de cette façon une grande supériorité sur le rôti cuit à la broche, — puis couché sur une simple tranche de pain frottée avec un oignon, et transformée en rôtie dans la lèche frite. Le malheureux général, à qui le désespoir de sa défaite avait ôté l'appétit, — il le croyait du moins, — commença de le retrouver dans la première bouchée qu'il mordit au faisan, et le retrouva si bien, qu'il dévora faisan et rôtie, et s'informa, en suçant les os, de quelle façon avait été accommodé ce mets merveilleux ; le garde fit alors venir sa femme, et M. de Soubise écrivit sous sa dictée des notes que ses aides de camp, qui venaient de le rejoindre, crurent être des renseignements sur la position de l'ennemi. Cela fit que ces jeunes officiers admirèrent la sollicitude de leur général, qui ne prenait pas le temps de dîner, sacrifiant tout, jusqu'à son appétit, au salut de ses soldats. Un rapport en fut fait au roi par des témoins oculaires, et ne contribua pas peu à maintenir M. de Soubise en faveur près de Louis XV et de madame de Pompadour. — Revenu à Versailles, M. de Soubise donna, comme de lui, la recette à son cuisinier, lequel, plus consciencieux que le prince, baptisa du nom de Soubise cette rôtie sans pareille.

— En vérité, mon cher Grimod, vous êtes d'une érudition à démonter d'Alembert, Diderot, Helvétius, Condorcet, et toute l'*Encyclopédie*.

— Seulement, ajouta Chénier, je voudrais savoir...

— Prends garde, Chénier, dit Talma, tu n'as pas de bonheur aujourd'hui !

— N'importe, je me risque une dernière fois... c'est une dernière charge qui, à Fontenoy, a mis en déroute l'ennemi.

— Que voudriez-vous savoir, monsieur de Chénier ? demanda Grimod de la Reynière en s'inclinant courtoisement. Parlez, je suis prêt à répondre.

— Je voudrais savoir, monsieur, reprit Chénier avec un accent légèrement ironique, comment il se peut qu'une volaille cuite au bout d'une ficelle, soit meilleure qu'une volaille enfilée par une broche.

— Oh ! monsieur, rien de plus facile à expliquer et,

par conséquent, à comprendre : toute créature vivante a deux orifices, un orifice supérieur et un orifice inférieur ; il est évident que, si, une fois morte et destinée à être rôtie, vous pendez cette créature par les pattes, et que vous l'arrosiez de haut en bas, soit avec du beurre, soit avec de la crème, l'intérieur et l'extérieur se ressentiront à la fois de cet arrosement ; tandis que, si vous lui trouez le corps avec une broche, le jus personnel à l'animal s'enfuira par les deux blessures, sans qu'il puisse être remplacé par la matière arrosante, qui glissera sur le corps, et n'y pénétrera point. Il est donc évident qu'une volaille pendue par les pattes, et rôtie de cette façon, sera plus juteuse et plus succulente qu'une volaille trouée avec une broche. Voilà qui est clair comme le jour, n'est-il pas vrai, monsieur de Chénier ?

Chénier s'inclina.

Au même moment, le docteur Guillotin poussa une exclamation :

— Oh ! quels épinards, mon cher Grimod !

Grimod s'inclina à son tour.

— Vous êtes connaisseur, docteur : c'est mon chef-d'œuvre !

— Comment diable faites-vous cette ambroisie ?

— Un homme moins philanthrope que moi vous dirait : « Je garde ma recette, docteur ! » Mais, moi qui prétends que l'homme qui a inventé ou perfectionné un plat a rendu plus de services à l'humanité que l'homme qui a découvert une étoile, je vous dirai que, pour faire de bons épinards, il faut, par exemple, qu'ils soient cuits le dimanche, remis tous les jours de la semaine sur le feu avec addition de beurre frais, arrosés, le dernier jour avec de la graisse ou du jus de bécasses, et servis chauds le dimanche suivant. D'ailleurs, j'ai un faible pour les médecins, moi.

— Bah! et pourquoi cela? les médecins prescrivent la diète, cependant.

— Oui, mais ils se gardent bien de la suivre; les médecins sont gourmands par état, quoiqu'ils ne sachent pas toujours manger... Tenez, avant-hier, docteur, j'ai donné une consultation gastronomique à votre confrère, le docteur Corvisart.

— Et où cela?

— A un dîner chez Sartine... Je remarquai que, aussitôt le potage enlevé, il s'était mis à boire du vin de Champagne glacé; aussi était-il gai, petillant, bavard dès le premier service, tandis qu'au contraire, quand les autres commencèrent à entamer le vin mousseux, Corvisart devint maussade, taciturne, presque endormi. « Ah! docteur, lui dis-je, prenez garde : vous n'aurez jamais de bons desserts. — Et pourquoi cela? demanda-t-il. — Parce que le vin de Champagne, à cause du gaz acide carbonique qu'il contient, a deux effets, le premier excitant, le second stupéfiant. » Corvisart convint de la vérité de la chose, et promit de se corriger.

— Et les gens de lettres, demanda Chénier, sont-ils aussi gourmands par état?

— Monsieur, les gens de lettres s'améliorent; sous Louis XIV, ils se contentaient d'être ivrognes : aujourd'hui, ils ne sont pas encore gourmets, mais sont déjà gourmands. C'est Voltaire qui a donné le branle en popularisant le café; il eût popularisé bien autre chose, s'il n'avait pas eu un mauvais estomac... Ah! un mauvais estomac, messieurs! Dieu vous garde d'un mauvais estomac! Le vautour de Prométhée n'est qu'une allégorie : ce qui rongeait le foie du fils de Japet, c'étaient les mauvaises digestions! Le vainqueur de Mithridate avait un mauvais estomac; aussi voyez comme il est triste, maussade, irrésolu, tandis qu'au contraire, Antoine, qui digérait à merveille, ne pensa qu'à l'amour jusqu'au dernier moment, se fit porter blessé dans le tombeau où s'était renfermée Cléopâtre, et mourut en baisant les mains, et peut-être même autre chose, à la belle reine d'Égypte... Messieurs, messieurs, retenez bien cet axiome : « On ne vit pas de ce que l'on mange, mais de ce que l'on digère. »

— A propos de la reine d'Égypte, dit Camille, il me semble que nous avons là une pyramide de meringues qu'il serait assez bon d'attaquer.

— Attaquez, messieurs, attaquez, dit nonchalamment Grimod ; je méprise fort toutes ces sortes de friandises, qui, à mon avis ne sont bonnes que pour les femmes et pour les hommes à mollets d'abbés, — n'est-ce pas, docteur?

Mais le docteur était occupé à voir venir le dessert, qui s'avançait avec le cérémonial obligé.

Le dessert était digne du reste du dîner ; mais c'était au café que les critiques attendaient l'illustre professeur. Chénier, David, Talma, Danton, Marat même, étaient amateurs de café ; chacun tendit donc sa tasse, et commença à respirer l'arome de la liqueur avant que de la boire.

Un murmure de satisfaction courut dans l'assemblée.

— Messieurs, dit Grimod en s'étendant dans sa chaise avec le tendre gémissement que laisse échapper l'homme dont tous les sens sont parfaitement satisfaits ; — messieurs, si jamais vous avez quelque influence sur la société, aidez-moi à déraciner cette fatale habitude de se lever de table pour aller prendre le café dans une autre chambre! Ceux qui commettent cette hérésie, messieurs, confondent le plaisir de manger avec le plaisir de la table, qui sont deux plaisirs bien différents : on ne peut pas toujours manger, mais l'on peut toujours rester à table, et c'est surtout pour prendre le café qu'il faut y rester. Comparez, en effet, une tasse de café prise debout, dans un salon, sous l'œil d'un animal de domestique qui ne se doute pas qu'il vous fait commettre le sacrilége de boire vite ce qui doit être savouré lentement, et qui attend de vous que vous lui rendiez votre tasse et votre soucoupe ; comparez cela avec l'extase du véritable amateur, bien assis, ses deux coudes sur la table, — je suis d'avis qu'on peut les y mettre au dessert, — ses joues entre ses deux mains, et prenant une fumigation du café qu'il va boire ; car, dans le café, rien n'est perdu, messieurs : la fumée est pour l'odorat, la liqueur est pour le goût ! Dugazon, l'homme le plus maître de son nez qu'il y ait au monde, puisqu'il a trouvé quarante-deux manières de le faire mouvoir, perd tout empire sur cet organe quand il tient une tasse de café à la main : son nez tremble, se désordonne, s'allonge comme une trompe ; c'est une véritable lutte, entre la bouche et le nez, à qui arrivera le premier à la tasse ; jusqu'à présent, c'est la bouche qui a réussi ; mais, hier, il me disait encore qu'il ne pouvait pas prévoir comment la chose finirait.

— Ma foi, cher professeur, dit Guillotin enthousiasmé, que serait-ce donc s'il goûtait du vôtre ?... Le vôtre, voyez-vous, le vôtre, ce n'est pas du café, c'est du nectar ! il n'est pas possible que ce café-là soit moulu : il est pilé !

— Ah ! que vous êtes bien digne de votre réputation, cher docteur ! s'écria tendrement Grimod de la Reynière ; aussi je vous promets un cadeau.

— Lequel ?

— Je vous donnerai un de mes vieux mortiers.

Camille éclata de rire.

Grimod le regarda de travers.

— Profane ! dit-il. — Savez-vous que j'ai fait venir de Tunis un mortier qui avait plus de deux cents ans, et qui m'a coûté trois cent cinquante piastres ?

— Le mortier était donc d'argent, et le pilon d'or?

— Le mortier était de marbre, et le pilon de bois; mais le bois... le bois est devenu du café, à force de se mettre en contact avec le café lui-même... Ah! monsieur, les Turcs sont nos maîtres sur le chapitre du café. — Oh! que faites-vous, monsieur de Chénier! je crois que vous sucrez le vôtre avec du sucre en poudre; — un poëte!

— Mais il me semble, dit Chénier, que le sucre en poudre ou le sucre en morceaux...

— Erreur, monsieur! erreur! — N'avez-vous donc jamais étudié la différence qu'il y a entre un verre d'eau au sucre en poudre, et un verre d'eau au sucre en morceaux? Elle est immense, monsieur!

— Ma foi, quant à moi..., insista Chénier.

— Docteur! s'écria Grimod, docteur! mais dites donc à ce malheureux poëte que le sucre contient trois substances dont les principes sont : le sucre, la gomme et l'amidon, et que, dans la collision qui s'exerce par l'écrasement, une partie des portions sucrées passe à l'état d'amidon ou de gomme, c'est le secret de la nature, et ôtent ainsi au sucre la moitié de sa saveur. — Laquais, mon ami, versez une autre tasse de café à M. de Chénier! — Et, maintenant, monsieur le poëte, un petit verre d'eau-de-vie, pour porter à son dernier degré l'exaltation palatale, — et passons au salon.

On se leva, et l'on suivit Grimod de la Reynière, devenu le véritable amphitryon.

Danton et Marat passèrent les derniers.

— Vous n'avez pas dit un seul mot pendant tout le dîner, dit Danton; l'avez-vous trouvé mauvais?

— Je l'ai trouvé trop bon, au contraire.

— Et cela vous a attristé?

— Cela m'a fait réfléchir.

— A quoi?

— A une chose : c'est que ce Grimod de la Reynière, ce fermier-général, a dévoré à lui seul, depuis qu'il est au monde, la substance qui eût fait vivre dix mille familles !

— Vous voyez qu'il n'en est pas plus triste.

— Oui, certes, Dieu les a frappés d'aveuglement ; mais un jour viendra où tous ces vampires devront compter avec le peuple, et, ce jour-là...

— Eh bien, ce jour-là ?

— Ce jour-là, je crois que l'invention de notre ami Guillotin sera appréciée à sa valeur... Adieu, monsieur Danton.

— Comment, vous nous quittez ?

— Que voulez-vous que je fasse, inhabile comme je suis à apprécier les aphorismes de votre fermier-général ?

— Je veux que vous restiez pour venir avec moi au club.

— Quand cela ?

— Ce soir.

— Et à quel club ?

— Au club Social, pardieu ! je n'en connais pas d'autre.

— Quand j'aurai été où vous m'avez conduit, viendrez-vous où je vous conduirai, moi ?

— Avec grand plaisir.

— Parole d'honneur ?

— Parole d'honneur.

— Bien, je reste.

Et Danton et Marat entrèrent dans le salon, où Grimod de la Reynière continuait, avec un succès croissant, à développer ses théories de la salle à manger.

## VI

### LE CLUB SOCIAL

En effet, une heure après cette convention faite entre les deux nouveaux amis ; — David étant rentré chez lui ; Camille Desmoulins étant allé faire sa cour à une jeune fille nommée Lucile Duplessis, qu'il aimait, dont il était aimé, et qu'il devait épouser deux ans après ; Talma et Chénier étant allés à la Comédie-Française, pour y parler un peu de ce fameux *Charles IX* dont il leur avait été si peu permis de parler en dînant ; Grimod de la Reynière étant allé digérer à l'Opéra, selon son habitude ; Guillotin ayant rendez-vous avec MM. les électeurs, — Danton et Marat sortirent à leur tour de la rue du Paon, et recommencèrent, en se rendant au Palais-Royal, le même chemin qu'ils avaient déjà fait, le matin, pour en venir.

Mais, si animé que fût le Palais-Royal, pendant le jour, le Palais-Royal, à la lumière, était bien autre chose encore : tous les marchands de bijoux, d'argenterie, de cristaux ; toutes les marchandes de modes, tous les tailleurs, tous les coiffeurs, l'épée au côté, s'étaient emparés de ces boutiques neuves auxquelles le procès scandaleux de leur propriétaire avait servi de prospectus. A l'un de ses angles bruyait le théâtre des Variétés, où l'acteur Bordier attirait tout Paris dans ses arlequinades ; à un autre, rugissait le 113, la terrible maison de jeu sur laquelle M. Andrieux venait de faire ce quatrain philosophique :

> Il est trois portes à cet antre :
> L'espoir, l'infamie et la mort ;

C'est par la première qu'on entre,
C'est par les deux autres qu'on sort !

En face du 113, et du côté opposé, était le café de Foy, rendez-vous de tous les motionnaires ; enfin, au centre de ce triangle s'élevait ce fameux cirque dont nous avons déjà parlé, et qui renfermait le cabinet de lecture de Girardin, le théâtre de saltimbanques et le club Social, transformé, pour ce soir-là, en club Américains

Dès leur sortie de la rue du Paon, — rue qui, à cette époque comme aujourd'hui, était assez retirée, — Danton et Marat remarquèrent dans les rues ces signes d'agitation qui annoncent l'approche de quelque crise. En effet, le bruit de la démission de Brienne et du rappel de M. Necker commençait à se répandre, et la population, tout émue, commençait à sortir des maisons pour faire groupe dans les rues, sur les places et dans les carrefours ; partout on entendait prononcer les noms des deux antagonistes : celui de Brienne avec la satisfaction de la haine triomphante, celui de Necker avec l'accent de la reconnaissance et de la joie. Au milieu de tout cela, de grandes louanges étaient données au roi ; — car, en 1788, la plume à la main ou la parole à la bouche, du moins, tout le monde était encore monarchiste.

Marat et Danton traversèrent ces groupes sans s'y mêler ; sur pont Neuf, ils étaient si nombreux, que les voitures étaient obligées de marcher au pas ; ce qui donnait, du reste, à tous ces groupes un caractère presque menaçant parfois, c'est que la nouvelle, répandue dans la journée, était encore douteuse, et que l'espoir conçu un instant, s'il était déçu, devenait une flamme éphémère, mais ayant, cependant, duré assez longtemps, pour faire bouillonner les passions.

En approchant du Palais-Royal, c'était bien pis encore : on croyait approcher d'une ruche. D'abord, les appartements du duc d'Orléans étaient ardemment illuminés, et les ombres nombreuses que l'on voyait se mouvoir à travers les rideaux de gaze, dans l'encadrement lumineux des fenêtres, indiquait qu'il y avait, ce soir-là, nombreuse réception chez Son Altesse ; en outre, le peuple stationnait sur la place, comme dans les autres rues, et l'éternel va-et-vient de la foule, s'engorgeant dans le Palais-Royal, ou sortant de ce même palais, donnait à la multitude ce mouvement de flux et de reflux qu'ont les vagues au bord de la mer.

C'étaient deux forts nageurs dans cette espèce d'océan, que Marat et Danton ; aussi eurent-ils bientôt traversé la cour des Fontaines, et abordé le Palais-Royal par le côté opposé à celui qui leur avait donné passage le matin, c'est-à-dire par la rue de Valois.

Arrivés à l'extrémité de la double galerie nommée, comme nous l'avons dit, à cette époque, le camp des Tartares, Danton, malgré la répugnance visible de son compagnon, s'arrêta un instant. En effet, c'était un curieux spectacle dont nous autres, hommes du commencement de ce siècle, avons vu la fin, que celui de ces femmes enluminées, chargées de plumes et de bijoux, décolletées jusqu'à la ceinture, troussées jusqu'aux genoux, appelant quiconque passait d'un geste lascif, ou le poursuivant de propos railleurs, quelques-unes marchant côte à côte, pareilles à des amies, d'autres se rencontrant et échangeant, comme l'étincelle qui sort du choc du caillou, une injure des halles qui faisait toujours tressaillir les auditeurs, lesquels ne pouvaient s'habituer à entendre sortir ce déluge de mots obscènes des bouches de ces belles créatures qui n'avaient, dans la tournure et dans la mise, d'autre différence avec les grandes dames du temps que de porter des bijoux faux, et de ne point vouloir accepter pour elles le proverbe :

« Voleuse comme une duchesse. »

Danton regardait donc. Cet homme à la puissante organisation était, quelque part qu'il fût, et dans quelque situation qu'il se trouvât, toujours attiré, soit vers le plaisir, soit vers le métal qui le donne : à la porte d'un changeur, il s'arrêtait devant les lingots et les sébiles d'or, comme, à l'entrée du Palais-Royal, il s'arrêtait devant les prostituées.

Marat le tira à lui, et il suivit Marat, tournant malgré lui la tête vers le repaire immonde.

Mais à peine furent-ils engagés sous la galerie de pierre, que ce fut autre chose : à la tentation physique succéda la tentation morale. Les livres obscènes étaient alors dans toute leur vogue ; des hommes qu'on reconnaissait à leurs manteaux, — car ces hommes portaient des manteaux, quoique l'on fût en plein mois d'août, comme nous l'avons dit, — offraient ces livres aux passants. C'était auquel de ces hommes tirerait soit Marat, soit Danton, par le pan de l'habit : « Monsieur, voulez-vous *le Libertin de qualité*, par M. le comte de Mirabeau ?... Charmant roman ! — Monsieur, voulez-vous *Félicia ou Mes Fredaines*, par M. de Nerciat, avec gravures ? — Monsieur, voulez-vous *le Compère Mathieu*, par l'abbé Dulaurens ? » C'était ce que l'on appelait, à cette époque, vendre des livres sous le manteau.

Afin de se débarrasser de ces courtiers d'infamie, — pour lesquels, il faut l'avouer, Danton ne ressentait pas la même répugnance que Marat, sévère admirateur de Jean-Jacques, — tous deux s'élancèrent dans le jardin, où se croisaient les duègnes chargées de recruter à domicile ; mais, ce soir-là, les vénérables matrones étaient un peu effarouchées par le bruit qui se faisait dans le jardin, où étaient entassées peut-être plus de deux mille personnes cherchant des nouvelles, et avec lesquelles il n'y avait rien à faire, la curiosité ayant étouffé tous les autres sentiments.

Ce ne fut pas sans peine que Danton et Marat arrivèrent à la pente par laquelle on descendait dans le cirque ; arrivé là, on n'avait plus qu'à se laisser aller, et, pourvu que l'on fût possesseur d'une carte, rien n'empêchait plus que l'on ne fût admis au nombre des élus.

Danton avait deux cartes : il ne fut donc fait à la porte aucune difficulté : au contraire, Danton et Marat furent salués gracieusement par les commissaires, gens qui savaient vivre, et tous deux entrèrent dans la salle.

Le coup d'œil en était fort éblouissant. Deux mille bougies, peut-être, éclairaient l'aristocratique assemblée. Les drapeaux de l'Amérique, enlacés aux drapeaux de la France, ombrageaient de leurs plis des cartouches où étaient écrits les noms des victoires remportées par les armées unies ; trois bustes couronnés de lauriers attiraient les yeux vers le fond de la salle : ces bustes étaient, aux deux angles, ceux de la Fayette et de Franklin ; au milieu, celui de Washington.

Théodore Lameth, l'aîné des deux frères de ce nom, tenait le fauteuil du président ; Laclos, l'auteur des *Liaisons dangereuses*, remplissait l'office de secrétaire.

Les tribunes et les galeries étaient pleines de femmes protectrices de l'indépendance américaine. On y remarquait madame de Genlis, vêtue d'une polonaise de taffetas rayé, et coiffée à l'*insurgente* ; — la marquise de Villette, la *belle et bonne* protégée de Voltaire, vêtue d'une circassienne garnie de blonde rehaussée d'un ruban tigré, et coiffée d'un bonnet orné d'une barrière ; — Thérésa Cabarrus, qui fut depuis madame Tallien, et qui, alors, n'était encore que la marquise de Fontenay : toujours belle, mais, ce jour-là, plus belle encore que d'habitude, sous une thérèse en voile de gaze noire, à travers laquelle, comme deux étoiles dans la nuit, étincelaient ses yeux espagnols; — la marquise de Beauharnais, Joséphine Tascher de la Pagerie, adorable créole pleine d'indolence, animée, en ce moment, par une prédiction de mademoiselle Lenormand, la sorcière du faubourg Saint-Germain, qui lui avait annoncé qu'elle serait un jour reine ou impératrice de France : laquelle devrait-elle être des deux? la sorcière l'ignorait; mais, à coup sûr, d'après l'oracle des cartes, elle ne pouvait manquer d'être l'une ou l'autre; — la fameuse Olympe de Gouges, née à Montpellier d'une mère revendeuse à la toilette, mais d'un père à la tête couronnée, Léonard Bourdon dit d'un bandeau royal, Olympe de Gouges dit d'une simple branche de laurier : étrange femme de lettres, riche de deux cent mille livres de rente, qui ne savait ni lire ni écrire, et qui dictait à ses secrétaires des pièces et des romans qu'elle ne pouvait pas même relire; son entrée, qui avait coïncidé avec celle de Danton et de Marat, avait été saluée d'une triple salve d'applaudissements; elle venait justement de faire jouer au Théâtre-Français, après cinq ans d'attente, de démarches et de cadeaux, sa pièce de *l'Esclavage des Noirs*, qui était à peu près tombée; mais la pièce tombée n'empêchait pas l'auteur d'être applaudi, sinon pour le talent, du moins pour l'intention.

Il faudrait citer tout ce qu'il y avait de jolies femmes, de femmes riches ou de femmes illustres à Paris, si l'on voulait passer en revue les tribunes et les galeries du club Social, converti, comme nous l'avons dit, pour ce soir-là, en club Américain.

Au milieu d'elles, tiré par l'une, arraché par l'autre, sollicité par une troisième qui, de loin, étendait vers lui sa jolie main, papillonnait le héros du jour, le marquis de la Fayette. C'était, alors, un beau et élégant jeune homme de trente et un ans. Patricien, possesseur d'une immense fortune; allié, par sa femme, — la fille du duc d'Ayen, qu'il avait épousée il y avait déjà quinze ans, — aux plus grandes maisons de France ; à vingt ans, poussé hors de France par ce souffle de liberté qui passait sur le monde sans savoir encore où se fixer, il avait armé secrètement deux vaisseaux, les avait chargés d'armes et de munitions, et était arrivé à Boston, comme, cinquante ans plus tard, Byron devait arriver à Missolonghi ; mais, plus heureux que l'illustre poëte, il devait voir l'affranchissement du peuple qu'il était venu secourir, et, si Washington s'était réservé le titre de père de la liberté américaine, il avait, du moins, permis que la Fayette prît celui de son parrain. L'enthousiasme qu'avait inspiré la Fayette revenu en France était plus grand, peut-être, que celui qu'il avait laissé en Amérique ; la mode l'avait adopté, la reine lui avait souri, Franklin l'avait fait citoyen, Louis XVI le fit général.

Cette popularité était douce, et cet habit de général allait bien à un jeune homme de trente et un ans ; sa vanité le lui avait dit, et, en supposant que la vanité qui a une fois parlé puisse se taire, les femmes le lui répétaient si souvent, qu'il était bien forcé de s'en souvenir.

Celui qui partageait avec la Fayette les honneurs de la soirée était le comte d'Estaing. Vaincu dans les Indes, où il avait été fait deux fois prisonnier, il avait pris sa revanche en Amérique ; là, après avoir livré un combat indécis à Howe, après avoir échoué dans une attaque sur Sainte-Lucie, il avait battu complétement le commodore Byron. Tout au contraire de la Fayette, le comte Hector d'Estaing était un vieillard ; aussi l'enthousiasme se partageait-il entre lui et son jeune rival, et, comme d'un accord unanime, les femmes avaient réclamé la Fayette, les hommes avaient recueilli d'Estaing.

Les autres assistants, moins connus peut-être à cette époque, devaient cependant atteindre chacun à un certain degré de célébrité. C'étaient : — l'abbé Grégoire, qui voyageait alors en professant la philosophie ; il n'avait rien écrit encore sur l'esclavage, mais il s'occupait déjà de cette question, qui, d'ailleurs, l'occupa toute sa vie ; — Clavières, un des plus ardents négrophiles de l'époque ; — l'abbé Raynal, qui revenait de l'exil où l'avait envoyé son *Histoire philosophique des deux Indes*, — Condorcet, qui allait recommencer une vie nouvelle, la troisième ; qui, après avoir été mathématicien avec d'Alembert, critique avec Voltaire, allait devenir homme politique avec Vergniaud et Barbaroux ; Condorcet, penseur éternel, dans le cabinet comme dans le salon, dans la solitude comme dans la foule, plus spécial en toutes choses que les hommes les plus spéciaux, inaccessible à la distraction, quelque part qu'il se trouvât ; parlant peu, écoutant tout, profitant de tout, et n'ayant jamais rien oublié de ce qu'il avait appris ou entendu ! — Brissot, qui arrivait d'Amérique, fanatique de liberté, enthousiaste de la Fayette ; Brissot, le futur rédacteur de l'*Adresse aux puissances étrangères*, et qu'attendait le fatal honneur de donner son nom à un parti ; — Roucher, qui venait de publier son poëme des *Mois*, et qui était occupé de traduire *la Richesse des nations*, de Smith ; — enfin, Malouet, qui, lui aussi, venait de publier son fameux *Mémoire sur l'esclavage des nègres*, et qui, au moment où entraient Marat et Danton, montait à la tribune, et attendait, pour commencer son discours, que fût calmé l'effet produit par l'arrivée d'Olympe de Gouges.

Il succédait à Clavières, qui avait parlé sur l'esclavage, mais en généralisant la question, et qui était descendu de la tribune, en annonçant que son ami Malouet allait parler à son tour, mais, plus instruit que lui sur la matière, citerait des faits qui feraient frissonner toute l'assemblée.

L'assemblée éprouvait ce besoin d'émotions qui se répand chez les peuples à certaines époques de leur existence, et, par conséquent, ne demandait pas mieux que de frissonner.

D'ailleurs, il y avait, nous l'avons déjà dit, beaucoup de jolies femmes dans la salle ; — et les jolies femmes font un si charmant mouvement d'épaules quand elles frissonnent, que ce serait bien maladroit à une jolie femme de ne pas frissonner toutes les fois qu'elle en trouve l'occasion.

Le silence se rétablit donc plus vite qu'on n'eût dû l'espérer : peu à peu, les regards se détournèrent d'Olympe de Gouges, et, après avoir flotté encore un instant, — ceux des hommes, de madame de Beauharnais à Thérésa Cabarrus; ceux des femmes, de Brissot à la Fayette, — ils finirent par se fixer sur la tribune, où attendait l'orateur, la main prête au geste, et la bouche disposée à la parole.

Puis, enfin, quand le silence fut complet, quand l'attention fut entière :

« Messieurs, dit Malouet, j'entreprends une tâche difficile : celle de vous retracer les malheurs d'une race qui semble maudite, et qui, cependant, n'a rien fait pour mériter cette malédiction. Heureusement, la cause que je plaide en faveur de l'humanité est celle des âmes sensibles, et la sympathie me viendra en aide là où le talent me manquera.

» Vous est-il jamais arrivé, messieurs, quand vous avez, à la fin d'un dîner délicat, rapproché l'une de l'autre, comme complément indispensable de ce dîner, ces deux substances qui se complètent l'une par l'autre : le sucre et le café; quand, longtemps avant de le prendre, nonchalamment étendus sur des fauteuils aux coussins moelleux, vous avez voluptueusement respiré son délicieux arome ; quand longtemps vous l'avez savouré, et que vos lèvres ont, pour ainsi dire, aspiré goutte à goutte la vivifiante liqueur, vous est-il jamais arrivé de penser que ce sucre et ce café, dont vous veniez de faire vos délices, avaient coûté la vie à plusieurs millions d'hommes?

» Vous devinez de qui je veux parler, n'est-ce pas? Je veux parler de ces malheureux enfants de l'Afrique qu'on est convenu de sacrifier aux caprices voluptueux des Européens, que l'on traite comme des bêtes de somme, et qui, cependant, sont nos frères devant la nature et devant Dieu. »

Un murmure d'approbation encouragea l'orateur. Tous ces hommes élégants, poudrés, musqués, ambrés, toutes ces femmes charmantes, couvertes de dentelles, de plumes et de diamants, adhérèrent, par un gracieux mouvement de tête, à l'opinion du préopinant, et reconnurent qu'ils étaient les frères et les sœurs des nègres du Congo et des négresses du Sénégal.

« Et, maintenant, cœurs compatissants, continua Malouet avec cette phraséologie sentimentale particulière à l'époque, et qui procédait surtout par invocation; — souvenez-vous bien que ce que je vais vous dire n'est point un roman ébauché dans l'espoir d'amuser vos loisirs; c'est une histoire véritable des traitements dont, depuis deux siècles, vos semblables sont accablés; c'est le cri de l'humanité gémissante et persécutée qui ose s'élever jusqu'à vous, et dénoncer à toutes les nations du monde les cruautés dont ces malheureux sont victimes; ce sont, enfin, les nègres de l'Afrique et de l'Amérique qui invoquent l'appui de leurs défenseurs, afin que ces défenseurs en appellent pour eux au jugement des souverains de l'Europe, et demandent justice des souffrances atroces dont on les accable en leur nom. Serez-vous sourds à leur prière? Non! la voix des hommes s'élèvera forte et sévère, la voix des femmes se fera entendre douce et suppliante, et les rois, que Dieu a faits ses représentants sur la terre, reconnaîtront que c'est offenser Dieu lui-même, que de livrer ainsi aux plus vils traitements des créatures faites comme nous à son image. »

Ici, les murmures d'approbation firent place aux applaudissements. Néanmoins, il était évident que l'on trouvait le préambule suffisant, et qu'une aspiration générale, quoique muette encore, attirait l'orateur vers son sujet.

Malouet sentit le besoin d'entrer en matière, et commença.

« Sans doute, vous savez ce que c'est que la traite; mais savez-vous comment se fait la traite? Non, vous ne le savez pas, ou, du moins, vous n'avez jeté qu'un regard superficiel sur cette opération étrange, dans laquelle une race a trafiqué d'une autre race, où les hommes se sont faits vendeurs d'hommes.

» Quand un capitaine négrier veut faire la traite, il s'approche des côtes d'Afrique, et fait prévenir quelqu'un de ces petits souverains qui bordent la côte qu'il est là, porteur de marchandises d'Europe, et qu'il voudrait échanger ces marchandises contre un chargement de deux ou trois cents nègres; puis il envoie un échantillon de ses marchandises au souverain avec lequel il veut traiter, fait accompagner ces échantillons d'un présent d'eau-de-vie, et attend.

» Eau-de-vie, eau-de-feu! comme disent les malheureux nègres; fatale découverte qui nous vient des Arabes, — avec cet art de la distillation, que nous avons reçu d'eux, et qu'ils avaient inventé pour extraire le parfum des fleurs et surtout de la rose, tant célébrée dans les écrits de leurs poëtes! — pourquoi es-tu devenue une arme si formidable aux mains d'hommes cruels, qu'il faille te maudire, toi qui as plus dompté, et surtout plus détruit de nations que ces armes à feu qui étaient inconnues aux hommes du nouveau monde, et qu'ils prenaient pour un tonnerre aux mains de nouveaux dieux? »

Comme on le voit, Malouet venait de se lancer dans le plus haut lyrisme; il fut récompensé de sa hardiesse par une salve d'applaudissements.

« Nous disons, reprit-il, que le capitaine négrier attend. Hélas! il n'attend pas longtemps : l'obscurité venue, il peut voir l'incendie courir de village en village; dans le silence nocturne, il peut entendre les plaintes des mères à qui on arrache leurs fils, des enfants à qui on arrache leur père, et, au milieu de tout cela, les cris de mort de ceux qui aiment mieux mourir tout de suite que d'aller traîner une vie languissante loin du toit de la famille, loin du ciel de la patrie.

» Le lendemain, on raconte à bord que le roi nègre a été repoussé; que les malheureux qu'on voulait enlever ont combattu avec l'acharnement du désespoir; qu'une nouvelle attaque est organisée pour la nuit prochaine, et que la livraison de la *marchandise* ne peut être faite que le lendemain.

» La nuit venue, le combat, l'incendie et les plaintes recommencent; le carnage dure toute la nuit, et, le matin, on apprend qu'il faudra encore attendre jusqu'au lendemain, si l'on veut avoir la cargaison demandée.

» Mais, cette nuit, on l'aura certainement, car le roi repoussé a ordonné à ses soldats de prendre les esclaves promis dans ses propres États; il fera entourer deux ou trois de ses villages, à lui, et, fidèle à la parole donnée, il livrera ses sujets, ne pouvant livrer ses ennemis.

» Enfin, le troisième jour, on voit arriver quatre cents nègres enchaînés, suivis des mères, des femmes, des filles et des sœurs, — si l'on n'a besoin que d'hommes; car, si l'on a besoin de femmes, les femmes, les filles et les sœurs sont enchaînées avec les frères, les pères et les maris.

» Alors, on s'informe, et l'on apprend que, pendant ces deux nuits, quatre mille hommes ont péri pour que le roi spéculateur arrivât à en livrer quatre cents!

» Et ne croyez pas que j'exagère : je raconte; — je raconte ce qui est arrivé : le capitaine du bâtiment est le capitaine du *New-York*; le roi qui a vendu ses propres sujets est le roi de Barsilly.

» O magistrats! ô souverains de l'Europe! vous qui dormez tranquillement dans vos palais, tandis qu'on égorge vos semblables, vous ignorez toutes ces atrocités, n'est-ce pas? C'est, cependant, en votre nom qu'elles sont commises. Eh bien, que les cris de ces malheureux traversent les mers, et vous réveillent!

» Maintenant, — continua l'orateur, — jetons les yeux sur cette côte aride, et qui, cependant, est celle de la patrie ; voyons-y les malheureux nègres couchés et exposés nus aux regards et à l'investigation des fréteurs européens.

» Quand les chirurgiens ont attentivement examiné ceux des nègres qu'ils jugent sains, agiles, robustes et bien constitués, ils les approuvent comme bons, les reçoivent au nom du capitaine, ainsi que des chevaux et des bœufs, et, ainsi que des chevaux et des bœufs, ils les font marquer à l'épaule avec un fer rouge : — cette marque, ce sont les lettres initiales du nom du vaisseau, et du commandant qui les a achetés.

» Puis, au fur et à mesure qu'on les marque, on les enchaîne deux à deux, et on les conduit au fond du navire qui, pendant deux mois, doit leur servir de prison, et souvent de tombeau.

» Souvent pendant une traversée, — tant leur horreur

de l'esclavage est grande ! — deux, quatre, six de ces malheureux conviennent de se jeter à la mer, exécutent leur dessein, et, comme ils sont liés, trouvent la mort dans les profondeurs de l'Océan.

» Dans la dernière traite que le capitaine Philips a faite en Guinée, chez le roi de Juida, il a perdu ainsi douze nègres, noyés volontairement.

» Cependant, comme on les surveille de près, le plus grand nombre des esclaves arrivent ordinairement dans le vaisseau. Aussitôt, ils sont descendus à fond de cale ; c'est là que cinq ou six cents malheureux, sont entassés pêle-mêle dans un espace mesuré à la longueur de leur corps, ne voyant la lumière que par l'ouverture des écoutilles, ne respirant nuit et jour qu'un air qui, d'insalubre, devient pestiféré par le séjour constant des exhalaisons humaines et des excréments qui y séjournent ; alors, du mélange de toutes ces exhalaisons putrides, résulte une infection douloureuse qui corrompt le sang, et cause une foule de maladies inflammatoires, lesquelles font périr le quart et quelquefois le tiers de tous les esclaves dans le seul espace de deux mois ou deux mois et demi que dure ordinairement la traversée.

» O vous, à qui je m'adresse, — s'écria l'orateur en étendant les mains comme pour adjurer l'univers tout entier, — Anglais, Français, Russes, Allemands, Américains, Espagnols ! que le destin vous ait mis, soit une couronne sur la tête, soit une bêche à la main, rentrez au fond de votre cœur ; jetez un coup d'œil sur la situation où les fréteurs européens vous plongent depuis si longtemps ; songez qu'en ce moment même où je parle, les capitaines négriers exécutent toutes les horreurs que je viens de décrire, et que c'est au nom de l'Europe, et sous le régime de ses lois, que se commettent, sans remords, de semblables crimes !

» Aussi, Européens éclairés, ne croyez pas aux fables que ces hommes dénaturés vous débitent froidement en Europe, pour cacher leurs forfaits ; gardez-vous d'ajouter foi à leurs calomnies, lorsqu'ils prétendent que les malheureux nègres sont des animaux privés de sentiment et de raison ; sachez, au contraire, qu'il n'en est pas un seul de ceux que vous arrachez à leur patrie qui n'ait quelque tendre attachement de cœur que vous n'ayez rompu, — pas un enfant qui ne regrette douloureusement ses parents ou son père, — point de femme qui ne pleure un époux, une mère, une sœur, une amie, — pas un homme qui ne dévore, au fond de son cœur ulcéré, le désespoir des tendres liens que vous avez brisés par une séparation violente et cruelle. Oui, j'ose vous le dire avec franchise, il n'y a pas un de vos esclaves qui, dans la vérité de son cœur, ne vous regarde comme des bourreaux homicides qui massacrent, qui foulent aux pieds tous les sentiments les plus doux de la nature.

» Hommes cruels et implacables ! si vous saviez lire au fond de leurs âmes, si leurs justes plaintes n'étaient pas réduites au silence le plus rigoureux ou punies des plus terribles châtiments, — là, vous verriez un père expirant qui vous dirait : « Tu m'as séparé d'un trou-
» peau d'enfants encore jeunes, que mon travail nour-
» rissait, et qui vont périr de faim et de misère ! » — plus bas, vous trouveriez une mère au désespoir que vous avez arrachée des bras d'un époux ou d'une fille chérie qui touchait au moment de se marier ; — plus loin, de jeunes enfants dérobés à leurs familles qui, en versant des larmes entrecoupées par leurs sanglots, s'écrient : *Paou, paou, bulla!* (Père, père, la main !) — à côté d'eux, une jeune fille consternée, qui pleure la tendresse d'une mère ou d'un amant dont elle était sincèrement aimée ; — partout, des créatures désolées

de n'avoir pas eu la triste consolation de mêler leurs larmes à celles de leurs pères ou de leurs parents en les quittant pour jamais ; — dans tous les cœurs vous trouveriez, enfin, la honte et l'indignation concentrées, capables de toutes les extrémités où peut porter le désespoir ? »

La commisération de l'assemblée en faveur des malheureux nègres était portée au plus haut degré ; aussi, après avoir interrompu l'orateur par ses applaudissements, fut-elle quelque temps à se remettre : celui-ci utilisa cette trêve en s'essuyant le front avec un mouchoir de batiste, et en buvant un verre d'eau sucrée.

Pendant tout ce plaidoyer auquel nous nous sommes attaché à laisser la forme oratoire du temps, Danton examinait Marat, dont la figure prenait, peu à peu, l'expression d'une puissante ironie.

Malouet reprit :

« Vous avez frémi, vous avez pleuré. Écoutez donc ce qui me reste à vous dire, cœurs sensibles, âmes aimantes ! — Lorsque le capitaine Philips, dont j'ai déjà prononcé le nom, eut terminé son chargement, outre les douze nègres qui s'étaient jetés à la mer, beaucoup refusèrent de manger dans l'espoir de finir leurs tourments par une mort plus prompte ; alors, quelques officiers du bâtiment proposèrent de faire couper les bras et les jambes aux plus entêtés, afin d'effrayer les autres ; mais le commandant, plus humain qu'on n'eût osé l'espérer, refusa en disant : « Ils sont déjà bien assez » malheureux, sans leur faire encore subir des supplices » si cruels ! » — C'est avec joie, messieurs, que je rends justice à cet homme en publiant sa générosité ; mais, pour un qui agit ainsi, combien procèdent autrement ! combien, sur ce refus de manger, brisent avec des barres de fer, et à plusieurs endroits, les bras et les jambes des malheureux récalcitrants qui, par les cris horribles qu'ils poussent, répandent l'effroi parmi leurs compagnons, et les obligent à faire, dans la crainte de subir le même traitement, ce qu'ils refusaient de faire avec autant de force que de raison !

» Ce supplice, messieurs, est l'égal de la roue en Europe, excepté que ceux que l'on roue en Europe sont des criminels, tandis que ceux que l'on roue sur les bâtiments négriers sont des innocents.

» Attendez encore, je n'ai point fini : j'ai ici une relation écrite, publiée, imprimée par John Atkins, chirurgien à bord du vaisseau amiral l'*Ogles-Squadron*, chargé de nègres de Guinée ; écoutez ce qu'il va vous dire. — John Harding, qui commandait ce bâtiment, s'aperçut que plusieurs esclaves se parlaient à l'oreille, que plusieurs femmes avaient l'air de propager un secret ; il s'imagina enfin que quelques noirs conspiraient pour recouvrer leur liberté ; alors, sans s'assurer si ses soupçons étaient fondés, savez-vous ce que fit le capitaine Harding? Il condamna sur-le-champ deux de ces malheureux à la mort, un homme et une femme, et prononça la sentence en étendant la main vers l'homme, qui devait mourir le premier : à l'instant même le malheureux fut égorgé devant tous ses frères, puis on lui arracha le cœur, le foie et les entrailles, qui furent répandus à terre, et, comme ils étaient trois cents esclaves sur le bâtiment, on coupa le cœur, le foie et les entrailles en trois cents morceaux qu'on força les compagnons du mort de manger crus et ensanglantés, le capitaine menaçant du même supplice quiconque refuserait cette horrible nourriture ! »

Un murmure d'horreur courut dans l'assemblée.

Mais la voix de l'orateur domina ce murmure ; il comprenait que, selon les formes de l'art oratoire, il fallait frapper un second coup après le premier.

« Écoutez, écoutez! s'écria-t-il. Peu satisfait de cette exécution, le cruel capitaine désigna ensuite la femme à ses bourreaux; les ordres avaient été donnés d'avance, et le supplice était réglé. La pauvre créature fut attachée avec des cordes par les deux pouces, et suspendue à un mât jusqu'à ce que ses pieds eussent perdu terre. On lui enleva les quelques haillons qui la couvraient, et on la fouetta d'abord jusqu'à ce que le sang ruisselât par tout son corps. Puis, avec des rasoirs, on lui découpa la peau; et, pour être mangés aussi par les trois cents esclaves, on lui enleva du corps trois cents morceaux de chair; si bien que tous ses os furent mis à découvert, et qu'elle expira dans les plus cruelles tortures!»

Des cris d'indignation éclatèrent; l'orateur s'essuya le front, et acheva son verre d'eau sucrée.

« Voilà ce que souffrent les malheureux nègres pendant la traversée, continua Malouet; maintenant disons ce qu'ils ont à souffrir une fois arrivés.

» Un tiers, à peu près, est mort dans la traversée; nous l'avons dit: bornons-nous au quart, et vous allez voir où le calcul mortuaire va nous mener.

» Le scorbut, l'éthisie, les fièvres putrides, une autre fièvre aiguë qui n'a pas de nom scientifique, et qu'on appelle la fièvre des nègres, fondent sur eux au moment où leurs pieds touchent la terre, en enlèvent encore le quart; c'est un tribut que le climat impose à ceux qui, d'Afrique, passent aux îles américaines. Or, l'Angleterre seule exporte cent mille noirs, et la France moitié; cent cinquante mille à elle deux; c'est donc soixante-quinze mille nègres que deux nations placées à la tête de la civilisation font périr tous les ans pour en donner soixante-quinze mille autres aux colonies. Calculez, vous qui m'écoutez ici, calculez quel nombre immense de victimes ont, sans en tirer aucun bénifice, fait périr ces deux nations depuis deux cents ans que dure ce commerce; soixante-quinze mille nègres par an, pendant deux cents ans, donnent un chiffre de quinze millions d'hommes détruits par nous ; et, si vous ajoutez à ce douloureux calcul un chiffre égal pour tous les esclaves dont les autres royaumes d'Europe ont causé la mort, vous aurez trente millions de créatures enlevées de la surface du globe par l'insatiable cupidité des blancs ! »

Les assistants se regardèrent. Il leur semblait impossible qu'ils eussent pris, ne fût-ce que par insouciance, leur part d'un pareil massacre.

L'orateur fit signe qu'il allait continuer ; le silence se rétablit, et il reprit en ces termes :

« Si, lorsque la mer a pris sa dîme ; si, lorsque la fièvre a pris son tribut, quelque espérance de bonheur restait au moins à ceux qui survivent, si leur séjour dans l'exil était tolérable ; s'ils trouvaient seulement des maîtres qui les traitassent comme on traite des animaux, cela serait supportable encore. Mais, une fois arrivés, une fois vendus, le travail qu'on exige de ces malheureux est au-dessus des forces humaines. Dès la pointe du jour, ils sont appelés aux travaux, et, jusqu'à midi, ils doivent les continuer sans interruption ; à midi, il leur est enfin permis de manger ; mais, à deux heures, sous le soleil ardent de l'équateur, il faut reprendre sa tâche, et la poursuivre jusqu'à la fin du jour ; et, pendant tout ce temps, ils sont suivis, surveillés, punis par des conducteurs qui frappent à grands coups de fouet ceux qui travaillent avec quelque nonchalance. Enfin, avant de les laisser rentrer dans leurs tristes cabanes, on les oblige encore à faire le travail de l'habitation, c'est-à-dire à ramasser du fourrage pour les troupeaux, à charroyer du bois pour les maîtres, du charbon pour les cuisines, du foin pour les chevaux ; de sorte qu'il arrive souvent qu'il est minuit ou une heure avant qu'ils arrivent à leurs cases. Alors, il leur reste à peine le temps de piler et de faire bouillir un peu de blé d'Inde pour leur nourriture; puis, pendant que ce blé cuit, ils se couchent sur une natte où, bien souvent, écrasés de fatigue, ils s'endorment, et où le travail du lendemain vient les prendre avant qu'ils aient eu le temps de satisfaire la faim qui les dévore, ou le sommeil qui les poursuit.

» Et, cependant, un auteur contemporain, connu par un grand nombre d'ouvrages qui attestent la vaste étendue et les connaissances de son esprit, a prétendu prouver que l'esclavage des nègres offrait une existence bien plus heureuse que le sort dont jouissent la plupart de nos paysans et journaliers de l'Europe.

» En effet, au premier abord, son système paraît séduisant. « Un ouvrier gagne en France, » dit-il, « de
» vingt à vingt-cinq sous par jour. Comment peut-il,
» avec ce modique salaire, se nourrir, nourrir et entre-
» tenir sa femme et cinq ou six enfants; payer son
» loyer, acheter du bois, et fournir à tous les frais d'une
» famille entière? Ils vivent dans l'indigence alors,
» et presque toujours manquent du nécessaire. Un
» serf, au contraire, ou un esclave, est comme le che-
» val de son maître : ce maître est intéressé à le bien
» nourrir, à le bien entretenir pour le conserver en
» santé, et en retirer un service utile et permanent;
» ayant donc tout ce qui lui est nécessaire, il est plus
» heureux que les journaliers libres, qui parfois n'ont
» pas de pain »

» Hélas! la comparaison n'est pas juste, et j'en apporte la preuve; il n'y a pas longtemps qu'elle m'a été donnée, et voici comment. Il y a huit jours, j'entrai dans un café; trois ou quatre Américains étaient assis autour d'une table : l'un d'eux lisait les papiers publics, les autres parlaient de la traite des nègres; la curiosité me fit asseoir près d'eux, et j'écoutai. Voici, mot à mot, le calcul que j'entendis faire à l'un d'eux :

» — Mes nègres, » disait-il, « me reviennent l'un
» dans l'autre à quarante guinées; chacun me rapporte
» environ, tous frais faits, sept guinées de bénéfice en
» les nourrissant comme il faut; mais, en retranchant
» sur leur nourriture seulement la valeur de deux
» pence par jour, cette économie sur chaque nègre me
» donne trois livres sterling de profit, c'est-à-dire trois
» cents livres sterling sur mes trois cents nègres, —
» en sus des sept livres sterling qu'ils me donnaient
» déjà. Par ce moyen, j'arrive à faire, par an, sur cha-
» cun de mes esclaves, dix guinées de bénéfice; ce qui
» porte le revenu net de mon habitation à trois mille
» livres sterling. Il est vrai, » ajouta-t-il, « qu'en sui-
» vant le plan de cette administration économique, mes
» nègres ne durent tout au plus que huit ou neuf ans,
» mais qu'importe, puisqu'au bout de quatre ans,
» chaque nègre m'a rendu les quarante guinées qu'il
» m'a coûté? Donc, ne vécût-il plus que quatre ou cinq
» ans, c'est son affaire; puisque le surplus des quatre
» années est un pur bénéfice. L'esclave meurt; bon
» voyage! avec le seul profit que j'ai fait sur sa nour-
» riture pendant sept ou huit ans, j'ai de quoi racheter
» un autre nègre jeune, robuste, au lieu d'un être
» épuisé, qui n'est plus bon à rien, et, vous compre-
» nez, sur trois cents esclaves, cette économie est im-
» mense ! »

» Voilà ce qu'il disait, cet homme ou plutôt ce tigre
à face humaine! voilà ce que j'ai entendu, et j'ai eu
honte de ce que celui qui disait cela fût un blanc
comme moi !

» O Européens féroces! s'écria l'orateur interrompant, avec volonté de l'interrompre, le frémissement
que ses dernières paroles avaient soulevé dans l'assemblée, — serez-vous toujours des tyrans cruels, quand

vous pouvez être des protecteurs bienfaisants? Les êtres que vous persécutez sont, cependant, conçus et nés, comme vous, dans le corps d'une femme; elle les a portés neuf mois dans son sein, comme vos mères vous ont portés; elle les a mis au jour avec les mêmes douleurs et les mêmes dangers que vos femmes mettent au jour leurs enfants! N'ont-ils pas été allaités de lait comme vous? élevés avec la même tendresse que vous? ne sont-ils pas des hommes ainsi que vous? n'est-ce pas le même Créateur qui nous a tous formés? n'est-ce pas la même terre qui nous a portés, et qui nous nourrit? n'est-ce pas le même soleil qui nous éclaire? n'est-ce pas le même Père de l'univers que nous adorons tous? n'ont-ils pas un cœur, une âme, les mêmes affections de tendresse et d'humanité? Parce que la couleur de leur peau n'est pas semblable à la nôtre, est-ce un titre légitime pour les massacrer, pour enlever leurs femmes, voler leurs enfants, enchaîner leurs pères, pour leur faire souffrir sur la terre et sur l'Océan les cruautés les plus odieuses?

» Lisez l'histoire de tous les peuples et de toutes les nations de la terre, dans aucun empire, dans aucun siècle, même les plus barbares, vous ne trouverez l'exemple d'une férocité aussi réfléchie et aussi constante. Dans un temps où la saine philosophie et les connaissances les plus étendues viennent éclairer l'Europe par les découvertes les plus sublimes, pourquoi faut-il que vous soyez encore l'effroi des Africains, l'horreur de vos semblables, les persécuteurs du genre humain? Faites, il en est temps encore, oublier tant de cruautés en donnant à toute la terre l'exemple de l'humanité et de la bienfaisance : faites les nègres libres, brisez leurs fers, rendez leur condition supportable, et soyez sûrs que vous serez mieux servis par des affranchis qui vous chériront comme leurs pères que par des esclaves qui vous détestent comme des bourreaux!»

Cette péroraison terminée par une antithèse enleva l'auditoire : les bravos, les cris, les applaudissements éclatèrent; les hommes se précipitèrent vers la tribune; les femmes agitèrent leur mouchoir, et l'orateur descendit au milieu des cris enthousiastes de « Liberté! liberté! »

Danton se retourna vers Marat; deux ou trois fois, il avait été sur le point de se laisser aller à l'entraînement général; mais il sentait près de lui, dans son compagnon, quelque chose de pareil à une raillerie mal contenue, à un dédain prêt à éclater qui le repoussait.

Cependant, quand l'orateur eut fini, Danton, comme nous l'avons dit, se retourna vers Marat.

— Eh bien, lui demanda-t-il, que pensez-vous de cela?

— Je pense, dit Marat, qu'il faudrait bien des séances comme celle-ci, et bien des orateurs comme celui-là, pour faire faire un pas à l'humanité.

— La cause qu'il défend est belle, cependant! dit Danton, qui, habitué à cette phraséologie philosophique, voulait au moins lutter avant de se rendre.

— Sans doute; mais il y a une cause plus pressante encore à défendre que celle des esclaves d'Amérique.

— Laquelle?

— C'est celle des serfs de la France.

— Je comprends.

— Vous m'avez promis de me suivre?

— Oui.

— Venez.

— Où allons-nous?

— Vous m'avez conduit parmi des aristocrates qui traitent de l'affranchissement des noirs, n'est-ce pas?

— Sans doute.

— Eh bien, moi, je vais vous conduire parmi des démocrates qui s'occupent de l'affranchissement des blancs.

Et, sur ces mots, Marat et Danton sortirent sans que nul les remarquât, — si remarquables qu'ils fussent, — tant l'attention générale était concentrée sur l'orateur, qui descendait de la tribune au milieu des félicitations de l'assemblée.

## VII

#### LE CLUB DES DROITS DE L'HOMME

Après avoir fait quelques pas, Marat et Danton se retrouvèrent dans le Palais-Royal, déjà un peu moins peuplé à cette heure qu'à celle où ils étaient arrivés, car il commençait de se faire tard, et si l'éloquence de l'orateur avait eu la puissance de faire oublier le temps, elle n'avait pas eu celle de l'arrêter. D'ailleurs, cette fois, au lieu que ce fût Danton qui servît de guide à Marat, c'était Marat qui guidait Danton, et le sombre conducteur paraissait pressé d'arriver au but du chemin, comme s'il eût marché à un rendez-vous.

Les deux compagnons gagnèrent la galerie qui longe la rue de Valois, firent quelques pas dans cette galerie ; puis Marat prit, à droite, un petit passage, Danton le suivit, et tous deux se trouvèrent bientôt hors du Palais-Royal.

La rue de Valois était bien autrement déserte à cette époque qu'elle ne l'est aujourd'hui ; en effet, les propriétaires des hôtels dont les nouvelles bâtisses de monseigneur le duc d'Orléans venaient de borner la vue n'avaient point encore eu l'envie de tirer parti de leurs cours et de leurs jardins, en faisant bâtir eux-mêmes; d'ailleurs, toute la façade du Palais-Royal donnant sur cette rue n'était pas encore achevée, et, de place en place, le passage, interdit aux voitures était, même pour les piétons, encombré de pierres, et, par conséquent, d'un difficile accès.

Marat se retrouva au milieu de tous ces échafaudages, au milieu de toutes ces pierres qui attendaient la scie, au milieu de tous ces moellons qui attendaient le plâtre, comme s'il eût tenu dans sa main le fil de cet autre labyrinthe, et, se retournant de temps en temps pour voir s'il était suivi, il conduisit Danton à l'entrée d'une espèce de cave dans laquelle on pénétrait après avoir descendu une douzaine de marches.

Tout dormait ou semblait dormir dans la rue, excepté ce soupirail par lequel montaient jusqu'à l'atmosphère extérieure une vapeur chaude, et, de temps en temps, des rumeurs qui ressemblaient à celles d'un volcan souterrain.

Si bien préparé qu'il fût à l'intérieur par l'extérieur, Danton s'arrêta à l'orifice de ce gouffre, où venait sans hésitation de plonger Marat; enfin, il se décida, descendit l'escalier degré à degré, et fit halte sur la dernière marche.

De cette dernière marche voici ce qu'il aperçut.

Une immense salle voûtée qui sans doute, autrefois, — c'est-à-dire avant l'exhaussement du terrain, — avait dû servir d'orangerie à un de ces immenses hôtels dont une partie était déjà disparue à cette époque, et dont le reste disparaissait tous les jours; cette orangerie avait, depuis vingt-cinq ou trente ans, fait place à une taverne, laquelle, à son tour, sans changer de destination, se modifiait néanmoins, et allait devenir ou plutôt était devenue un club.

Ce club, encore inconnu, si ce n'est de ses affiliés;

ce club, dans lequel on n'était reçu, comme dans les loges maçonniques, qu'à l'aide de certains signes ou au moyen de certaines paroles, ce club était celui des Droits de l'homme.

Aussi, soit prudence, soit que l'on n'eût point cru qu'il y eût désaccord trop prononcé entre l'ancienne et la nouvelle destination du local, les tables étaient restées à leurs places, et, dans ce moment, chargées de gobelets d'étain retenus par des chaînes, étaient entourées de buveurs assis sur des bancs vermoulus et des tabourets boiteux.

Au fond, dans une atmosphère rendue indécise par la fumée du tabac, par la vapeur des lampes, par les haleines épaissies des consommateurs, on voyait se mouvoir, comme des ombres, ceux à qui leurs moyens pécuniaires ne permettaient pas de faire honneur au vin de l'établissement, et qui, l'estomac vide, regardaient d'un air sombre et envieux ces favoris de la fortune auxquels la misère, moins cruelle, laissait encore quelques sous à dépenser dans ce bouge.

Derrière cette masse compacte, et dans un lointain presque perdu, s'élevait, sur des futailles vides, une espèce de théâtre couronné d'un vieux comptoir devenu le bureau du président. Ce bureau supportait une chandelle allumée, sans laquelle il eût été complétement perdu dans l'ombre, et une chandelle éteinte ; — l'esprit d'économie qui veillait sur l'établissement avait regardé comme un luxe blâmable ces deux chandelles allumées à la fois, et en avait supprimé une.

Il y avait loin de la société élégante et musquée, de la salle dorée et tapissée de velours d'où sortaient Marat et Danton, à cette réunion sombre et déguenillée, à cette voûte noire et fumeuse sous laquelle ils s'enfonçaient ; mais il faut dire ici qu'ils venaient de plonger, à travers les limbes d'une bourgeoisie invisible, du paradis de l'aristocratie, dans l'enfer du peuple.

Pour le moment, le personnage important de cette réunion souterraine paraissait être le maître de l'établissement; c'était au moins son nom qui retentissait le plus souvent, sinon le plus harmonieusement, au milieu de cette réunion, qui, n'avait certes pas, à cette heure, sa pareille au monde.

— Jourdan, du vin! criait d'une voix de stentor un buveur colossal, aux manches de chemise retroussées, aux bras nerveux, au visage frais, de cette fraîcheur particulière aux bouchers et aux charcutiers, c'est-à-dire aux hommes qui respirent la vapeur du sang.

— On y va, monsieur Legendre, disait Jourdan en apportant le liquide demandé; mais je vous ferai observer que c'est la quatrième bouteille.

— As-tu peur qu'on ne te paye pas, animal? dit le boucher en tirant de son tablier taché de sang une poignée de sous mêlés de menue monnaie, au milieu desquels brillaient, comme ces étoiles qui nous apparaissent plus grandes à mesure qu'elles sont plus rapprochés de la terre, des écus de trois et de six livres.

— Oh! ce n'est pas cela, monsieur Legendre : on vous connaît, et l'on vous sait bon pour payer quatre bouteilles! si même vous le vouliez, je troquerais bien mon établissement de la rue de Valois contre votre étal de la rue des Boucheries-Saint-Germain; mais vous avez la tête près du bonnet, monsieur Legendre, et j'ai remarqué, que, de la cinquième à la sixième bouteille, il vous arrivait toujours malheur.

— A moi? dit Legendre.

— Non, je me trompe, répondit Jourdan : à vos voisins!

— A la bonne heure! dit Legendre avec son gros rire; mais, comme nous n'en sommes encore qu'à la quatrième bouteille, sers hardiment, mon digne confrère! — car tu as fait tous les métiers, toi! tu as été boucher, maréchal ferrant, contrebandier, soldat au régiment d'Auvergne, palefrenier dans les écuries du maréchal de Vaux. Maintenant te voilà dans ta véritable sphère : marchand de vin! tu nages en pleine eau... A boire donc, maître Petit, comme on t'appelle maintenant, ou maître Jourdan, comme on t'appelait ; — à boire!

— Hé! Jourdan! cria-t-on d'un autre côté.

Jourdan déposa la bouteille en face de Legendre, et courut à ce nouvel appel, qui lui était fait par un personnage que nous avons déjà entrevu dans cette histoire.

— Que veux-tu, mon vieil Hébert? demanda Jourdan avec familiarité ; — est-ce qu'il te reste quelque petite contre-marque qu'on pourrait utiliser demain?

— Il ne me reste rien, pas même ma place, attendu qu'on m'a mis ce soir à la porte des Variétés sous prétexte... Mais ce n'est pas la peine de te dire le prétexte.

— Et puis, dit Jourdan souriant d'un sourire qui n'appartenait qu'à lui, je ne suis pas curieux, moi.

— Non, mais tu es hospitalier, surtout quand on te paye... Je te préviens donc que tu auras, à partir de demain, à nous nourrir aux frais de la masse, monsieur et moi.

Et Hébert montrait un homme de trente-six à trente-huit ans, maigre, jaune, à l'œil vif, et dont le costume offrait un singulier mélange de faux luxe et de misère réelle.

— Qu'est-ce que c'est que monsieur? demanda Jourdan.

— Monsieur est le citoyen Collot-d'Herbois, qui joue les premiers rôles de tragédie en province, et qui, à ses heures perdues, fait des comédies; or, comme, dans ce moment-ci, il ne peut ni jouer les rôles des autres, — attendu qu'il est sans emploi, — ni faire jouer les siens, — attendu que la Comédie-Française lui refuse ses pièces, il s'adresse au club des Droits de l'homme ; et, comme tout homme a droit d'être nourri, il dit à la société philanthropique dont nous faisons partie : « Nourris-moi ! »

— Il me faudra pour cela un mot du président.

— Le voilà, ton mot... Tu vois, il est pour deux : à partir de demain, tu dois nous nourrir. En attendant, abreuve-nous ; on n'est pas encore tout à fait au dépourvu, et l'on peut payer la dépense de ce soir.

Et Hébert, en riant et avec un juron amical, tira de la poche de sa culotte une douzaine d'écus qui prouvaient que, s'il avait été renvoyé de la place qu'il occupait au contrôle des Variétés de Bois, il n'en était pas sorti les mains tout à fait vides.

Jourdan alla chercher le vin demandé ; mais, en route, il fut arrêté par un personnage qui se tenait debout contre un des piliers soutenant la voûte.

C'était un homme de près de six pieds de haut, portant un habit noir râpé, mais propre et honnête ; il avait une figure presque lugubre, à force d'être solennelle.

— Un instant, Jourdan, dit-il.

— Que désirez-vous, monsieur Maillard ? dit le marchand avec une sorte de respect. Ce n'est pas du vin, j'en suis sûr.

— Non, mon ami ; seulement, je désire savoir quel est cet homme appuyé sur deux béquilles, et qui cause là-bas avec notre vice-président, Fournier l'Américain.

En effet, d'un autre côté de la salle, un homme de trente-deux à trente-quatre ans, aux longs cheveux, à la figure souffrante et mélancolique, au corps pliant sur lui-même, et soutenu par deux béquilles, causait tout bas avec une espèce de bouledogue.

C'était ce dernier, si célèbre depuis, — comme la plupart, au reste, de ceux que nous mettons en scène, — mais inconnu encore à cette époque, que l'huissier Maillard venait de désigner à Jourdan sous le nom de Fournier l'Américain.

— Celui qui cause avec notre vice-président? dit Jourdan. Mais attendez donc!...

— Oh! c'est que je suis l'homme de la légalité, moi : il est convenu qu'on ne sera admis parmi nous qu'à certaines conditions, et je veux savoir si ces conditions ont été remplies.

— Ah! je me rappelle! il est parfaitement en règle... Et, tenez, voilà qu'il montre ses lettres de créance à M. Fournier. C'est un avocat ou un juge, — un juge du tribunal de Clermont, je crois; — il est menacé d'une paralysie des jambes, et il vient consulter à Paris. Il se nomme Georges Couthon, et est recommandé par les patriotes d'Auvergne.

— Bon, n'en parlons plus... Et cet autre qui a de si beaux habits, et qui est si laid?

— Lequel?

— Celui qui se tient sur la dernière marche de l'escalier, comme s'il était trop grand seigneur pour marcher sur le même plancher que nous.

— Celui-là, je ne le connais pas; mais il est venu avec quelqu'un de connaissance.

— Avec qui?

— Oh! quelqu'un qui n'est pas suspect!

— Enfin, avec qui est-il venu?

— Avec M. Marat.

— Ah çà! mais... et ce vin? cria Hébert en s'adressant à Jourdan avec un geste moitié amical, moitié menaçant, auquel celui-ci répondit par un mouvement analogue de la tête et des épaules; — ce vin?...

Puis, tendant la main à un nouveau personnage qui

venait d'entrer, et qui se glissait au milieu de l'honorable assemblée avec le mouvement gracieux et câlin d'un chat :

— Ah! viens donc, Bordier, que je te présente à M. Collot-d'Herbois, un confrère..

Le nouveau venu s'inclina en croisant ses mains et en faisant un charmant mouvement de tête.

— Monsieur Collot-d'Herbois, mon ami Bordier, l'illustre arlequin qui est en train de faire la fortune des Variétés, où il joue en ce moment, *Arlequin, empereur dans la lune*, ouvrage qui ne vaut pas les vôtres, bien certainement, monsieur Collot-d'Herbois, mais qui, cependant, fait courir tout Paris.

— J'ai justement vu monsieur hier, dit Collot, et je l'ai applaudi de grand cœur.

— Monsieur, fit l'arlequin en s'inclinant de nouveau.

— Vous dites surtout d'une façon admirable : « Vous verrez qu'avec tout cela, je finirai, un jour, par être pendu ! »

— Vous trouvez, monsieur? dit Bordier.

— Oh! sur ma parole, il est impossible de trouver une intonation plus comique de terreur que ne l'est la vôtre.

— Imaginez-vous que c'est moi qui ai fait mettre dans la pièce cette phrase, qui n'y était pas.

— Et à quel propos?

— Ah! voici. Étant enfant, j'ai vu pendre un homme; c'était fort laid. La nuit suivante, j'ai rêvé que j'étais pendu ; c'était fort triste. Le rêve et la réalité me sont restés dans l'esprit si vivaces, que, toutes les fois que je pense à une potence, je frissonne ! Or, vous savez, on est artiste ou on ne l'est pas : Dugazon a inventé quarante-deux manières de remuer le nez, et, à chacune, il fait rire ; moi, je n'ai inventé qu'une manière de dire : « Vous verrez qu'avec tout cela, je finirai, un jour, par être pendu ! » et je fais presque pleurer... Mais pardon, je crois que voilà la séance qui commence.

En effet, la seconde chandelle destinée à éclairer le bureau venait d'être allumée, et le vice-président Fournier semblait inviter le président Marat à prendre le fauteuil ; mais Marat refusait.

— Qu'a donc Marat, aujourd'hui? demanda Bordier. On dirait qu'il décline l'honneur de la présidence.

— Il veut sans doute parler, dit Hébert.

— Parle-t-il bien ? demanda Collot-d'Herbois.

— Je crois bien ! répondit Hébert.

— Comme qui parle-t-il ?

— Comme qui il parle? Il parle comme Marat.

En ce moment, la sonnette du vice-président se fit entendre; un frémissement courut dans l'assemblée. Sur un signe de Jourdan, un garçon du cabaret barricada le soupirail. Marat alla prendre Danton par le bras, et le conduisit au premier rang du cercle qui se formait autour de la tribune; le coup de sonnette fut suivi de ces paroles prononcées par le vice-président :

— Citoyens, la séance est ouverte.

Aussitôt le murmure qui planait au-dessus de cette multitude alla s'éteignant, et une espèce de silence s'établit, dans lequel on sentait vivre, cependant, tous ces tumultes populaires qui devaient interrompre la séance dont nous allons essayer de rendre compte.

## VIII

#### LA TRAITE DES BLANCS

C'était pour Danton surtout que l'aspect de cette assemblée était caractéristique. Danton, né dans la bourgeoisie, avait, comme tout homme né dans un milieu, un instinct qui le tirait hors de ce milieu : — les instincts de l'un le tirent par en haut, les instincts de l'autre le tirent par en bas ; les instincts de Danton le portaient vers l'aristocratie. Danton, homme sensuel, épicurien politique, futur homme d'État, sanguin mais non sanguinaire, Danton aimait le beau linge, les parfums enivrants; Danton aimait la soie et le velours ; Danton aimait, lui, l'homme à la peau encore rude et grossière, Danton aimait cette peau blanche et fine qui, aux 2 et 3 septembre, ces jours de terrible mémoire, devinrent, dans la bouche de ses agents, un arrêt de mort.

Or, Danton sortait d'une réunion où il avait trouvé tout cela : éclat des bougies, froissement de la soie, caresse du velours, balancement des plumes, lumière des diamants ; il avait respiré cette atmosphère embaumée qui se compose non-seulement du mélange des parfums distillés, mais encore de cette émanation bien autrement sensuelle, bien autrement enivrante, qui s'échappe des organisations jeunes, soignées, aristocratiques, mises en contact les unes avec les autres ; et voilà que, tout à coup, sans passage, sans transition, il tombait dans les bas-fonds de la société, au milieu des chandelles fumeuses, des mains sales, des haillons infects ; il comprenait l'existence inconnue de ces autres catacombes vivantes sous cette autre Rome dont elles devaient, à un jour donné, changer l'aspect; il comprenait! — et, tout frissonnant, après le contraste de la vue, de l'ouïe, de l'odorat, il attendait le contraste de la parole.

Le contraste ne se fit pas attendre.

Bordier, le secrétaire du club, se leva et donna connaissance à l'assemblée des correspondances provinciales.

Le premier fait dénoncé au club des Droits de l'homme était celui-ci :

Gilles Leborgne, laboureur à Machecoul, près de Nantes, ayant tué un lapin qui mangeait ses choux, avait, par ordre du seigneur de Machecoul, été attaché à un poteau, et fustigé.

Les faits se suivaient, et tous témoignaient de cette cruauté qu'à quelques exceptions près, les privilégiés de l'époque exerçaient sur les classes inférieures.

Pierre, dit le Sonneur, journalier au Pont-Saint-Mesmin, ayant refusé de faire la corvée pour battre l'eau des fossés du château, tandis que madame était en couche, avait été enfermé dans un four encore chaud. Il y était mort asphyxié.

Barnabé Lampon, de Pithiviers, ayant une femme et six enfants, ne vivait, depuis trois mois, lui et sa famille, que d'herbe et de feuilles d'arbre; il était si faible, qu'à peine, au bas de cette dénonciation de sa misère, il avait pu signer son nom.

Et, à chaque fait que constatait le secrétaire, Marat serrait violemment le poignet de Danton, en murmurant à demi-voix :

— Qu'en dis-tu, Danton ? qu'en dis-tu ?

Et Danton le sensuel, Danton le voluptueux, Danton l'épicurien sentait comme un remords descendre dans son âme en songeant à toutes ces perles, à tous ces diamants, à toutes ces dorures qu'il venait de voir ; à ces hommes poussant des soupirs, à ces femmes versant des larmes sur la misère des Africains qui souffraient à deux mille cinq cents lieues de la France, tandis que, dans la France même, sous les pieds de Paris, souffraient, palpitaient, agonisaient des misères non moins grandes, des douleurs non moins terribles.

La liste se déroulait, et chaque nouveau fait allumait un nouvel éclair dans tous ces regards flamboyants ; on sentait que ce n'était pas une cause étrangère, éloignée, la cause d'une autre race, que défendaient ces hommes, mais une cause pour laquelle ils avaient souffert, une cause pour laquelle ils allaient lutter. Les poitrines étaient haletantes, gonflées, près de déborder par les lèvres ! Chacun attendait le moment où le secrétaire aurait fini la longue et douloureuse énumération pour s'élancer à la tribune, et verser sa parole sur cet incendie, non pas comme une eau qui éteint, mais comme une huile qui enflamme !

Tous se précipitèrent vers la tribune informe.

Marat, sans bouger, étendit la main.

— Le citoyen Marat demande la parole, dit le président : la parole est au citoyen Marat.

— Oui ! oui ! crièrent deux cents voix ; Marat à la tribune !... Marat ! Marat ! Marat !

Et Marat s'avança au milieu du chemin que lui faisaient ces vagues humaines, comme Moïse s'avança au milieu des flots de la mer Rouge, reculant devant lui.

Il monta lentement l'échelle à quatre échelons qui conduisait à l'estrade, et, passant sa main noire et crasseuse dans ses longs cheveux, qu'il rejeta en arrière, comme s'il eût craint qu'un seul de ses traits hideux ne fût voilé dans son expression :

— Vous tous qui êtes ici, vous avez entendu, dit-il,

vous avez entendu le râle de tout un peuple qui agonise et se lamente! d'un peuple qui s'adresse à vous, car il n'a d'espoir qu'en vous !... Eh bien, dites! en qui avez-vous espoir, vous? à qui vous adresserez-vous? Nous savons ceux que nous devons craindre : dites-nous ceux dans lesquels nous devons espérer.

— La Fayette! Necker! crièrent plusieurs voix.

— La Fayette! Necker! répéta Marat, c'est dans ces deux hommes que vous mettez votre espérance?

— Oui! oui! oui!

— Dans l'un comme général, dans l'autre comme ministre?

— Oui! oui! oui!

— Ainsi, un aristocrate et un publicain, un marchand de belles paroles et un vendeur d'argent, voilà vos hommes, vos héros, vos dieux! Savez-vous ce que c'est que la Fayette? Je vais vous le dire d'abord. Savez-vous ce que c'est que Necker? Je vous le dirai ensuite.

— Parle, Marat! parle! crièrent cent voix.

Un sourire de haine profonde passa sur les lèvres de l'orateur, sourire du tigre qui va déchirer sa proie.

— Commençons par la Fayette, continua Marat; ce ne sera pas long, car il est, par bonheur pour nous, au commencement de sa carrière, et je n'ai pas grand'chose à en dire; mais ce que j'en dirai suffira, je l'espère, pour amener la défiance dans vos cœurs, car ce que j'en dirai vous le fera voir sous son véritable jour.

« Notre héros naquit à Chavagnac, en Auvergne. Si les signes cabalistiques qui accompagnèrent la naissance de l'infâme Octave, que ses flatteurs ont appelé Auguste, si ces signes caractéristiques n'ont pas présidé à la naissance du marquis de la Fayette, au moins suis-je en droit d'affirmer que l'ambition, la sotte vanité et les ridicules répandirent sur son berceau leurs malignes influences.

» Sa mère l'appelait son Rousseau; pourquoi cela? est-ce parce qu'il devait rivaliser de gloire avec l'immortel auteur d'*Émile* et du *Contrat social*, ou simplement parce que la nature, prodigue pour cette jeune tête, l'avait douée d'une chevelure couleur de feu?

» C'est ce que l'avenir nous révélera; quant à moi, je penche fort pour la seconde explication, attendu que mon héros n'a encore rien fait pour qu'on lui applique la première.

» En attendant, c'était le fils bien-aimé, l'héritier chéri; aussi, est-il sorti des mains des femmes, tout aussi gâté, tout aussi mutin, tout aussi ignorant, tout aussi volontaire que le dauphin actuel de la cour de France. Or, à qui confia-t-on le soin de développer ce charmant caractère? quel fut l'intelligent, le sage, le vertueux instituteur que l'on plaça près de lui, afin de corriger la nature par l'éducation? Vous le connaissez tous : c'est un cuistre, jadis aumônier de vaisseau ; un jésuite que la charité et la compassion avaient attiré dans l'hôtel, pour être le jouet et le bouffon des maîtres, et le persécuteur de la valetaille, buvant comme un templier ou comme le vicomte de Mirabeau, jurant comme un gabier, libertin comme un prince de sang royal; tel fut le mentor du jeune marquis, du futur Rousseau, de Blondinet, de la Fayette enfin...

» Ce fut dans les mains de cet homme, qui eût perverti même une nature honnête, que resta le futur vainqueur de la Grenade, le libérateur à venir de l'Amérique, jusqu'au moment où il entra au collége du Plessis.

» Là, qui fut son maître? quel fut le successeur de l'homme que nous avons dit? Un autre cuistre, un autre jésuite : le rejeton des embrassements d'un pâtissier de la rue Feydeau et de la femme de charge du duc de Fitz-James, qui, à force d'intrigues et de bassesses, était parvenu à appeler le roi *mon cousin*, en affublant sa tête du bonnet de recteur [1]. Grâce à ce digne maître, il parcourut toutes ses classes ; grâce à ce digne maître, il concourut pour le prix d'éloquence proposé par l'Université ; grâce à ce digne maître enfin, qui lui fit son amplification, sous le titre de *Discours d'un général à ses soldats*, Blondinet de la Fayette fut couronné ! Ce premier laurier le mit en goût.

» D'ailleurs, chacun vantait ce jeune lauréat, qui avait, à l'âge de dix-huit ans, écrit un discours digne d'Annibal et de Scipion, discours qui témoignait assez de ce que ferait, un jour, dans la carrière des armes, un guerrier qui joindrait la théorie à la pratique.

» Aussi, les femmes, ces créatures frivoles et légères, commencèrent-elles à lui prodiguer les louanges les plus outrées et les plus fastidieuses, empoisonnant son amour-propre, égarant sa raison par toutes ces avances honteuses que leur faiblesse ordinaire ne sait que trop offrir à la vanité, se plaisant à corrompre et à dessécher cette jeune plante, chacune d'elles désirant, à l'exemple de la reine de Saba, qui fit tant de chemin pour passer une nuit avec Salomon — chacune d'elles désirant que le beau Blondinet de la Fayette lui jetât le mouchoir [2] ?

» Ce fut dans ces conjonctures que Blondinet de la

[1] Les recteurs de l'Université avaient le titre de *cousins du roi.*
[2] Nous ne saurions trop redire à nos lecteurs que ces deux discours — l'un de Malouet, sur la traite des nègres, l'autre de Marat, sur la traite des blancs — ne sont rien autre chose que des exposés d'opinions différentes, des pastiches dans lesquels l'auteur n'est pour rien, pas même pour le style, et qui tendent à donner une idée exacte, l'un de la phraséologie des derniers philosophes, l'autre de la verve bouillante et provocatrice des premiers clubistes. Il va sans dire que ces deux discours seront énormément difficiles à traduire, puisque la traduction ne sera bonne que si elle est empreinte de ces deux couleurs si opposées,

Fayette parut à la cour de France, dans ce climat dont l'atmosphère est empoisonnée, dont la honte, la pudeur, la décence, la franchise et la sincérité sont exilées sans retour ; ce fut là que, trouvant, chaque jour, une occasion d'affermir en lui cet esprit de frivolisme qui fait le fond de son caractère, il devint successivement fat, impudent et faux ; ce fut là qu'il contracta cette habitude, qu'il a toujours conservée depuis, d'avoir le sourire sur les lèvres, l'affabilité dans le regard, et la trahison dans le cœur. Heureusement, aujourd'hui personne que les niais et les imbéciles n'est plus dupe de ce sourire et de cette affabilité : le tuf est découvert, le masque s'arrache par lambeaux ! Oh ! que ne puis-je découvrir entièrement à vos yeux cette physionomie cauteleuse et rusée du prétendu héros que la nation française, nation aveugle, place à la tête des bons patriotes, et à qui elle est prête à confier les pouvoirs les plus sérieux et les plus nuisibles à son bonheur !

» Mais, me direz-vous, vous nous montrez là le héros des ruelles, de l'étiquette, de la cour, et non pas le compagnon d'armes de Washington, l'ami de Franklin, le libérateur de l'Amérique.

» Pourquoi ne l'avez-vous pas vu tout à l'heure, comme moi, ce héros d'un nouveau monde revenu dans l'ancien, escorté de ces souvenirs qui, contre les lois de la perspective, grandissent en s'éloignant ? pourquoi ne l'avez-vous pas vu ramassant le mouchoir de madame la comtesse de Montesson, offrant son flacon de sels à madame la marquise de Beauharnais, passant son nœud d'épée au cou du chien de madame la comtesse de Genlis, battant des mains au discours de M. de Malouet, essuyant une larme aux récits des malheurs des pauvres nègres ? Vous l'auriez estimé à sa valeur, ce général d'antichambre ! vous auriez su ce que vous devez attendre de ce messie aristocrate !

» Si la Fayette est vraiment ce qu'on dit qu'il est, pourquoi est-il là-bas, et non pas ici? pourquoi est-il parmi eux, et non parmi nous? S'il a des larmes à verser, Français, qu'il verse ses larmes sur les douleurs de la France; s'il aime véritablement le peuple, qu'il vienne à nous qui sommes le vrai peuple, le seul peuple; et, alors, moi qui l'attaque en ce moment, moi qui vous le montre, non pas tel que vous le voyez, mais tel qu'il est, j'irai à lui, je lui ouvrirai la porte, je m'inclinerai sur le seuil, et je lui dirai : « Sois le bienvenu, toi qui » viens de la part de la liberté! »

Quelques applaudissements interrompirent Marat, mais factices et comme honteux. On voyait qu'il venait de heurter de face une des convictions populaires les mieux affermies, et que l'arme du ridicule, dont il s'était servi, n'avait fait qu'effleurer celui à qui il avait espéré faire une blessure mortelle.

Aussi ne s'obstina-t-il point davantage, pour ce jour-là, sur la Fayette, qu'il devait, pendant deux ans de suite, mordre et déchirer à belles dents.

« Quant à Necker, continua-t-il, — ô pauvre peuple, comme on t'aveugle! — quant à Necker, veux-tu savoir, à son tour, qui il est? Je vais te le dire.

» D'abord, de mes jours, je n'ai vu M. Necker : je ne le connais que par la renommée, que par quelques-uns de ses écrits, que par ses opérations surtout; quoique mon contemporain, il m'est aussi étranger que me le serait un habitant de l'autre monde, Séjan ou Crassus.

» Il y a douze ans que l'on ne connaissait encore M. Necker que comme banquier; mais son opulence, qui lui attirait la considération dans le monde, n'était, à mes yeux, qu'un titre de mépris; car, cette opulence, j'en connaissais la source. — Voulez-vous que je vous la dise? La voici.

» Necker est né à Genève, la patrie du grand Rousseau. Hélas! comme Rousseau, il quitta Genève, non pas pour se dévouer au bonheur de ses contemporains, aux progrès de l'humanité, mais pour faire sa fortune. Dans cette espérance, il entra, en qualité de commis, chez le banquier Thélusson.

» A force d'assiduité et d'hypocrisie, il devint caissier; dès qu'il eut cet emploi, il commença d'agioter pour son propre compte avec l'argent de la caisse.

» Il y avait dans la maison un teneur de livres nommé Dadret, qui, par ses longs services, était sur le point d'être associé à la banque; Necker obtint sur lui la préférence, moyennant le versement qu'il fit à la caisse d'une somme de huit cent mille livres. Comment se procura-t-il cette somme, lui qui ne possédait rien au monde? Je vais vous le dire encore.

» Un Anglais avait placé cette somme chez Thélusson, et M. Necker avait remis au lendemain de l'enregistrer; l'Anglais mourut dans la nuit : aucun titre ne justifiait le dépôt, la somme ne fut pas réclamée, le Génevois se l'appropria. Voilà quel fut le commencement de sa fortune.

» Le désir d'acquérir de nouvelles richesses lui fit trouver le moyen de découvrir le secret du cabinet de Saint-James; il proposa à M. Thélusson d'acheter des actions du Canada. Qui n'a pas entendu parler des tours de bâton qu'il employa alors pour discréditer ces billets, et les accaparer à soixante et dix et soixante et quinze pour cent de perte, peut consulter l'*Éloge de Colbert* par M. Pélinery. Qui n'a pas entendu parler des tours de bâton qu'il employa pour s'enrichir, en consommant la ruine de la Compagnie des Indes, peut consulter deux mémoires contenus dans un ouvrage intitulé : *Théorie et pratique de M. Necker dans l'administration des finances.*

» Ses admirateurs font valoir, comme un trait d'habileté, qu'il ait été cinq années en place, et en temps de guerre, sans mettre un sou d'impôt ; c'est jouer sur les termes, car les intérêts de ses nombreux emprunts sont de véritables impôts levés sur le peuple. Or, il a grevé la nation pour plus de soixante millions par an !

» La reine, au milieu des plaisirs de Trianon, était devenue enceinte.

» Vous savez tous quels étaient ces plaisirs, n'est-ce pas? On illuminait une partie des bosquets de Trianon, dans l'un desquels on établissait un trône de fougère ; là, on jouait au roi, comme les petites filles jouent au trou-madame. Ce roi élu tenait sa cour, donnait ses audiences, rendait justice sur les plaintes qui lui étaient portées par son peuple, représenté par les gens de la cour. Et qu'étaient ces plaintes? — La parodie des tiennes, vrai peuple, qui souffres, qui te lamentes, qui agonises, tandis que les grands jouent ton agonie, tes lamentations, tes souffrances ! Or, c'était presque toujours M. de Vaudreuil qui était le roi, le roi élu. Il choisissait la reine ; la reine était toute trouvée : c'était la fille de Marie-Thérèse, c'était Marie-Antoinette, c'était l'Autrichienne ; puis il mariait les autres seigneurs aux autres dames de la cour; puis il prononçait le mot sacramentel, le fameux *décampativos;* aussitôt, chaque couple s'enfuyait, avec défense faite par le roi des fougères de reparaître de deux heures dans la salle du trône, et surtout défense d'aller plus d'un couple ensemble dans le même bosquet ! C'était un jeu charmant, comme vous le voyez. Le moyen d'entendre les soupirs du peuple à la cour, quand on y joue à de si charmants jeux !

» Au milieu de ces jeux, la reine était donc devenue grosse; mais, malheureusement, elle était accouchée d'une fille : il s'agissait de provoquer une seconde grossesse; les médecins proposaient les eaux ; mais M. Necker prétendait que les eaux étaient inutiles, et que la continuation de l'ingénieux amusement appelé le *décampativos* pouvait lutter avec l'influence des eaux les plus génératrices, et, quoiqu'il fût prouvé que le roi élu chaque soir coûtait presque autant que le roi régnant de droit divin, il s'en tint à cette recette.

» Dieu bénit M. Necker, et la reine, devenue grosse une seconde fois, accoucha de monseigneur le dauphin [1].

» La reine n'était pas la seule sur laquelle la recette eût produit son effet; madame Jules de Polignac aussi était devenue enceinte; la reine lui donna, au moment de ses couches, une layette de quatre-vingt mille livres, et le roi un présent de cent mille francs. On devait y joindre le duché de Mayenne, qui valait quatorze cent mille livres; car c'était un bien pauvre cadeau qu'un cadeau de cent quatre-vingt mille livres pour un cadeau royal; mais le probe, mais l'austère M. Necker s'y opposa. Il est vrai que, quelque temps après, il réfléchit... il réfléchit que M. Turgot était tombé pour un refus pareil; et, comme il tenait beaucoup à sa place, dont la favorite menaçait de le déloger, il détermina la reine à faire à madame Jules un don de trois millions en argent, à la place du duché, qui ne valait que quatorze cent mille livres! M. Necker était un bon courtisan, comme vous voyez, et madame de Polignac n'a rien perdu à attendre!

» Maintenant, tu comprends bien, pauvre peuple, que ce que M. Necker fait pour les étrangers, à plus forte raison le fait-il pour les siens. M. Necker a une fille qu'il a mariée à un Allemand; car, quoiqu'il ait

---

[1] On n'oubliera pas que c'est Marat qui parle, et qu'une des premières obligations du romancier historien est de mettre dans la bouche de ses personnages les paroles qu'ils ont pu dire; or, celles-là, Marat a fait mieux : il les a positivement dites.

gagné sa dot en France, ce n'est pas pour un Français qu'il l'a réservée : cette fille s'appelle madame de Staël ; elle est jeune, elle est spirituelle ; c'est la digne fille du banquier génevois... elle n'épargne rien, rien du tout, pour faire des partisans à son père, et son père ne refuse rien aux partisans qu'elle lui a faits.

» Je vous ai dit quel était la Fayette ; je vous dis maintenant quel est Necker... et j'ajoute : Ne comptez ni sur l'un ni sur l'autre, car ce serait jeter l'avenir de la nation comme une plume au vent, comme une planche à la mer ; ce serait bâtir le bonheur du pays sur le frivolisme, la trahison et la cupidité. »

Marat s'arrêta pour respirer. Cette seconde fois, il avait été mieux inspiré que la première, non pas que le banquier protestant le cédât en popularité au général aristocrate ; mais nous sommes ainsi faits dans nos sympathies tout instinctives : un homme d'argent es plus facile à attaquer chez nous qu'un homme d'épée ; on ne compte pas de l'argent toute une journée, sans que, le soir, il ne vous reste un peu de crasse aux mains.

Aussi les applaudissements, encore contenus à la fin de la période de Marat sur la Fayette, éclatèrent-ils à la fin de la période de Marat sur Necker.

Chacun avait écouté ce double discours avec son tempérament, ses instincts, ses haines. Jourdan, fanatique de l'orateur, faisait le signe d'un homme qui coupe une tête ; Legendre étendait vers la tribune son bras nu ; Collot d'Herbois balançait la tête en signe d'assentiment, dans une pose théâtrale ; Bordier trépignait ; Fournier l'Américain, les lèvres retroussées par le sourire du dédain, montrait ses dents blanches comme celles d'un tigre ; Maillard était calme et froid ; Couthon, respirant à pleine poitrine, rejetait, avec un noble mouvement de sa belle tête, ses longs cheveux en arrière.

Quant à Danton, il regardait avec une espèce d'effroi cet homme qui, obscur et sans nom, mordait ainsi la société aux parties secrètes, attaquant ces deux idoles du jour que l'on appelait la Fayette et Necker, et cette idole de tous les temps que l'on appelle la monarchie.

Et comment attaquait-il tout cela? Avec la vérité et avec le mensonge, avec la médisance et avec la calomnie, en face ou par derrière, peu lui importait.

Il y avait à la fois, dans cet homme, de la dent du dogue et du venin du serpent.

Mais comme cet homme savait bien à qui il parlait! comme il laissait tomber ses paroles une à une sur cette multitude altérée, endolorie, souffrante! comme cette parole était une chaude rosée pour cette haine qui, semée au fond du cœur de chacun, ne demandait qu'à faire éclore ses fleurs vénéneuses, qu'à porter ses fruits empoisonnés! comme, enfin, aux lueurs que secouait la torche du pamphlétaire sur ce monde des grands jusque-là inconnu des petits, comme ceux-ci découvraient de sombres horizons dans le passé, de plus sombres horizons dans l'avenir!

Marat comprit que les esprits étaient disposés à l'entendre; qu'après ces deux attaques, il lui fallait une charge à fond, et, après ces deux victoires disputées, un triomphe incontestable.

Il fit signe qu'il avait encore quelque chose à dire; le silence s'établit comme par enchantement.

Marat reprit en étendant les deux mains sur cet auditoire frissonnant :

« Et, maintenant, écoutez bien ce qui me reste à vous dire, tous tant que vous êtes : si deux hommes, par une lente agonie, avaient fait mourir votre mère de la plus longue, de la plus douloureuse, de la plus cruelle des morts, de la faim, leur pardonneriez-vous? Non, n'est-ce pas? A plus forte raison n'en feriez-vous pas vos défenseurs, vos gardiens, vos sauveurs, vos idoles. Eh bien, ces deux hommes, l'un publicain, l'autre aristocrate, sont les représentants de deux races qui ont tué votre mère, notre mère, la mère commune, — la terre ! la terre, sur laquelle nous sommes nés, qui nous met au jour, qui nous nourrit de sa substance, qui nous reçoit après notre mort, et que nous oublions, enfants dénaturés, quand elle crie à son tour : « A moi ! j'agonise ! à moi ! je meurs ! »

» Oh ! il y a longtemps que j'ouvre l'oreille à ce chant lugubre, qui raconte l'épuisement de la France. « On ne peut plus aller! » dit Colbert, en 1681 ; et il meurt lui-même après avoir dit ces paroles, qui semblent son dernier soupir. Quinze ans plus tard, les intendants, qui font le mal, le révèlent et le déplorent ; on leur demande des mémoires pour le jeune duc de Bourgogne, et ils racontent naïvement que tel pays a perdu le quart de ses habitants, tel le tiers, tel la moitié ! C'est la statistique de la mort faite par les bourreaux : elle doit être exacte.

» C'est en 1698 qu'on fait ce triste dénombrement. Eh bien, neuf ans après, en 1707, on regrette cette année 1698. « Alors, » dit un vénérable magistrat nommé Bois-Guilbert, « alors, il y avait encore de
» l'huile dans la lampe... Aujourd'hui, » ajoute-t-il,
» « tout a pris fin, faute de matière ! Maintenant, le
» procès va rouler entre ceux qui payent et ceux qui
» n'ont fonction que de faire payer ! »

» En effet, pauvre peuple, le procès est là ! procès de vie et de mort pour toi !

» Écoutez Fénelon après Bois-Guilbert; l'archevêque de Cambray n'est pas plus rassurant que le magistrat normand.

« Les peuples ne vivent plus en hommes, » dit-il ; « il n'est plus permis de compter sur leur patience :

» la vieille machine achèvera de se briser au premier
» choc! »

» Quatre-vingts ans se sont écoulés, pauvre peuple, depuis que l'auteur de *Télémaque* disait cela, et la vieille machine dure toujours, car tu en graisses les ressorts avec ta sueur.

» Aussi voyez quelle joie éclate en France quand Louis XIV meurt! Ne dirait-on pas qu'un seul homme affamait le pays?... Qui lui succède? Hosannah! c'est le bon duc d'Orléans! Celui-là aime le peuple: le peuple le croit du moins; oui, mais il est avant tout l'ami de l'Angleterre, et il livre à l'Angleterre notre commerce, notre honneur et jusqu'à nos secrets d'État; puis il meurt, laissant la dette augmentée de sept cent cinquante millions?

» — Si j'étais peuple, » disait le régent, « je me ré-
» volterais, à coup sûr. »

» Puis, comme on lui répondait qu'en effet, le peuple s'était révolté.

» — Il a bien raison, » s'écriait-il, « et le peuple
» est bien bon de tant souffrir. »

» Vient Fleury, ministre aussi économe que le régent était prince dissipateur; sous Fleury, la France va se refaire : aussi, en 1739, Louis d'Orléans, — le fils de celui qui disait que le peuple avait bien raison de se révolter, — Louis d'Orléans jette sur la table du conseil un pain de fougère; c'est le pain que mange le peuple. Il est vrai que, vingt ans plus tard, Foulon, — Foulon, qui vient de marier sa fille à Berthier, et qui lui a donné deux millions de dot, — Foulon dira :

« — Du pain de fougère! c'est encore trop bon pour le
» peuple : je lui ferai manger de l'herbe : mes chevaux
» mangent bien du foin! »

» Tout empire, et de quelle façon! voici les femmes elles-mêmes qui y voient clair; voici les maîtresses des rois qui s'effrayent à leur tour; voici madame de Châteauroux qui dit, en 1742 :

« — Il y aura un grand bouleversement, je le vois,
» si on n'y apporte remède. »

» Oui, madame, et tout le monde s'étonne que ce bouleversement tarde si longtemps ; que le peuple, qu'on altère, qu'on affame, dont on boit le sang, dont on sèche les os, que le peuple, qui va toujours maigrissant, puisse vous résister encore, à vous et à vos pareilles !

» O terrible histoire de la faim, trop oubliée des historiens! quelle plume de bronze écrira tes sombres annales, pour la France qui t'a soufferte, et qui a gardé jusqu'aujourd'hui sa pitié pour les artisans de la famine ?

» Pauvre peuple, creuse donc ce mot : *La terre produit de moins en moins!*

» Pourquoi produit-elle de moins en moins, cette mère admirable, féconde depuis six mille ans? Je vais te le dire.

» C'est que, le paysan n'ayant plus de meubles qu'on puisse saisir, le fisc saisit le bétail, et l'extermine peu à peu; le bétail saisi, plus d'engrais : la culture se restreint de jour en jour, la terre ne peut plus réparer ses forces, la mère du monde, la Cérès ne produit plus; l'Isis aux huit mamelles n'a plus de lait : la nourricière meurt de faim, elle jeûne, elle s'épuise, et, comme le bétail a fini, elle va finir elle-même.

» Maintenant, pauvre peuple, ce que je dois te dire, ce que je puis te montrer, c'est que, comme les nobles et les publicains, c'est-à-dire ceux qui sont exempts d'impôts et ceux qui lèvent l'impôt, se multiplient tous les jours, l'impôt, tous les jours, va pesant davantage sur toi qui le payes; puis, écoute bien, et regarde bien : à mesure que l'aliment devient plus rare, à mesure que le pain, par sa cherté, échappe à tes doigts amaigris, il devient l'objet d'un trafic de plus en plus productif ; les profits sont clairs, si clairs, que le roi Louis XV veut en avoir sa part, et se fait marchand de farine. C'est étrange, n'est-ce pas ? un roi qui spécule sur la vie de ses sujets, un roi qui trafique de la famine, un roi qui fait payer à la mort l'obole qu'elle avait fait payer jusque-là à tout le monde, même aux rois ! Voilà comme on finit, tant la loi du progrès est certaine, par se rendre raison de tout : pauvre peuple ! tu meurs de faim, c'est vrai, mais, au moins, tu sais comment et pourquoi tu meurs ; la disette n'est plus le résultat du trouble des saisons, des changements atmosphériques, des cataclysmes de la nature : la disette est un phénomène d'ordre naturel, légal, enregistré au Parlement ; on a faim de par Louis, et plus bas, signé Phélippeaux.

» On a eu faim sous Louis XIV, on a eu faim sous Louis XV, on a faim sous Louis XVI ; quatre générations se sont suivies, dont pas une n'a été rassasiée ; c'est que la famine est naturalisée en France ; elle y a son père et sa mère : son père, l'impôt ; sa mère, la spéculation ; alliance monstrueuse, qui, cependant, porte des fruits, produit des enfants, engendre une race particulière, race cruelle, affamée, inassouvie, race de fournisseurs, de banquiers, de traitants, de financiers, de fermiers généraux, d'intendants et de ministres ; tu la connais, pauvre peuple ! cette race : ton roi l'a anoblie, l'a glorifiée, l'a fait monter dans ses carrosses le jour où elle est venue à Versailles lui faire signer le *pacte de famine.*

» Et, pauvre peuple ! à défaut de pain, tu as des philosophes et des économistes, des Turgot et des Necker, des poëtes qui traduisent *les Géorgiques*, des poëtes qui font *les Saisons,* des poëtes qui font *les*

*Mois;* chacun parle d'agriculture, écrit sur l'agriculture, fait des essais sur l'agriculture. — Et, toi, pendant ce temps, toi, pauvre peuple ! comme le fisc a dévoré tes bœufs, tes chevaux, tes ânes, tu t'attelles à la charrue, avec ta femme et tes enfants. Heureusement, la loi défend que l'on saisisse le soc; mais cela viendra, sois tranquille ! Cela viendra, et, alors, avec le même instrument dont tu t'ouvres la poitrine depuis cent cinquante ans, tu ouvriras la terre ! Mourant, tu gratteras la terre morte avec tes ongles !

» Oh ! pauvre peuple !

» Eh bien, quand ce jour sera venu, — et il va venir ! — quand la femme demandera une dernière bouchée de pain à son mari, qui la regardera d'un air farouche sans lui répondre; quand la mère n'aura plus que des pleurs à donner aux cris de son enfant, dont la faim dévorera les entrailles; quand l'inanition tarira le lait de la nourrice; quand son nourrisson affamé ne tirera plus qu'un peu de sang de ses mamelles; quand les boutiques de tes boulangers, ouvertes ou fermées, seront vides; quand, dans ton désespoir, tu seras forcé d'avoir recours, pour te nourrir, aux choses les plus dégoûtantes, aux animaux les plus vils, — heureux encore si ton frère ne te les arrache pas pour s'en repaître lui-même ! alors, pauvre peuple, tu seras peut-être désabusé une bonne fois, une fois pour toutes, des la Fayette et des Necker, et tu viendras à moi, à moi, ton vrai, ton seul, ton unique ami, puisque moi seul t'aurai prévenu des calamités qu'on te destine, des horreurs auxquelles tu es réservé !... »

Cette fois, Marat s'arrêta pour tout de bon; mais ne se fût-il pas arrêté, qu'il lui eût été impossible d'aller plus loin, tant l'enthousiasme croissant avait besoin d'éclater.

Il ne descendit pas de la tribune, il en fut emporté.

Mais, au moment où tous les bras s'étendaient vers lui, où toutes les mains qui ne pouvaient pas le toucher battaient en son honneur, où toutes les voix proféraient ces cris inarticulés qui font quelquefois la joie aussi terrible que la colère, on entendit frapper violemment à la porte de la rue.

— Silence! dit le maître de l'établissement.

Et le silence se fit.

Au milieu du silence, on entendit résonner sur le pavé de la rue la crosse des fusils du guet.

Puis on frappa une seconde fois plus violemment encore que la première.

— Ouvrez! dit une voix, c'est moi... moi, Dubois! le chevalier du guet en personne, qui veux savoir ce qui se passe ici... Au nom du roi, ouvrez!

Au même instant, et comme soufflées par une même haleine, toutes les lumières s'éteignirent, et l'on se trouva dans la plus profonde obscurité.

Danton un instant étourdi et incertain, sentit qu'une main vigoureuse lui saisissait le poignet.

Cette main, c'était celle de Marat.

— Viens! dit-il; il est important qu'on ne nous prenne ici ni l'un ni l'autre, car l'avenir a besoin de nous.

— Viens..., dit Danton, c'est bien facile à dire. Je n'y vois pas.

— J'y vois, moi, dit Marat; j'ai vécu si longtemps dans la nuit, que les ténèbres sont devenues ma lumière.

Et il entraîna, en effet, Danton avec la même rapidité et la même certitude que si tous deux eussent marché en plein jour, à la face du soleil.

Danton franchit le seuil d'une petite porte, heurta la première marche d'un escalier tournant, au milieu duquel il n'était point parvenu, qu'il entendit crier les gonds, et se briser les panneaux de la principale porte d'entrée, sous la crosse des fusils de la patrouille de nuit.

Puis un tumulte épouvantable succéda à ce premier bruit. Il était évident que le guet faisait irruption dans le club.

En ce moment même, Marat ouvrait une porte donnant sur la rue des Bons-Enfants.

La rue était solitaire et tranquille.

Marat ferma cette porte derrière lui et derrière Danton, et en mit la clef dans sa poche.

— Maintenant, dit-il, vous avez vu deux clubs : le club Social, et le club des Droits de l'homme ; dans l'un, on discute sur la traite des noirs, et dans l'autre, sur la traite des blancs. — Lequel, à votre avis, s'occupe des vrais intérêts de la nation ? Dites.

— Monsieur Marat, dit Danton, je vous avais compris, vous me rendrez cette justice, au premier mot, à la première vue ; seulement, je crois qu'après nous avoir compris, il faut nous connaître.

— Ah! oui, dit Marat, et' je vous connais, moi, tandis que, vous, vous ne me connaissez pas... Eh! bien, soit! venez, demain matin, déjeuner avec moi.

— Où cela?

— Aux écuries d'Artois... Vous demanderez le docteur Marat ; mais, je vous en préviens, nous ne déjeunerons pas chez moi comme nous avons dîné chez vous.

— Qu'importe! j'irai pour vous, et non pas pour votre déjeuner.

— Oh! si vous venez pour moi, je suis tranquille, dit Marat ; comme vous serez bien reçu, vous serez content.

— A demain donc! dit Danton en faisant un mouvement pour s'éloigner.

Puis, se rapprochant de Marat, dont il n'avait pas tout à fait lâché la main :

— Il faut que vous ayez bien souffert! lui dit-il.

Marat se mit à rire amèrement.

— Vous croyez? dit-il.

— J'en suis sûr.

— Allons, dit Marat, vous êtes un plus grand philosophe que je ne le croyais.

— Ah! je ne me trompais donc pas?

— C'est justement cela que je compte vous raconter demain, dit Marat. Venez.

Et, tandis que Marat, regagnait la place du Palais-Royal en prenant la cour des Fontaines, Danton s'éloignait dans la direction du pont Neuf par la rue du Pélican.

Cette nuit-là, Danton dormit mal : comme le pécheur de Schiller, il venait de plonger dans un gouffre, et il y avait découvert des monstres inconnus!

## VIII

### LES ÉCURIES DE MONSEIGNEUR LE COMTE D'ARTOIS

Nous ne serons pas plus avare de notre prose pour l'un de nos héros que nous ne l'avons été pour l'autre; nous avons dit où et comment était logé Danton : disons où et comment était logé Marat.

A l'extrémité des rues Neuve-de-Berry et du Faubourg-du-Roule, sur le terrain de l'ancienne pépinière du roi, s'élevaient les écuries du comte d'Artois, vaste bâtiment dont nos lecteurs nous permettront de leur offrir une description qui aidera puissamment, nous l'espérons, à l'intelligence de cette histoire.

Le prince, âgé, à cette époque, de trente et un ans, c'est-à-dire dans toute la force de l'âge, dans toute l'ardeur de la jeunesse, amoureux du luxe, amoureux de tout ce qui orne le luxe, amoureux surtout de tout ce qui pouvait cacher ce luxe aux yeux des Parisiens, — assez mal disposés à son endroit, grâce à la cauteleuse conduite de son frère M. le comte de Provence, qui ne laissait échapper aucune occasion de s'emparer pour lui seul de la popularité de toute la famille; — le prince, disons-nous, avait chargé son architecte Bellanger de lui trouver un plan propre à la fois à dépenser et à gagner de l'argent, une ruine et une spéculation.

L'architecte, aussitôt cette recommandation reçue, s'était mis en quête d'un emplacement brillant et stérile : brillant, parce que, à son avis, les fantaisies du prince devaient éclater aux yeux, pour lui faire honneur, à lui qui les réalisait, stériles, parce que le comte d'Artois, étant peu riche de son propre fonds, ayant déjà eu recours deux fois à Louis XVI — roi qui n'était rien moins que généreux — pour payer ses dettes, devait, afin de pouvoir se passer un certain nombre de fantaisies, les payer le moins cher possible.

C'était le moment où Paris, essayant de se secouer sur le lit de Procuste où l'avait étendu Charles V, et qu'avaient inutilement tenté d'agrandir Henri II et Charles IX, faisait enfin craquer la vieille ceinture de ses anciens rois. Paris s'était fort augmenté sous Henri IV et sous Louis XIV, mais c'était comme en cachette et innocemment qu'il avait, sans le savoir lui-même, — c'était l'excuse qu'il donnait, du moins, — empiété sur le faubourg du Roule et le faubourg Montmartre.

Le géant avait donc allongé ses bras, l'espace de plus

d'une demi-lieue, et l'on voit, dans les auteurs du temps, le sombre mécontentement de ces Parisiens pur sang, qu'un caprice du roi, des princes, des ministres ou des financiers, venait troubler dans leurs habitudes.

Sous Louis XV même, alors que les mœurs étaient si vagabondes et si libres, les plus faciles esprits murmurent tout haut de voir la ville déménager comme elle le fait, — et, cela, clandestinement, — du sud à l'ouest et du midi au nord ; en vain les humbles serviteurs de ce maître absolu et grondeur qu'on appelle le public, et auquel le plus rebelle obéit, lui construisent-ils, pour se faire pardonner leurs autres constructions, un amphithéâtre romain du nom de Colysée ; en vain se ruinent-ils à entasser dans cet édifice toutes les richesses réunies du marbre, du bronze et de l'or ; en vain promettent-ils des fêtes hydrauliques dignes de César, des jardins suspendus qui feront honte à ceux de Sémiramis, des concerts comme Néron, le terrible ténor, n'en avait jamais organisé, des loteries où chaque billet sortant amènera un lot, des salons étincelants de lumière, des salles de verdure fermées même aux rayons de la lune : rien ne pouvait émouvoir le routinier Parisien, voué à ses vieux jardins, à ses vieilles places, à ses vieilles rues, aux vieux points de vue de sa vieille rivière, le long de laquelle dansent, chantent et se battent sur les quais les racoleurs, les oiseaux, les paillasses et les filles de joie, rondes et rouges de leurs fréquentes visites aux cabarets.

Le Colysée ! beau mot cependant, fait pour plaire — on l'eût juré — à des badauds lutéciens ! le Colysée avec ses seize arpents de contenance, ses jets d'eau et ses orchestres ! Les entrepreneurs qui avaient rêvé ce beau projet avaient promis d'y ensevelir sept cent mille livres ; ils avaient promis d'ouvrir pour le mariage de Louis XVI et de cette pauvre princesse que l'on commençait à détester autant comme reine qu'on l'avait adorée comme dauphine; ils avaient promis... Que ne promettaient-ils pas?... Mais, comme si tout ce que l'on promettait au nom de Louis XVI dût nécessairement avorter, l'édifice ne fut point terminé à l'époque du mariage, et — prospectus prophétique du déficit de l'État — le devis de sept cent mille livres conduisit tout net, par ce chemin battu sur lequel les devis marchent au galop, à une dépense de deux millions six cent soixante et quinze mille cinq cents francs! ce qui produisit un léger déficit d'un million neuf cent soixante et quinze mille cinq cents francs, et encore, malgré ce surcroît de dépense, le Colysée ne fut-il point achevé.

Il ouvrit, cependant, comptant sur le hasard, comme tout ce qu'on ouvre en France; il ouvrit sur l'emplacement de la rue de Matignon; il ouvrit avec autorisation de la ville; et voici ce que les magistrats du temps dirent aux entrepreneurs, le lendemain de l'ouverture, c'est-à-dire le 23 mai 1771:

« Le Colysée est un catafalque; les bruits répandus dans le public, sur la volonté décidée du ministère pour forcer Paris à se tourner du côté de ce lieu, n'ont pas laissé que de prévenir beaucoup contre l'entreprise. »

Ce n'était point la peine, comme on voit, de dépenser près de trois millions pour arriver à ce résultat.

Mal pris du public, le Colysée succomba, et, en 1784, l'architecte de M. le comte d'Artois achetait l'emplacement, faisait démolir l'édifice, et, le réunissant aux terrains de la pépinière du roi, destinait une partie à la construction d'un nouveau quartier, et l'autre à la fondation des écuries du prince, qui nous ont fait faire un détour, comme on voit, mais auxquelles nous revenons, une fois ce détour accompli.

Ce nouveau quartier, dû aux idées de luxe de M. le

comte d'Artois, devait nécessairement subir l'influence du prince ; or, le prince était anglomane : aussi les maisons devaient-elles y être bâties dans le *genre anglais,* c'est-à-dire dénuées de toute espèce d'ornement, bien aérées, bien distribuées, et de manière à ce que les locations ou acquisitions se trouvassent moindres que dans le reste de la ville.

On voit que, si la raison d'État restait aristocrate, la spéculation consentait à se faire populaire. Voilà donc comment, ainsi que nous l'avons dit au commencement de ce chapitre, M. le comte d'Artois travaillait à satisfaire le peuple, tout en lui gagnant son argent ; à étendre son luxe, tout en accroissant ses propres revenus.

Les écuries, soutenues par ce principe économique, s'élevèrent rapidement ; elle formaient un bâtiment coupé de pavillons et de cours spacieuses : la première, celle d'entrée, renfermait, à droite et à gauche, des écuries voûtées en voûtes plates, et décorées extérieurement de colonnes sans base qui servaient de contre-forts à la buttée des voûtes.

Peut-être, en ce temps-là, temps où la critique commençait à s'exercer sur tout le monde, et même sur les personnes royales, têtes sacrées, qui jusque-là avaient échappé à la critique — publique du moins, — peut-être, en ce temps-là, disons-nous, des économistes rigoureux reprochèrent-ils au prince l'ampleur et la magnificence des logis destinés à ses chevaux ; il s'est toujours trouvé des statisticiens jaloux qui ont eu la rage de comparer les bêtes aux gens, les chevaux aux hommes, et d'envier à ceux-là, par amour pour ceux-ci, leur litière et leurs mangeoires !

Mais, heureusement, M. le comte d'Artois avait prévu l'objection en faisant construire ces maisons du genre anglais, c'est-à-dire ces demeures philanthropiques dans lesquelles des créatures humaines pourraient vivre et respirer, sans payer trop cher, à tout prendre, la respiration, ce premier besoin de la vie, et, cela, avec la chance d'être plus ménagés dans leur travail que ne l'étaient les chevaux du prince, quadrupèdes trop enviés, à notre avis, par MM. les économistes ; car, s'il logeait splendidement ses chevaux, M. le comte d'Artois, en revanche, ne les ménageait guère.

Donc, à l'époque où se passent les événements que nous racontons, le quartier du Roule était bâti à l'anglaise ; aujourd'hui encore que plus de soixante ans se sont écoulés, il a gardé de son principe l'espace et la régularité.

Les écuries étaient achevées : chevaux, palefreniers et Parisiens de cette circonscription n'avaient point à se plaindre. Le Colysée seul eût pu réclamer ; mais les sépulcres se taisent.

Nous avons dit que le bâtiment était grandiose et commode : il pouvait loger trois cents chevaux ; il logeait bien quatre cents personnes, et M. Bellanger n'avait point privé celles-là, — sans doute en vertu du bonheur dont elles jouissaient d'être attachées au prince le plus élégant de l'époque, — M. Bellanger n'avait point privé celles-là, selon la mode anglaise, de sculptures et d'ornements. Il y en avait de plus ou moins remarquables, depuis les deux guérites surmontées de trophées qui annonçaient l'entrée principale, jusqu'aux frontons de tous les passages, voûtes ou vestibules de l'intérieur.

Dans ce bâtiment immense, espèce de phalanstère princier, vivaient donc tranquillement, avec femmes, enfants, poules et chiens, tous les gens de la maison du prince, les gens de ses écuries, du moins ; et ce n'était pas une mince récréation pour ce village que l'entrée libre de ce beau manége, situé dans la seconde cour, et où se dressaient, se *mettaient* et se dérouillaient les magnifiques chevaux anglais et normands de monseigneur.

Ces mêmes économistes, éplucheurs de traitements et chasseurs de sinécures, eussent contrarié bien malignement un des employés, le plus heureux de cette maison, si leurs attaques philanthropiques eussent décidé M. le comte d'Artois à se faire philanthrope comme eux, et, par conséquent, à vendre ses chevaux, et à loger des hommes dans ses écuries.

Nous voulons parler, non pas du médecin des écuries, comme on l'a dit ; non pas du vétérinaire, comme on l'a dit encore, mais du chirurgien des vétérinaires, qui avait son petit appartement entre la première et la seconde cour, au soleil et au nord, sur les arbres et sur le manége, avec douze cents livres d'appointements.

C'était ce personnage que Danton avait quitté la veille, à minuit, en lui promettant de le revoir le matin, à dix heures, promesse qu'il s'apprêtait à accomplir en franchissant la porte massive des écuries, le 26 août 1788, à l'heure indiquée.

— M. le docteur Marat? demanda-t-il au large suisse qui essayait inutilement de croiser sur son énorme ventre deux petites mains placées au bout de deux bras trop courts.

— Vestibule 1er, escalier B, corridor D, porte 12, répliqua le suisse sans se tromper, et sans, cependant, faire la moindre attention à ce qu'il disait.

Danton traversa, aux rayons d'un tiède soleil du matin, la vaste cour, où, çà et là, quelques piqueurs, déjà chaussés de leurs longues bottes, se promenaient en traînant leurs éperons.

Par les vitraux ouverts des impostes, s'échappaient ces robustes respirations des chevaux qui fouillent avidement le sainfoin poudreux et l'avoine qui les pique. On entendait, à droite, les hennissements des étalons, auxquels répondaient les impatientes cavales.

A ce bruit se mêlaient, sous les arcades, le cliquetis des chaînettes d'argent et le froissement des boucles de fer; les polisseurs faisaient crier leurs brosses actives sur les harnais reluisants; les eaux pures gazouillaient dans de larges ruisseaux au sortir des abreuvoirs de marbre dans lesquels venaient de boire les chevaux de service.

Danton eut le temps de tout voir et de tout entendre pendant le trajet qu'il fit dans cette cour. En vain essaya-t-il d'étouffer sous les souvenirs philanthropiques de la veille son admiration pour toutes ces magnificences. Nous l'avons dit, les aspirations de Danton étaient vers le luxe, et nous n'oserions pas dire que cet homme, qui venait à Marat comme un défenseur et comme un ami du peuple, n'eût pas, en ce moment, plus d'envie à l'endroit du riche prince, que de sympathie à l'endroit des pauvres prolétaires.

Il ne traversa pas moins la cour, l'œil dédaigneux et le sourcil froncé; seulement, il mit cinq minutes à la traverser, tant ces divers objets avaient d'empire sur les sens divers qu'ils affectaient chez lui.

Enfin, ayant lu, en lettres dorées et incrustées dans la pierre, le numéro 1, il entra.

Une vaste arcade continuant à creuser la masse du bâtiment conduisait au manége, dont les deux portes ouvertes, à cause de la douceur de l'air, laissaient voir, à une distance doublée par l'illusion d'optique, les chevaux caracolant sur le sable roux, éclairés par en haut, reluisants, l'œil en feu, pressés par des écuyers galonnés d'argent; ils passaient et repassaient au fond de cette perspective comme des ombres fantasmagoriques.

Danton s'arrêta malgré lui sous ce premier vestibule, et regarda. Il regarda en homme qui sait le prix des belles choses, et s'arracha trop vite à cette contemplation pour un homme qui n'eût pas désiré.

La philosophie grecque eut à subir de moins rudes assauts, et n'en sortit pas toujours victorieusement.

Dans le brusque soubresaut que sa philosophie lui fit faire, Danton se trouva en face de l'escalier B, le monta par deux degrés à la fois, se jeta dans le corridor D, et frappa doucement à la porte n° 12.

Il frappa doucement, avons-nous dit ; ce n'est pas que Danton fût, de sa nature, bien timide ou bien scrupuleux sur les questions d'étiquette ; mais il est de certaines maisons qui commandent le respect, de certains logis qui ressemblent à des autels.

Danton fût peut-être entré le chapeau sur la tête chez un gouverneur de province ; mais, chez Marat, il n'osait.

Cependant, un instant après avoir frappé, — instant pendant lequel il prêta l'oreille plus attentivement qu'il n'avait encore fait de sa vie, — voyant qu'on ne lui répondait pas, et n'entendant aucun bruit, il tourna la clef, et se trouva dans un corridor carrelé qui prenait jour sur le corridor qu'il venait de quitter. Une odeur de rôti fumeux le guida vers la cuisine, à gauche, où, devant un fourneau gras, une femme indolemment assise épluchait des radis, en surveillant la cuisson de deux côtelettes enveloppées d'un nuage de fumée blanche qui s'élevait, accompagnée du pétillement de la graisse crépitant sur la braise.

Sur une des cases de ce même fourneau bouillait du lait dans un poêlon gercé par l'usage, tandis que, sur la même case, pour économiser le charbon, sans doute, frissonnait, dans une cafetière de terre, une préparation de café noir couronné d'une écume floconneuse, et laissant négligemment s'évaporer le peu d'arome qui avait survécu à ses bouillons de la veille et de l'avant-veille.

Enfin, en travers de la pincette, juxtaposée au gril

où cuisaient les côtelettes, trois rôties de pain se carbonisaient sur l'excédant de la braise qui dépassait le gril.

Danton n'eut donc pas besoin de longues observations pour embrasser d'un regard le menu du déjeuner que son nouvel ami lui réservait.

L'épicurien sourit et trouva, en pensant au menu de Grimod de la Reynière, que le philosophe stoïcien Marat montrait, en cette occasion, autant d'orgueil que de ladrerie : il se sentit un instant pris de l'envie de lui dire, pour tout bonjour, qu'un peu moins de vanité et un peu plus de côtelettes eût mieux fait l'affaire d'un estomac parfaitement disposé à l'appétit par la course qu'il venait de faire.

Mais ce n'était pas présisément pour déjeuner que Danton s'était acheminé de la rue du Paon à l'extrémité du faubourg du Roule; il prit, en conséquence, quelques renseignements près de la cuisinière, dont il était resté quelques secondes à admirer le costume prétentieux, et qui, ayant relevé la tête, répondit dédaigneusement que *monsieur* travaillait.

Mais, en même temps, il faut le dire, la cuisinière indiquait du doigt la chambre de Marat.

Danton ouvrit la porte sans frapper, cette précaution lui ayant mal réussi la première fois, et se trouva chez *monsieur*.

## IX

#### L'INTÉRIEUR DE MARAT

Marat, un mouchoir jaune à pois blancs sur la tête, le corps penché sur une table de bois noir, les bras nus jusqu'au coude, — bras velus et secs comme le bras ensorcelé de Glocester, — piochait, d'une plume courte et rude, un papier robuste, un de ces papiers que l'on fabriquait alors en Hollande, et qui pouvaient supporter deux ou trois couches de ratures.

Beaucoup de livres étaient ouverts devant lui; plusieurs manuscrits roulés à l'antique gisaient à terre.

Cet écrivain spartiate laissait voir partout l'industrie besogneuse du petit bureaucrate : canif raccommodé avec de la ficelle, écritoire égueulée comme les vases de Fabricius, plumes rongées et rabougries accusant un mois de service, tout était en harmonie autour de Marat ; en outre, une boîte à pains à cacheter en papier noirci ; pour poudrière, une tabatière de corne ouverte et aux trois quarts vide ; pour buvard, le mouchoir à tabac en grosse toile de Rouen et à grands carreaux bleus.

Marat avait placé sa table loin de la fenêtre, dans un angle de la chambre. Il ne voulait pas être distrait, ni même réjoui par le soleil ; il ne voulait pas que les brins d'herbe éclos entre les fentes de la pierre lui parlassent du monde ; il ne voulait pas que les oiseaux voletants sur l'appui de sa fenêtre lui parlassent de Dieu.

Le nez sur son papier jauni, quand il écrivait ; l'œil sur une vieille tenture, lorsqu'il pensait, il ne prenait d'autre distraction, en travaillant, que le travail lui-même ; toute cette joie de l'écrivain, tout ce luxe de son labeur, lui étaient choses non-seulement inconnues, mais encore indifférentes.

Chez lui, l'eau paraissait étrangère à tout autre besoin que celui de la soif.

Marat était un de ces poëtes cyniques qui sollicitent la muse avec des mains sales.

Au bruit que fit la toux sonore de Danton, pénétrant

dans le cabinet de Marat, celui-ci se retourna, et, reconnaissant l'hôte attendu, il fit, de la main gauche, un signe qui demandait pour la main droite la permission de finir la phrase commencée.

Mais cette phrase ne s'achevait pas vite ; Danton en fit la remarque.

— Comme vous écrivez lentement ! dit-il ; c'est chose étrange pour un homme vif et maigre comme vous êtes. Je vous eusse cru tout impatience et tout nerfs, et je vous vois aligner vos pensées lettre à lettre, comme si vous étiez chargé de faire, pour quelque école, un modèle de calligraphie.

Mais Marat, sans se déconcerter, paracheva sa ligne, prenant la peine, cependant, de faire, de la main gauche, un second signe à Danton ; puis, ayant fini, il posa sa plume, se retourna et présenta les deux mains au nouveau venu, avec un sourire qui ouvrit le sinistre rictus de ses lèvres tordues.

— Oui, c'est vrai, dit-il : aujourd'hui, j'écris lentement.

— Comment, aujourd'hui ?

— Asseyez-vous donc.

Danton, au lieu de prendre une chaise comme il y était invité, s'approcha de celle de Marat, et, s'appuyant sur le dossier, de manière à ce que son regard embrassât le bureau et celui qui était assis devant :

— Pourquoi aujourd'hui ? insista-t-il ; est-ce que vous avez des jours de rapidité et des jours d'indolence, comme les boas ?

Marat ne se fâcha point de la comparaison ; elle n'avait rien que de flatteur : *vipère* eût été désobligeant ; la comparaison rapetissait Marat ; mais *boa !* la comparaison le grandissait.

— Oui, je comprends, dit Marat, et mes paroles ont besoin d'explication. J'ai différentes manières d'écrire, ajouta-t-il avec une légère fatuité ; quand j'écris ce que j'écris aujourd'hui, ma plume est lente ; elle se plaît à étudier les déliés et les pleins, à caresser les points et les virgules ; elle se plaît à dire à la fois la parole et la pensée, à peindre aux yeux les sensations du cœur.

— Que diable me dites-vous là ? s'écria Danton émerveillé de ce langage ; est-ce M. Marat en chair et en os qui me parle, ou ne serait-ce point l'ombre de M. de Voiture ou de mademoiselle de Scudéry ?

— Eh ! eh ! fit Marat, des confrères !

— Oui, mais pas des modèles...

— En fait de modèles, je n'en connais qu'un : c'est l'élève de la nature, c'est le philosophe suisse, c'est l'illustre, le sublime, l'immortel auteur de *Julie*.

— Jean-Jacques ?

— Oui, Jean-Jacques... Celui-là aussi écrivait lentement, celui-là aussi donnait à sa pensée le temps de descendre du cerveau, de séjourner dans son cœur, et de se répandre ensuite sur le papier avec l'encre de sa plume.

— Mais c'est donc un roman que vous écrivez ?

— Justement, dit Marat en se renversant dans son fauteuil de paille, et en dilatant son œil profond sous sa paupière flasque et jaune, ridée par mille plis, — un roman !

Et son sourcil se fronça comme à un souvenir douloureux.

— Peut-être même une histoire, ajouta-t-il.

— Un roman de mœurs ? un roman historique ? demanda Danton ; un roman... ?

— D'amour.

— D'amour ?

— Mais oui ; pourquoi pas ?

A ce *pourquoi pas*, le géant ne put garder son

sérieux : il écrasa d'un coup d'œil insolent le pygmée crasseux et contrefait, frappa dans ses larges mains, et donna un libre cours à son hilarité.

Mais, contre toute attente, Marat ne se fâcha point ; il ne parut même pas remarquer l'inconvenant éclat de rire de Danton ; tout au contraire, son œil s'abaissa sur le manuscrit, s'y plongea rêveur et attendri ; puis, après la lecture à voix basse d'une ou deux longues phrases, son regard remonta vers Danton, qui ne riait plus.

— Pardon, dit-il, si je ris ; mais, vous comprenez, je trouve un romancier, et un romancier sentimental, à ce qu'il paraît, là où je venais chercher un savant ; je croyais avoir affaire à un physicien, à un chimiste, à un expérimentateur, et voilà que je rencontre un céladon, un amadis, un percerose !

Marat, sourit, mais ne répondit point.

— On m'a parlé, dit Danton, de quelques livres de vous... Guillotin, parbleu ! qui, tout en prétendant que vous vous trompez, les estime fort, même avec leurs erreurs ; mais ce sont des ouvrages scientifiques, des œuvres de philosophie et non d'imagination.

— Hélas ! dit Marat, souvent, chez l'écrivain, l'imagination n'est que de la mémoire, et tel semble composer, qui raconte, voilà tout.

Danton, quoique assez superficiel en apparence, n'était pas homme à laisser tomber un mot profond. Celui que venait de dire Marat lui parut bon à creuser, et il se préparait à en extraire tout le sens mystérieux qui pouvait y être caché, quand Marat se leva vivement de sa chaise, et, rajustant son costume débraillé :

— Déjeunons, dit-il ; voulez-vous ?

Et il passa dans le corridor, pour prévenir la cuisinière qu'il était temps de servir.

Danton, resté seul, abaissa vivement les yeux sur le manuscrit ; il était intitulé : *Aventures du jeune comte*

*Potocky ;* le héros s'appelait *Gustave*, et, l'héroïne *Lucile*.

Puis, comme il craignait d'être surpris commettant cette indiscrétion, son regard se reporta du manuscrit au reste du cabinet.

Un affreux petit papier gris et rouge, des cartes au mur, des rideaux d'indienne aux fenêtres, deux vases de verre bleu sur la cheminée, un bahut de vieux chêne piqué des vers, tel était l'ameublement du cabinet de Marat.

Le beau soleil du printemps, l'ardent soleil de l'été n'apportait à cette chambre rien de vivant ou de gai. On eût dit qu'il n'osait y entrer, certain de n'y trouver ni une plante à faire éclore, ni une surface polie à faire briller.

Comme Danton achevait son inventaire, Marat rentra.

Il portait un bout de la table toute servie, la cuisinière portait l'autre.

On déposa cette table au milieu du cabinet : la cuisinière approcha le fauteuil de paille pour Marat, et sortit sans s'inquiéter autrement de l'étranger.

Danton espérait que son hôte n'entamerait pas la question d'excuses, il se trompait.

— Ah ! dit Marat, je ne dépense pas deux mille quatre cents livres à mon déjeuner, moi !

— Bah ! répondit Danton avec enjouement, si vos éditeurs vous donnaient cent louis pour un volume de roman, et que vous fissiez un volume dans le même temps où je donne, moi, une consultation, vous ajouteriez bien une côtelette à votre ordinaire !

Marat lui passa l'assiette.

— Vous me dites cela, parce que vous voyez que nous n'avons que deux côtelettes, et que vous trouvez que c'est peu ; est-ce que, par hasard, vous mangez plus de deux côtelettes ?

— Mais vous? demanda Danton.

— Oh! moi, dit Marat, jamais de viande le matin; je ne pourrais plus travailler.

— A des romans? fit Danton traitant légèrement ce genre de littérature, qui paraissait si grave à Marat. Allons donc!

— Justement, des romans, reprit Marat. Oh! s'il s'agissait d'écrire un article politique, j'aimerais assez avoir le sang aux yeux, afin d'y voir rouge, et, dans ce cas, je mangerais volontiers de la viande pour m'exciter; mais le roman, oh! le roman, c'est autre chose: cela ne s'écrit ni avec l'estomac ni avec la tête; cela s'écrit avec le cœur! Il faut être à jeun, mon cher monsieur, pour écrire du roman.

— Ah çà! mais vous êtes un paladin de plume, mon cher!

Et Danton présentait l'assiette à Marat.

— Gardez les deux côtelettes, vous dis-je, fit celui-ci.

— Merci! répondit Danton, ne vous occupez pas de moi; je crois toujours, comme Gargantua, que rien n'assouvira ma faim, et, tenez, si je mange une de vos côtelettes, ce sera tout.

Le fait est que Danton ne se sentait pas plus engagé par l'aspect de la table qu'il ne l'était par les mets ou la société.

Des assiettes de faïence ébréchées, des couverts d'argent usés : — cuillers qui coupaient, fourchettes qui ne piquaient plus; — de grosses serviettes de toile bise, rude à la peau; du sel gris broyé avec le cylindre d'une bouteille, et ramassé dans une soucoupe de terre de pipe; un vin épais tiré à la pièce dans le cabaret voisin; tout cela n'était point, on en conviendra, un bien appétissant régal pour le fastueux ami de M. de la Reynière.

Aussi Danton grignota-t-il chaque chose d'une dent

superbe, comme le rat d'Horace, et, poursuivant la conversation, tandis que Marat absorbait lentement son café au lait, épongé presque entièrement par les rôties :

— Alors, on vous donne le logement ici ? dit Danton.

— Oui, je suis de la maison du prince.

Et il prononça ce mot *prince* comme s'il lui eût écorché les lèvres.

— *Aurea mediocritas !* dit brutalement Danton.

Marat sourit de son singulier sourire.

— C'est un port après la tempête, dit-il, et tout port semble bon au matelot qui a lutté avec le naufrage.

— En vérité, mon cher monsieur Marat, dit Danton, vous êtes aujourd'hui comme un trappiste... On dirait que vous avez des regrets ou des remords... En effet, je vous vois écrivant des romans, je vous vois rassasié, je vous vois fuyant le soleil...

— Des remords ! s'écria Marat en interrompant Danton, des remords, moi !... moi qui ai l'âme d'un agneau ?... Non, mon hôte, non... heureusement, je n'ai pas de remords...

— Des regrets, alors ? fit Danton.

— Ah ! des regrets, oui, c'est possible... des regrets, je ne dis pas !... Tout homme sensible peut avoir des regrets ; tout homme fort peut se permettre de les manifester.

Danton posa carrément ses coudes sur la table, appuya son large menton dans le creux de ses deux mains, et, d'une voix dont il adoucissait ironiquement la rudesse :

— J'en reviens à ce que je disais tout à l'heure, murmura-t-il, le savant n'est pas un savant, le philosophe n'est pas un philosophe, le publiciste n'est pas un homme politique, ou, pour mieux dire, toutes ces facultés-là sont cousues dans la peau d'un amoureux !

Et, quand il eut achevé cette phrase, Danton, que

cette idée de Marat amoureux paraissait réjouir d'une façon exorbitante, la ponctua d'un glorieux éclat de rire ; rire bien naturel, lorsqu'on songe qu'il partait de cette poitrine de géant, et que les formidables coudes de ce géant ébranlaient le point d'appui de ce pygmée, qu'avec ses grosses lèvres et ses larges dents le rieur semblait dévorer d'une seule bouchée ; lorsqu'on songe, enfin, que l'un était l'Hercule insolent qui captive Déjanire, tandis que l'autre rampait, pareil au scarabée honteux d'avoir perdu ses ailes.

## X

#### CE QU'ÉTAIT MARAT EN 1788

Cependant, Marat ne se laissa pas plus longtemps suspecter de faiblesse, ou taxer d'impuissance ; il avait l'amour-propre ordinaire à tout homme qui n'atteint pas ou ne dépasse pas cinq pieds, c'est-à-dire un amour-propre féroce.

— Amoureux ! répondit-il à Danton, et pourquoi pas ?

Et, en disant ces mots, lui aussi frappa du poing sur la maigre table, et le choc résonna presque aussi haut qu'il eût fait sous le poing du géant. La colère vaut parfois la force.

— Amoureux ! continua-t-il, oui, je l'ai été, et, qui sait ? peut-être le suis-je encore !... Ah ! riez ! En vérité, mon cher colosse, ne dirait-on pas que Dieu a donné aux géants seuls le monopole de la régénération humaine, et qu'il faut avoir votre encolure pour faire souche ? Est-ce que nous n'avons pas la baleine et l'ablette, l'éléphant et le ciron, l'aigle et l'oiseau-mouche? est-ce que nous n'avons pas le chêne et l'hysope? est-ce que, dans tous les règnes, le monstrueux féconde plus que le médiocre ou le petit? Que veut dire amour, en langue naturelle et philosophique? Plaisir utile? Donnons-en à l'âme tout ce qui en revient à l'âme, mais laissons au corps ce qu'il en sait toujours prendre. J'ai vu, autre part que dans les fables d'Ésope ou de la Fontaine, les amours des fourmis et des pucerons; il y a des amours d'atomes, et si l'on inventait un bon microscope, il y aurait certainement des amours d'invisibles... Excusez donc, mon cher Micromégas, excusez l'atome Marat, excusez l'invisible Marat d'avoir été amoureux.

Et, en disant ces mots, Marat était devenu livide, excepté à ses pommettes saillantes, où le sang avait monté; en même temps, la fièvre avait allumé deux charbons dans ses yeux, et ses nerfs tressaillaient comme des cordes de lyre mises en jeu par l'orage. On dit que tout serpent devient beau dans l'amour : il faut bien que l'axiome soit vrai, puisque Marat était devenu presque beau au souvenir de son amour; — beau, il est vrai, comme Marat pouvait devenir beau, c'est-à-dire beau de laideur!

— Oh! halte là, mon amoureux! s'écria Danton en voyant cette exaltation soudaine; si vous vous défendez ainsi avant qu'on vous ait attaqué, vous me donnerez le droit de vous attaquer après que vous vous serez défendu. Je ne vous conteste pas la faculté d'être amoureux, moi!

— Non, mais vous m'en contestez le droit, répondit Marat d'une voix mélancolique. Ah! je vous comprends bien, allez, Danton! vous me regardez et vous vous dites : « Marat est petit; Marat est tout recroquevillé comme un animal à qui l'on a fait voir le feu; il a des yeux rouges percés d'un point noir, auquel toute lumière jette un reflet fauve; il est osseux, et ses os tordus sont mal habillés par le peu de chair qui s'y colle; ces os crèvent çà et là l'enveloppe dans le sens que Dieu n'a pas indiqué aux développements des mammifères; Marat a les tempes nues et les cheveux plats; ses cheveux ont l'air d'être usés comme les crins d'un vieux cheval qui a tourné la meule; son front est fuyant, son nez se recourbe à droite, vulgaire et honteuse déviation de la ligne patricienne; il a des dents rares et ébranlées; il a des membres secs et velus; c'est une laide variété du genre *homo*, décrit par Pline et Buffon! » Or, voilà ce que vous vous dites en me voyant, et vous ajoutez : « Comment donc, dans ce front fuyant et déprimé, la pensée resterait-elle à l'aise? comment, de ce corps maladif et turpe, s'échapperait-il l'effluve sympathique qui fait éclore la rêverie au cœur des femmes, ce magnétisme animal qui leur met le désir au corps? comment ce malheureux disgracié, qui n'est qu'une souffrance, et qui n'a qu'un cri, représenterait-il, ce que l'Être suprême a mis dans le grand tout, pour l'orner l'échauffer, le vivifier? comment représenterait-il, fût-ce pour un cent millionième, l'amour physique ou l'amour moral? » Avouez que vous vous êtes dit cela, ou que, si vous ne le formulez pas d'une façon absolue, vos instincts de colosse, votre conscience de géant vous poussent à la comparaison, et soulèvent vos muscles rieurs — les *risorii* — quand je vous dis que j'ai été amoureux.

— Mais enfin, mon cher..., répliqua Danton, étourdi par ce flot d'arguments pressés et se succédant comme une marée montante.

— Ne riez pas, ce n'est pas la peine : je suis plus de votre avis que vous-même, allez! Il me semble que tout à l'heure je vous ai fait un portrait de moi peint sans amour-propre.

— Oh! trop peu flatté!

— Non, ressemblant! Ma glace est peu grande, néanmoins elle suffit à réfléchir mon visage, et, je le sais, ce visage est celui d'une créature peu faite pour l'amour... « Mais, — allez-vous me dire, maintenant que vous voilà dans la réaction, — parce qu'on est laid, ce n'est pas une raison pour ne point aimer : le cœur est toujours beau! » et mille autres consolants aphorismes qui satisferaient les imbéciles; mais nous n'en sommes pas là, et, à mon tour, j'irai plus loin que vous; à mon tour, je vous dirai : « Celui-là seul a le droit d'inspirer l'amour qui est venu au monde beau, fort, sain et sensé; la passion vraie, la passion fécondante, celle dont la nature a besoin, pousse mal dans un corps de travers; une lame droite ne tient plus dans un fourreau tordu et faussé! » Je dis cela, et cependant j'ajoute : « J'ai été amoureux, et j'avais le droit d'être amoureux. »

Alors, Danton, laissant de côté toute raillerie, se pencha vers Marat, comme pour mieux le voir, comme pour l'examiner plus attentivement; pendant quelques moments, il l'étudia en silence, et, avec le regard profond d'un homme averti et d'un homme intelligent.

— Oui, cherchez bien, lui dit Marat tristement, cherchez bien sous le squelette, puisqu'on le voit si clairement; cherchez, sous la contraction des nerfs et des muscles, sous la déviation des os, la construction primordiale; cherchez, sous la forme réduite du batracien... du crapaud, — je me reprends, parce que vous êtes assez bel homme pour ne pas savoir le grec, — cherchez l'Apollon du Belvédère, que tout anatomiste en sait tirer à la vingtième génération, avec un peu de patience, de dessin et d'élasticité. Le trouvez-vous? Non, n'est-ce pas? Eh bien, vous avez tort, mon cher : l'Apollon s'y trouva, pas longtemps, c'est vrai, mais il s'y trouva : l'œil flasque et vide de Marat fut un œil vif et pur, aux paupières nettes et fraîches ; le front écrasé sous les sales cheveux fut un front poétique ouvert aux caresses printanières et parfumées, celles-là qui conseillent les amours, *suadetæ amorum,* a dit le poëte ; le corps étique, crochu, velu, c'était un torse d'Endymion, blanc, ferme, moite et frais. Oui, — c'est incroyable, n'est-ce pas? et cependant cela est! — j'ai eu la jambe élégante, le pied fin et la main effilée ; mes dents ont appelé le baiser des lèvres sensuelles, « l'âcre morsure, » comme dit Jean-Jacques ; j'ai été beau, j'ai eu de l'esprit, j'ai eu du cœur! Est-ce assez, répondez, pour m'autoriser à dire que j'ai été amoureux?

Danton releva la tête, étendit une main vers Marat, laissa tomber l'autre le long de sa cuisse, et, d'un geste qui exprimait le plus sincère étonnement :

— En vérité! murmure-t-il consterné.

— C'est comme j'ai l'honneur de vous le dire, répondit ironiquement Marat, dont la philosophie, si grande qu'elle fût, ne pouvait s'empêcher d'être sensible à l'impertinence de cette surprise.

— Mais il vous est donc arrivé quelque chose de pareil à ce qui arriva au pauvre Scarron?

— D'être tombé, couvert de plumes, dans une rivière glacée, et d'en être sorti perclus de rhumatismes? Oui ; seulement, j'ai été plus heureux que Scarron : je m'en suis tiré avec mes jambes ; elles sont tordues, sans doute, mais telles qu'elles sont, je continue à m'en servir. Je voulais dire que je n'étais pas tout à fait cul-de-jatte, comme le pauvre Couthon le sera dans un an. Il est vrai que Couthon est beau, et que je suis hideux, ce qui fait compensation.

— Voyons, de grâce, ne raillez plus, Marat, et expliquez-moi votre métamorphose.

— Ah! dans ce cas, il va falloir vous expliquer beaucoup, mon cher bel homme ! dit Marat avec sa voix stridente ; il faudra vous dire combien j'étais doux, candide, bon...

— Vraiment ! fit Danton.

— Combien j'aimais tout ce qui reluit, tout ce qui sonne, tout ce qui embaume, c'est-à-dire combien j'aimais les gens d'épée, héros reluisants... combien j'aimais les poëtes et les beaux diseurs, moulins sonnants... combien j'aimais les femmes et les aristocrates, mannequins embaumés.

— Et surtout, n'est-ce pas, vous me direz comment vous en êtes arrivé à haïr tout ce que vous aimiez?...

— Oui, tout ce que je n'ai plus... Mais quand je vous aurai dit cela... voyons, à quoi mon récit vous servira-t-il ?

— A me prouver que votre mot de tout à l'heure n'est pas une vaine répercussion de l'air sollicité par le mouvement de votre langue.

— Quel mot ?

— Celui qui m'a le plus frappé parmi tous ceux que vous m'avez dits, depuis que j'ai le plaisir de dialoguer avec vous : « L'imagination de l'écrivain n'est souvent que de la mémoire. »

— Ah ! ce mot vous a frappé ? dit Marat avec un sourire de satisfaction. Le fait est que le mot est bien construit, n'est-ce pas? oui, bien venu... tout d'une haleine et tout d'une pièce, tel que j'étais moi-même avant d'être ce que je suis.

Et, se levant de table, il alla prendre sa plume en traînant ses pantoufles drapées, écrivit la phrase sur le travers d'une feuille de papier, prit sur son bureau le manuscrit des *Aventures du jeune comte Potocky*; après quoi, revenant à Danton, qui s'installait dans un fauteuil et s'y carrait, au risque d'en faire éclater les enchevêtrures vermoulues :

— Savez-vous ce que je devrais faire d'abord? dit-il.

— Je gage, dit Danton, presque effrayé, que vous avez envie de me lire le manuscrit énorme que voici?

— Pariez! vous gagnerez.

— Diable! fit Danton, un roman polonais!

— Qui vous a dit cela?

— J'ai lu le titre.

— Cependant...

— Le jeune Potocky, serait-ce vous, par hasard?

— Qui sait? dit Marat.

— Et celle dont vous étiez amoureux se serait-elle appelée Lucile?

— Peut-être.

— Ce sont des lettres, comme dans *la Nouvelle Héloïse?* fit Danton, de plus en plus effrayé.

Marat rougit : cette allusion au roman de Rousseau lui semblait une accusation de plagiat.

— Il y a plus d'un auteur original dans la même forme de langage.

— Je ne vous accuse pas, mon cher romancier! ne prenez donc pas la mouche à contre-temps; seulement, je pèse avec les yeux ce volume : je le trouve lourd, eu égard au temps que nous avons à passer ensemble, et je me dis que, quant aux *Aventures du jeune Potocky*, j'aurai patience pour attendre; tandis que, pour savoir les aventures de Marat, j'irais tout d'une traite à Varsovie ou à Cracovie... A propos, vous avez voyagé?..

— Mais oui...

— Vous avez été à Londres, à Édimbourg? c'est même en Angleterre, je crois, que vous avez publié votre premier livre?

— C'est en Angleterre, et même en anglais... oui... *les Chaînes de l'esclavage...*

— Ce n'est pas tout : vous avez vécu aussi dans le Nord?

— En Pologne, oui.

— Eh bien, je vous en supplie, ne me faites pas languir!.. Je vous ai dit hier, après votre discours : « Vous avez dû bien souffrir!... » Vous m'avez serré la main, et vous m'avez répondu : « Venez déjeuner avec moi demain... » Je ne suis pas venu pour déjeuner : je suis venu pour écouter ce que vous avez tacitement promis de me dire. Eh bien, me voici ; je veux connaître l'homme ancien : levez le voile qui me le cache!... Quant à l'homme présent, je ne suis pas inquiet, la France le connaîtra!...

Marat remercia Danton par un geste plus éloquent que noble ; cette flatterie de conversation, lui seul en pouvait mesurer la portée, et trouver, au compte de son orgueil, qu'elle n'était point exagérée.

De son côté, Danton ne l'eût peut-être pas laissée échapper si, en 88, il eût deviné 93.

Une flatterie d'homme grand et fort, pour Marat, c'était un ordre ; il se prépara donc à raconter comme les héros d'Homère, et, pour donner le temps à sa mémoire de lui fournir les premiers chapitres, et assouplir sa voix rauque, il but, dans la tasse ébréchée, le reste du lait refroidi que Danton avait dédaigné de prendre. Il but comme les chats ou comme les renards, en regardant obliquement tandis qu'il buvait, et l'on voyait tressaillir l'artère de ses tempes à chaque aspiration du breuvage.

La tasse vide, il essuya ses lèvres blanchies du revers de sa main, passa cette main noire et grasse dans ses cheveux rebelles, et commença.

Danton choisit une place entre les deux fenêtres, de façon à ne pas perdre un mouvement de la physionomie du narrateur ; mais Marat, soit qu'il pénétrât ce dessein, soit que ses yeux fussent blessés par la lumière, tira les rideaux, et entama le récit dans une pénombre qui, dès lors, cessait d'être aussi favorable à Danton que l'eût été le grand jour.

Mais, comme il fallait en prendre son parti, Danton ferma les yeux, et ouvrit les oreilles, essayant de gagner par l'ouïe ce qu'il venait de perdre par la vue.

## XI

### LE PRINCE OBINSKY

Marat, ainsi que Danton, ferma un instant les yeux, comme s'il regardait en lui-même, et écoutait sa propre voix qui lui racontait doucement les souvenirs de sa jeunesse.

Puis, tout à coup, relevant la tête :

— Je suis de Neuchâtel, dit-il, vous savez cela sans doute ; je suis né en 1744. J'avais dix ans au moment où mon glorieux compatriote Rousseau lançait, dans le monde littéraire ou plutôt politique, le *Discours sur l'inégalité;* j'avais vingt ans lorsque Rousseau, exilé, proscrit, revint chercher un asile dans sa patrie. Ma mère sensible, ardente, fanatique du philosophe, m'avait élevé dans l'admiration exclusive du maître, et avait tourné toute son ardeur à faire de moi un grand homme à la manière de l'auteur du *Contrat social;* elle avait été admirablement secondée en cela par mon père, digne ministre, homme savant et laborieux, qui entassa de bonne heure dans ma tête tout ce qu'il possédait de science ; aussi, à cinq ans, voulais-je être maître d'école ; à quinze ans, professeur ; auteur à dix-huit, génie créateur à vingt !

Comme Rousseau, comme la plupart de mes compatriotes, je quittai jeune mon pays, emportant dans ma tête un magasin assez considérable, mais assez mal rangé, de connaissances diverses, une grande science des simples acquise dans nos montagnes ; avec cela de la sobriété, du désintéressement, beaucoup d'ardeur et une puissance de travail que je n'ai connue à aucun homme avant moi.

Je débutai par l'Allemagne et par la Pologne.

— Et pourquoi alliez-vous en Allemagne?

— Mais, comme tout chercheur d'aventures, pour vivre.

— Et vous vécûtes?

— Fort mal, je dois l'avouer.

— Oui, la littérature nourrissait peu, n'est-ce pas?

— Si je ne m'étais adressé qu'à la littérature, elle ne m'eût pas nourri du tout ; mais, outre la littérature, j'avais à mon service le français et l'anglais, que je parle comme ma langue maternelle.

— Oui, je me rappelle que vous m'avez dit, en effet, avoir donné des leçons de langue aux Écossaises, et avoir publié à Édimbourg *les Chaînes de l'esclavage*, esclave que vous étiez, sans doute, de celles qui vous avaient pris pour maître.

Marat regarda Danton avec une espèce d'étonnement qui fit presque rougir celui-ci. Rien n'est plus attristant, pour celui qui a eu le malheur de le faire, qu'un jeu de mots qui est mal compris.

— Il me semble, en vérité, dit Marat d'un ton rude, que j'entends parler M. de Florian ou M. Bertin ; c'est du madrigal que vous faites là, mon cher ! c'est du madrigal, et, je vous en préviens, le madrigal va mal à Danton !

— En ce cas, je vais me taire et me contenter de vous écouter désormais, dit Danton, puisque j'ai si peu de chance à vous interrompre.

— Oui, reprit Marat, d'autant mieux que, si je fais des romans, les histoires que je raconte sont peu madrigalesques ; c'est ce que vous allez voir tout à l'heure.

Je reviens donc à mes leçons, qui me nourrissaient peu, et à un autre exercice famélique, qui me nourrissait encore moins, je veux dire à la médecine.

Je résolus de quitter l'Allemagne, et de pousser jusqu'en Pologne. C'était en 1770 : j'avais vingt-six ans, quelques thalers au fond de la bourse, beaucoup d'espérances au fond du cœur, et d'excellentes lettres de recommandation par-dessus tout cela. Le roi Stanislas régnait alors, — Stanislas-Auguste, bien entendu ; — c'était un savant, un lettré, c'est même encore tout cela, devrais-je dire, car il vit toujours, le digne prince ! et la philosophie, la science et les muses l'aident, sans doute, à supporter les humiliations que la Russie, la Prusse et l'Autriche lui infligent en ce moment.

— Je crois, dit Danton, — si toutefois vous me permettez une interruption philosophico-politique, après m'avoir interdit les interruptions madrigalesques, — je crois que l'honnête monarque fera bien de continuer à cultiver les déesses consolatrices ; car il ne me paraît pas certain qu'il meure sur le trône que Catherine, sa sévère maîtresse, lui a donné tout entier, et lui reprend morceau par morceau.

— Cette fois, vous voyez juste ; aussi applaudirai-je à l'interruption au lieu de la blâmer, et je ne doute pas que le roi Stanislas ne soit bien heureux de retrouver, un jour, n'importe où, les œillets que cultivait le grand Condé. Mais, à l'époque dont il s'agit, quoique sourdement menacé du partage de son royaume, ce prince régnait paisiblement. Il aimait, comme je l'ai dit, les sciences, les arts, les lettres, et dépensait noblement. Moi obscur, moi écrasé, — Suisse, par mon

compatriote Rousseau ; savant, par mon confrère d'A-
lembert ; philosophe, par les holbachiens, race fatale
qui se répandait par toute la terre, — j'émigrai donc
vers le Nord, tout fier de mes vingt-sept ans, de mon
bagage scientifique, de mes belles joues fraîches et de
ma santé robuste... Vous me regardez, Danton, et vous
cherchez ce que tout cela est devenu ! Soyez tranquille,
vous saurez où et comment cela m'a quitté : c'est mon
histoire. Dans ma confiance juvénile, je me disais que,
Stanislas Poniatovsky ayant gagné un trône avec sa
bonne mine, près de la grande-duchesse devenue cza-
rine, je pourrais bien, moi, avec tout mon mérite physique et moral, gagner douze cents livres de rente ou
de pension près de Stanislas. C'était mon but, mon ambition. Possesseur de cette fortune, je défierais toutes
les coteries, toutes les mauvaises chances ; je revien-
drais en France étudier l'économie politique ; je la saurais à l'âge où pousse l'ambition dans le cœur des
hommes ; je pourrais faire un grand médecin si la rou-
tine et le préjugé subsistaient ; je ferais un grand admi-
nistrateur si la philosophie parvenait à émanciper l'humanité.

— C'était bien raisonné, dit froidement Danton ;
mais à toute chose un commencement est nécessaire ;
tout dépend de ce commencement : montrez-moi le
vôtre, et montrez-le moi tel qu'il fut, si c'est possible.

— Oh ! je ne me farderai pas, soyez tranquille, l'i-
magination n'est pas mon fait ; d'ailleurs, la réalité suffira, je l'espère, à vous intéresser.

— C'est singulier que vous reniiez ainsi l'imagination, vous qui avez la tête longue et les tempes
larges !

— Je ne renie pas l'imagination, dit Marat ; mais je
crois n'avoir d'imagination qu'en politique : pour tout
le reste, et surtout pour l'économie politique, je res-

semble à ce chat de la fable qui n'avait qu'un tour dans son sac, et qui était obligé de reconnaître son infériorité à l'endroit du renard, la bête aux cents moyens. Il en résulte que, lorsque j'ai eu faim, — ce qui m'est arrivé quelquefois, — j'ai donné des leçons, et j'ai mangé peu ou prou.

— Et quelles leçons donniez-vous ?

— Des leçons de tout, ma foi ! je suis à peu près universel, tel que vous me voyez : aujourd'hui, par exemple, j'ai composé, écrit et imprimé une vingtaine de volumes de découvertes physiques, et je crois avoir épuisé toutes les combinaisons de l'esprit humain sur la morale, la philosophie et la politique.

— Diable ! fit Danton.

— C'est comme cela, dit Marat d'un ton qui n'admettait pas la réplique. Je donnais donc des leçons de tout : de latin, de français, d'anglais, de dessin, d'arithmétique, de chimie, de physique, de médecine, de botanique, sans compter tout ce que suggère de facultés inconnues l'appétit, cette grande excitation à l'industrie universelle.

— Bon ! vous voilà donc parti pour donner des leçons en Pologne, dit Danton essayant de hâter la prolixité du narrateur.

— Me voilà parti pour la Pologne. La langue ne m'inquiétait pas : en Pologne, tout le monde parle latin et je savais le latin comme Cicéron.

— Trouvâtes-vous des élèves, au moins, dans le belliqueux pays des Jagellons ?

— J'étais recommandé à des officiers du roi Stanislas; l'un de ces officiers, un seigneur de six villages, un staroste nommé Obinsky, et pour lequel j'avais une lettre très-pressante, se trouvait par hasard à Varsovie quand j'y arrivai ; je m'empressai de lui remettre la dépêche qui me recommandait à lui. Les Polonais sont affables et hospitaliers; leur orgueil national leur fait regarder les Français comme des frères. Le prince lut la lettre, fixa attentivement les yeux sur moi, comme pour m'estimer à ma valeur physique; puis, après un moment d'examen et de silence, il fit un léger signe de tête. Le signe me sembla bienveillant.

C'était un homme de haute stature, gris de cheveux, blanc de visage, aux yeux perçants, à la voix retentissante; il tenait du géant pour la taille; moi, j'avais cinq pieds, — car, à un pouce près, je n'ai jamais guère été plus grand que je ne le suis; — il m'imposa tout d'abord.

J'étais, je vous l'ai dit, naïf, ami des grandeurs, disposé à devenir contemplatif par l'admiration ou actif par la reconnaissance; bref, une pâte malléable attendant la saveur que la première injure ou le premier bienfait allait déposer, généreuse ou amère, dans l'âme qui animait cette matière.

Le prince sortit enfin de sa rêverie.

« — Nous avons beaucoup de Français ici, dit-il; mais tous sont militaires, et le roi, aussitôt qu'ils arrivent, se hâte de les expédier, soit à son amie Sa Majesté l'impératrice, soit à ses ennemis les opposants, qui méditent des guerres de religion en Podolie... Connaissez-vous l'histoire de ces dissidences?

« — Ma foi, non! et j'avoue naïvement mon ignorance, » fis-je un peu humilié.

Le prince parut très-enchanté de trouver un savant qui avouait ignorer quelque chose.

« — Alors, dit-il avec une satisfaction visible, vous avouez ne pas connaître les schismes de Soltyk, de Massalsky et autres furieux catholiques?

» — Mon Dieu, non, prince, répondis-je.

» — Eh bien, tant mieux, dit-il, vous ferez un précepteur excellent, et surtout un moraliste d'autant plus parfait que vous ne mêlerez aucun levain politique ou religieux à vos leçons. J'ai un élève à vous donner. »

Jugez de ma joie, mon cher Danton, de ma fierté surtout : un élève à moi ! un élève donné par un prince, par un grand de la terre, maître absolu dans ses domaines, l'héritier présomptif d'une royauté de six villages ! Je m'agenouillai presque ; le staroste me releva.

« — Je mets une seule condition à ma protection, dit le prince.

» — Parlez, monseigneur.

» — Vous avez des lettres pour le roi : vous ne verrez pas le roi. »

Je regardai mon protecteur avec surprise ; il s'aperçut de mon étonnement.

« — C'est bien naturel, dit-il : on vous donne à moi pour savant, savantissime ; si je vous veux, je vous veux pour moi seul, et non pas pour autrui ; ne vous engagez donc point à l'avance, réfléchissez. Nous sommes un peu jaloux, nous autres Sarmates, exclusifs surtout ; si vous voulez vivre chez moi avec l'élève que je vous offre, si vous voulez mille florins par an, outre les frais de votre entretien... »

— C'était joli, fit Danton.

— C'était superbe ! répondit Marat ; aussi j'acceptai. Aussitôt le prince m'emmena, ou plutôt m'enferma chez lui ; dès le même jour j'étais de la maison, hélas !

Et Marat poussa un soupir que Danton prit au vol en disant :

— Je comprends ; vous ne tardâtes point à vous repentir d'avoir cédé ; votre élève était quelque grand drôle de sang barbare, roux, buveur et bête ; un ours moldave, mal léché par sa mère, lequel vous écoutait peu et vous battait beaucoup ?

— Oh ! vous n'y êtes point, fit Marat.

— Alors, c'était un de ces élèves comme les a dépeints Juvénal : *Arcadius juvenis?*

— C'était une jeune fille de quinze ans, belle, éblouissante, spirituelle, brave, poétique ; une fée, un ange, une divinité !

— Ouf! murmura Danton en se rapprochant de Marat, voilà qui devient intéressant, le roman se noue : Lucile va aimer le jeune Potocky.

— N'est-ce pas? dit Marat avec amertume.

— Il me semble flairer le sentimental Saint-Preux et la belle Julie.

— Attendez, attendez, cher ami, vous aurez mieux que tout cela, je vous en réponds ; quand je promets un œuf, je donne un bœuf.

— Ouais ! aurions-nous, par mauvaise fortune, au lieu de Saint-Preux et Julie, Héloïse et Abailard?

— Oh! pas tout à fait. Diable! comme vous y allez, vous!

— Je ne vais pas, je vous écoute ; seulement, l'intérêt de ce que vous me dites fait naître dans mon esprit la surprise, et la surprise, la supposition.

— Supposez donc ou ne supposez pas. Je continue.

— Et moi, j'attends.

— Je passe sous silence mon étonnement lors de la présentation, qui fut faite le soir même : trompé comme vous, j'avais compté sur *un* élève et non sur *une* élève ; je passe sous silence ma rougeur, mon tressaillement, mon malaise ; je passe sous silence ma honte de jeune homme, quand je regardai, frôlant mon maigre accoutrement de philosophe, l'habit de velours et les fourrures de martre de Cécile.

— Ah! elle s'appelait Cécile! je croyais que c'était Lucile?

— Elle s'appelle Lucile dans le roman, mais elle s'appelait Cécile dans l'histoire. C'était, d'ailleurs, le nom d'une fameuse reine du pays, et cette reine-là, Danton, ne fut jamais plus reine que cette jeune fille à laquelle le comte venait de me présenter, en me la donnant pour élève et en me donnant à elle pour maître!...

## XII

### CÉCILE OBINSKA

— Rougeur, tressaillement, fausse honte, tout cela n'était rien, et j'étais réservé à bien autre chose! Le prince, après m'avoir présenté, ajouta :

« — Cécile, le savant Français que voici vous apprendra le français, l'anglais, les sciences exactes... Il passera une année ici, et, dans un an, vous saurez tout ce qu'il sait. »

Je le regardai fixement pour tâcher de deviner s'il me jugeait si mal, par ignorance ou de parti pris.

« — Oh! reprit-il, je comprends... »

Je vis que ce n'était point par ignorance que le prince parlait ainsi, et qu'il avait, au contraire, l'esprit très-subtil.

Puis il ajouta :

« — Ne vous étonnez pas, mon cher monsieur, si je dis que, dans un an, Cécile saura tout ce que vous savez, c'est que je connais son aptitude et sa mémoire; elle est d'un génie auquel vous ne sauriez comparer le vôtre... Enseignez seulement, et vous verrez comme elle apprendra... »

Je m'inclinai.

« — Monseigneur, répondis-je respectueusement, Dieu me préserve de douter du mérite de mademoiselle Obinska; mais encore, pour lui apprendre toutes ces choses, faudrait-il m'accorder le temps matériel.

» — Bon! dit-il, je vous ai fixé un an... eh bien, elle ne vous quittera point, ou plutôt vous ne la quitterez point pendant cette année : vous lui donnerez donc, en réalité, la somme de temps que vous donneriez, en six ans, à tout élève en France. Là-bas, les filles vont aux assemblées, à la cour; — je connais cela : j'ai été à Paris; — elles reçoivent chez elles; elles donnent une heure par jour à la culture de l'esprit, et le reste à des frivolités... Ici, au contraire, la princesse Obinska dépensera douze heures par jour à l'étude.

» — Monseigneur me permet-il de lui faire une observation?

» — Oh! oui, bien certainement, faites.

» — Douze heures pour l'étude dans une seule journée, c'est de trop, et mademoiselle n'y résistera point.

» — Allons, dit le prince en souriant, — car, au bout du compte, il souriait quelquefois, — vous n'allez pas me forcer à vous enseigner votre métier... Oui, vous avez raison, docteur, douze heures extermineraient le meilleur cerveau, si on les appliquait sans relâche et sans variété à l'étude; mais, comme ici vous monterez à cheval avec la princesse deux heures chaque matinée; comme, ensuite, vous déjeunerez avec elle; comme vous vous enfermerez pour écrire ou compter au tableau jusqu'à midi; comme, à midi, vous irez à la promenade dans son carrosse; — on cause en voiture, n'est-ce pas? comme, au dîner, aux réceptions, aux chasses, aux veillées, vous serez près de Cécile, et causerez avec elle; comme, enfin, vous ne la quitterez pas, je ne fais donc point un calcul exagéré en vous donnant douze bonnes heures de travail par jour. »

Au fur et à mesure que le prince parlait, il me semblait entendre les paroles d'un génie des rêves; au fur et à mesure qu'il expliquait ce plan d'éducation, il semblait dérouler à mes yeux un de ces tableaux merveilleux du paradis enchanté que, grâce au hachich, le Vieux de la Montagne faisait voir à ses adeptes endormis. J'avais tant de choses à penser, que je ne trouvai pas un mot à répondre.

Et j'avais cependant une telle envie de répondre, que je crispais mes mains et mes pieds pour ne pas bouger de place, ou pour ne pas faire un geste qui m'eût réveillé. Je croyais dormir.

De son côté, pendant cette hallucination délicieuse, Cécile n'avait pas cessé de me regarder avec un œil tranquille et froid, mais d'une persévérance qui, aujourd'hui encore, après dix-sept ans écoulés, me perce le cœur comme une lame invisible dirigée sur moi par un démon secret.

Grande, droite, les cheveux épais, d'un blond d'épis mûrs, l'œil bleu et profond comme les lames de nos lacs, elle croisait ses deux bras ronds sous sa pelisse de fourrure, et n'avait point encore desserré les lèvres ; de sorte que je n'avais vu d'elle que ce qu'on voit d'une statue sous ses draperies. Comme je ne me rappelais pas l'avoir vue arriver dans la salle, comme je ne l'avais pas vue se placer près de son père, et que rien en elle, pas même ses longues paupières, n'avait fait un mouvement, je pus croire que la forme humaine que j'avais devant les yeux était purement et simplement une de ces images protectrices que les seigneurs polonais placent dans leurs châteaux, ou sous le manteau de leurs cheminées, ainsi que faisaient autrefois les Romains de leurs dieux lares, et qui sont les silencieuses gardiennes de la famille et du foyer.

Ce père qui parlait tant et si bizarrement, cette fille qui regardait tant et parlait si peu, tout cela fit sur moi un effet que je ne puis exprimer, tout romancier que je suis ; peut-être le comprendrez-vous ?

— Peste ! si je le comprends, je crois bien ! s'écria Danton. Mais poursuivez, mon cher : j'étais loin de me douter que tous ces noms en *sky* et en *ska* pussent figurer dans des histoires aussi intéressantes... Il est vrai que nous avons dans le *Faublas* de Louvet de Couvray une certaine Lodoïska... Avez-vous lu *Faublas ?*

— Non, répondit Marat, je ne lis pas de livres obscènes.

— Obscène ! vous trouvez ? fit Danton. Diable ! vous êtes rigoriste ! je ne trouve pas cela plus obscène que *la Nouvelle Héloïse.*

— Oh ! ne blasphémons pas ! fit Marat en pâlissant.

— Oui, vous avez raison : il n'est question ni de Faublas, ni de Lodoïska, ni de la nouvelle Héloïse ; mais il s'agit de vous, d'une histoire et non d'un roman. Continuez, continuez... Je vous demande pardon de vous avoir interrompu.

Marat reprit :

— Mon étonnement était si grand, ou plutôt ma stupéfaction était si complète, qu'il y eut un moment où la tête me tourna et où je fus pris comme d'un vertige. Pendant ce moment, je fus conduit, — par qui ? je n'en sais rien ; comment ? je l'ignore, — dans une grande chambre où je revins à peu près à moi, et où je me trouvai au milieu de serviteurs polis et souriants, qui me montraient un bon lit et un bon repas.

— En vérité, mon cher ami, dit Danton, quelque promesse que j'aie faite à vous et à moi-même de ne pas vous interrompre, je ne puis résister au désir de vous faire observer qu'il est impossible de commencer la féerie d'une façon plus agréable : c'est exactement comme dans les débuts des contes arabes ; aussi va-t-il sans dire, je l'espère, que vous fîtes honneur au repas et au lit.

— Je dînai assez bien, répondit Marat, mais je dormis assez mal : après les longues fatigues du corps, après les grandes secousses de l'esprit, l'homme nerveux repose difficilement. Moi, particulièrement, j'avais une double raison de mal dormir : j'avais le corps brisé, l'esprit perdu ; je rêvai pourtant, mais mon rêve fut une espèce d'extase. — Mademoiselle Obinska m'avait magnétisé, avec ses grands yeux ouverts et sa silencieuse immobilité !

Je mentirais, toutefois, si je vous disais que je ne dormis pas du tout : il faut que j'aie perdu connaissance, puisque, en me réveillant, je vis sur un siége, près de moi, à la lueur d'une lampe de nuit, des habits, je dois le dire, beaucoup plus convenables au climat du pays dans lequel je me trouvais que ceux que j'avais apportés de France.

Je me levai et j'allai droit à mes habits, que je passai sans perdre un instant. Je ne saurais vous dire combien je me trouvai fier et beau devant le miroir de ma chambre. Une redingote de la forme de celles qu'on a portées depuis en France, et auxquelles on a donné le nom de *polonaises*, une culotte de velours violet, des bottes armées d'éperons d'argent, un charmant chapeau orné d'une ganse, formaient les principaux objets de mon habillement. Je trouvai, en outre, suspendu à la muraille, au-dessus du fauteuil qui avait été fait dépositaire de mes habits, un couteau de chasse au manche d'ivoire sculpté, un fouet de chasse ; enfin tout l'attirail d'un gentilhomme opulent. Sous ce costume, je me sentais l'égal de la terre entière, et je me fusse volontiers écrié avec Voltaire, malgré la haine que je lui ai vouée :

Ce n'est pas la naissance,
C'est *le costume seul* qui fait la différence.

Tandis que je m'extasiais en face de ma personne ainsi embellie, l'heure passait; et un piqueur vint m'avertir que la jeune princesse était descendue, et m'attendait.

Nous étions au commencement de mars; cinq heures du matin venaient de sonner; la terre se gerçait sous les dernières gelées; nulle part d'autre clarté que le reflet des neiges. Ce jour bleu pâle, doux comme un crépuscule, s'éteignait à l'horizon dans les anfractuosités des montagnes, derrière lesquelles, à certains jets de vapeur rose, on devinait la future apparition du soleil.

Tel fut le tableau qui frappa mes yeux, pendant que je descendais rapidement le large escalier par les fenêtres duquel on apercevait la plaine.

Au bas du grand escalier, je me trouvai dans la cour d'honneur.

Comme j'en avais été prévenu, mademoiselle Obinska, déjà en selle, m'attendait; je ne vis d'abord, au milieu des flambeaux, que la silhouette noire de son cheval, et la veste d'hermine dont elle s'était revêtue pour avoir le libre exercice de ses mains sans souffrir du froid.

Je marchais de surprise en surprise, désespéré d'atteindre jamais à la lucide intelligence des choses qui m'arrivaient; cette étrange théorie du père réalisée par la fille, cette charmante femme délicate et frêle levée avant le jour, et prête à l'exercice, quand moi, homme, je dormais encore, est-ce que tout cela, même en Pologne, n'était pas merveilleux et surtout incroyable?

— Ma foi, oui! dit Danton, et ce qui va être plus incroyable et plus merveilleux encore, c'est de vous voir à cheval.

— Attendez, dit Marat, nous y arrivons.

— Je vous tiens l'étrier, répliqua Danton; allez!

— Après avoir regardé la princesse et les flambeaux,

et tout ce qui m'entourait, j'aperçus, enfin, le cheval qui m'était destiné...

— Ah! ah! voyons la description du cheval!

— C'était un beau coursier de l'Ukraine aux jambes de fuseaux, à la tête intelligente, à la crinière immense. Il grattait du pied droit le sable de la cour, et, quand je m'approchai, il cessa de fouiller la terre, et me regarda de côté en bête d'esprit qui tient à savoir à quel cavalier elle va avoir affaire...

Danton se mit à rire.

— Il paraîtrait, poursuivit Marat, que l'examen lui plut, car il se remit à gratter, semblant ainsi témoigner son désir de faire la promenade sous ma direction. Je le regardai à mon tour, comme on regarde un adversaire duquel on se défie, et je me mis aussitôt en selle.

— Oh! mon Dieu! s'écria Danton avec un accent de désappointement qui ressemblait à de la terreur, seriez-vous cavalier, par hasard?

— Cavalier n'est pas le mot; mais, à Boudry, où je suis né, j'avais souvent monté, en polissonnant, les chevaux des postillons qui revenaient à vide.

— Ah! bon! fit Danton, voilà qui m'ôte tout mon plaisir : j'espérais vous voir tomber au premier trot.

— Patience! patience, ami! dit Marat avec son sourire amer; je vais partir, mais je ne suis pas encore rentré.

— Allez! allez! je vous suis.

— J'enfourchai donc le cheval cosaque, continua Marat, et, toujours sans un mot de la princesse, je partis à sa suite, car elle, de son côté, avait pris les devants avec son magnifique cheval noir.

— Et vous étiez seul?

— Non; le piqueur qui m'avait prévenu qu'il était temps de partir, et que la princesse attendait, suivait à trente pas, sa carabine en bandoulière; mais cinq minutes ne s'étaient pas écoulées, que mon cheval, pour achever sur moi l'étude commencée par ce regard oblique que j'ai enregistré en son lieu et place, résolut, au lieu de continuer son chemin, de retourner du côté de l'écurie.

— Ah! fit Danton, voilà une résolution bien impertinente avec un pareil cavalier.

— Aussi voulus-je m'y opposer; il regimba; je crus que le moment était venu d'utiliser ce beau fouet que j'avais trouvé dans ma chambre; j'en cinglai un vigoureux coup à mon bucéphale, lequel ne l'eut pas plus tôt reçu, qu'au moyen d'un saut de mouton, il m'envoya de côté, à dix pas dans la neige, la tête la première.

— A la bonne heure! dit Danton.

— C'est un bien heureux pays pour l'équitation que la Pologne, surtout en hiver! J'entrai de trois pieds dans cette ouate glaciale; c'était modestie de ma part : j'eusse pu y entrer de cinq sans faire le moindre tort aux lichens subjacents.

Danton riait de toutes ses forces.

— Oh! oh! dit-il, voilà un début capable de compromettre le roman! Vous n'avez pas idée combien cela me réjouit; je suis tout dérouté maintenant, et vous pouvez me conter tout ce qu'il vous plaira. Peste! j'ai eu un instant grande peur que vous n'eussiez dompté le cheval, et que vous n'eussiez même sauvé la vie à mademoiselle Obinska, dont le puissant cheval noir se serait emporté à l'instar du vôtre... Rien n'existe de tout cela, Dieu soit loué!

— Oh! n'ayez pas peur! l'histoire que je raconte est de celles qui peuvent laisser prévoir les résultats, mais qui, je vous en réponds, ne laissent pas deviner les détails. Mademoiselle Obinska, en voyant la tête que je venais de piquer, s'arrêta, se retourna gracieusement sur sa selle, et me regarda.

Je tremblai, en me dépêtrant du tas de neige, d'entendre ses éclats de rire, et je me débarbouillai de mon mieux; mais la princesse ne riait aucunement : son visage était le même que je l'avais toujours vu depuis la veille au soir, c'est-à-dire impassible et froid.

« — Elle va tout au moins me demander si je me suis fait mal, » pensai-je à part moi, en me remettant en selle, tandis que le piqueur tenait obligeamment le mors de mon cheval.

Je me trompais : Cécile n'ouvrit pas la bouche; il résulta de ce silence que je repris mon chemin un peu désappointé; quant à la princesse, elle n'alla ni plus ni moins vite.

Au bout de dix autres minutes, mon cheval, ayant, à ce qu'il paraît, conçu contre moi de nouveaux sujets de plainte, choisit une chaussée sèche, battue et bordée de pierres sur lesquelles il me lança comme la première fois, mais avec une fortune bien différente.

En cette rencontre, au lieu du doux lit d'édredon que la nature semblait avoir étendu pour moi, je rencontrai une dure couche de granit; de sorte que ma tête et mon épaule furent écorchées, et que quelque gouttes de sang apparurent sur mes cheveux.

Cécile était à peine à dix pas de moi quand l'accident arriva. Le jour naissait; — en ce pays vous le savez, il est plein dès l'aurore; — elle vit donc le domestique me relever, elle vit pâlir mon visage, elle vit mon mouchoir se rougir, et ne donna point un signe d'émotion.

J'étais piqué au jeu; je souffrais d'ailleurs, et, pour lui faire sentir son inhumanité, j'exagérai mon malaise. J'essuyai donc longtemps mes cheveux, de manière à tacher de sang tout mon mouchoir.

Je voulais voir jusqu'où irait la dureté de ce jeune cœur, qui semblait mort et glacé, comme cette nature glacée et morte qui l'entourait.

— Elle était peut-être muette? demanda Danton.

— Non pas, car ses lèvres s'ouvrirent, ses dents se desserrèrent, et ces deux mots latins tombèrent de ses lèvres :

« — *Pravè equitas !* »

— *Tu montes mal à cheval !* s'écria Danton : voilà tout ?

— Oui.

— Oh ! le joli petit cœur de Sarmate !

— N'est-ce pas ? Je faillis devenir fou de colère : d'une main je saisis la crinière du cheval rebelle, et de l'autre, je levai mon fouet.

Cécile haussa les épaules, et se remit en marche.

« — *Cave,* dit-elle, *ne te occidet !* »

Et, de fait, bien certainement, l'enragé cheval m'aurait tué.

Mademoiselle Obinska ne me parla plus pendant le reste de la promenade; mais j'avais pris une rage qui allait croissant à chaque minute, et qui était arrivée à ce point d'exaspération, au moment où la fantaisie reprit à mon cheval de se débarrasser une troisième fois de moi, qu'au premier signe qu'il donna de cette résolution, je lâchai la bride, j'empoignai d'une main la crinière, et, faisant de mes deux talons un double balancier de pendule, je l'éperonnai désespérément. Tout étonné de cette résistance presque agressive, mon cheval m'emporta; je le laissai faire. Il voulut s'arrêter; mais, à mon tour, je ne voulais plus qu'il s'arrêtât, et je l'éperonnai avec fureur. Enfin, cramponné à lui par des liens presque aussi étroits que ceux qui maintenaient Mazeppa sur son coursier de l'Ukraine, je fatiguai tellement le mien, qu'il s'avoua vaincu.

Trois fois la même plaisanterie se renouvela de sa part, et trois fois, grâce au nouveau mode de stabilité que je m'étais créé, je revins victorieux, à mon tour, me ranger, avec une superbe modestie, à la suite de la princesse, qui ne plaignit pas plus la bête qu'elle n'avait plaint l'homme.

A partir de ce moment, je crus que j'allais prendre cette femme en haine, et j'affectai de ne plus la regarder ; mais elle jouit tranquillement de sa promenade, empourpra ses belles joues à la brise fraîche du matin, fit opérer à son cheval tous les exercices du manége, les uns après les autres, et revint au palais paternel avec un appétit d'homme.

J'avais, en chemin, conquis l'estime et l'amitié du piqueur ; cet homme me témoigna toute sa sympathie, et me donna, en son mauvais latin, des conseils très-judicieux sur l'équitation.

— Diable ! fit Danton, la première leçon de Saint-Preux à Julie fut moins rude que la vôtre à la belle Cécile, ce me semble.

— C'est vrai ; mais, voyez-vous, Danton, cela tient à une chose : c'est que Saint-Preux débuta par montrer à Julie des choses qu'elle ne savait pas, de sorte qu'il se fit admirer dès l'abord ; moi, tout au contraire, je me présentais à cette jeune sauvage sous un aspect défavorable. Je sentais bien le ridicule et l'infériorité de ma position ; aussi, tandis qu'elle déjeunait imperturbablement sans me regarder ni me servir, je réfléchis, à part moi, que les leçons allaient me donner une revanche, et que mademoiselle Obinska, ce fameux génie tant vanté par son père, s'apercevrait bientôt de la différence que l'auteur de la nature a mise entre l'esprit et la matière.

Cependant, comme elle avait cessé de manger, et que, malgré cette inaction de sa mâchoire, elle ne l'occupait aucunement à me parler, le dépit me gagna, et, la regardant avec une assurance presque agressive :

« — Mademoiselle, lui dis-je en latin, priez le seigneur votre père de me rendre ma parole. »

Elle me regarda fixement.

« — *Cur?* demanda-t-elle.

» — Parce que j'ai douze heures de leçons et d'entretiens à vous donner par jour, et qu'en voilà déjà quatre passées sans que vous ayez daigné m'adresser une seule parole. Si j'étais un cerf, une bête de somme ou un chien de chasse, je me contenterais de la pitance que l'on me donne, et ferais pour le reste selon vos caprices ; mais je suis un homme, je gagne ma vie, et ne la mendie pas... Travaillons, mademoiselle, ou séparons-nous. »

Elle éteignit mon regard sous la flamme et la fixité du sien.

Puis :

« — *Quid vocatur, gallicè, equus ?* » demanda-t-elle.

» — Cheval, répondis-je.

» — *Anglicè ?*

» — *Horse.* »

Et ainsi de suite pendant dix minutes qu'elle employa à me demander, en français et en anglais, le nom de tout ce qui sert à garnir le cheval.

Là, elle s'arrêta, réfléchit un peu ; puis reprit :

« — *Quid vocatur, gallicè, sanguis ?*

» — Sang.

» — *Anglicè ?*

» — *Blood.*

» — *Quid, gallicè, capilli ?*

» — Cheveux.

» — *Anglicè ?*

» — *Hair.* »

Après quoi, elle se mit à énumérer, en français et en anglais, toute l'anatomie humaine,

Les réflexions faites comme la première fois, elle me questionna sur le mouvement, dont je lui développai une théorie assez lucide ; sur la formation et la circulation du sang, que je lui expliquai très-longuement et très-nettement ; enfin, elle me demanda, toujours du même ton, de lui traduire, en français et en anglais, une trentaine de verbes, une cinquantaine de substantifs et douze adjectifs seulement, choisis parmi les plus expressifs.

Elle écouta attentivement, se fit répéter deux et même trois fois les mots qu'elle avait mal entendus, demanda l'orthographe de quelques-uns qui l'embarrassaient ; puis cette conversation, qui dura deux heures, une fois achevée, elle se retira dans son appartement, me laissant la liberté de me retirer dans le mien ; — ce que je fis.

— Singulier caractère ! dit Danton.

## XIII

### LE ROMAN SE NOUE

— Je restai deux ou trois heures seul dans ma chambre, et, pendant ces deux ou trois heures, j'eus tout le temps de réfléchir ; seulement, pour réfléchir avec fruit, j'eusse eu besoin d'avoir plus de puissance sur moi-même : malheureusement, cette étrange figure de mademoiselle Obinska, avec son front terrible à force de sévérité, avec ses grands yeux clairs, avec son geste de reine, me troublait incessamment dans mes réflexions ; depuis la veille, c'est-à-dire depuis dix-huit ou vingt heures, elle avait trouvé moyen de me faire subir plus d'humiliations que je n'en avais subi dans toute ma vie. Je haïssais cette femme, car il m'était impossible de ne pas confesser sa supériorité : il y a des gens qui naissent pour le commandement, et ceux-là commandent avec le regard, avec les mains, avec le geste ; la parole, chez eux, n'est qu'un accessoire du commandement : la jeune princesse était une de ces personnes-là.

L'heure du dîner arriva sans que j'eusse quitté le fauteuil sur lequel j'étais tombé tout pensif en rentrant dans ma chambre.

On vint m'avertir que la princesse était servie ; je descendis, un peu reposé de mes accidents du matin, et surtout plus calme et plus disposé à tout observer.

Cécile avait près d'elle, à table, deux parentes dont elle ne s'occupa presque pas, de sorte que je vis que l'habitude de la princesse était de ne se point gêner pour ses convives ; cependant, vers le tiers du repas, sans s'occuper des assistants, Cécile recommença ses questions, et, moi, je recommençai mes réponses. Mais je remarquais tant de vague et d'inconséquence dans sa curiosité ; il y avait, parmi cet entassement d'études hétérogènes, une si risible prétention à l'universalité de la science, que je me proposai de régulariser le travail quand je serais plus libre avec elle, et de la forcer à fixer sur le papier les sommaires, au moins, de toutes les sciences que nous effleurions en causant ; je résolus également de faire acheter des dictionnaires et des grammaires ; mais, avant que ce projet fût proposé, il était devenu inutile.

— Comment cela ? demanda Danton.

— Oui, vous ne pouvez supposer ce qui arriva.

— Qu'arriva-t-il ?

— Il arriva qu'au bout d'un mois de promenades, de dîners, de conversations, de séances académiques,

— au bout d'un mois, entendez-vous bien? — mademoiselle Obinska, un beau matin, tout en déjeunant, me dit dans le plus pur français :

« — Monsieur Paul, — je m'appelle Paul comme le héros de Bernardin de Saint-Pierre, — monsieur Paul, à présent que je sais l'anglais et le français, passons à une autre langue. »

— Hein ? s'écria Danton.

— Je demeurai stupéfait.

— Je le crois mordieu bien ! Elle osa vous dire cela, et elle put vous le dire ?

— Elle le put, et elle eut raison de l'oser; car, en effet, au bout d'un mois, elle savait l'anglais et le français presque aussi bien que moi-même; elle retenait tous les mots au vol, les prononçait avec cette facilité que l'habitude de la langue slave donne à certains peuples du Nord; puis, une fois bien prononcés, elle semblait les enfermer dans une case de son cerveau d'où ils ne sortaient qu'à l'occasion. Le latin lui avait servi à me faire prononcer en anglais ou en français chaque phrase qu'elle devait apprendre, et, je le répète, ce que l'on avait dit une fois devant elle restait aussi profondément gravé dans son esprit que la note de musique se grave dans le plomb. Tout ce mélange de questions en apparence décousues était le résultat de ses études secrètes, de ses calculs intérieurs. La réponse que je lui faisais, c'était une lueur qui éclairait pour elle vingt lieues d'horizon ; elle ressemblait à ces mineurs qui creusent un petit trou dans une pierre gigantesque, qui y déposent quelques grains noirs, et s'en vont : tout à coup, une flamme brille, une explosion se fait entendre, et un bloc effrayant se détache et roule, que vingt hommes n'eussent pas démoli en vingt jours !

Cette masse de travaux, Cécile l'avait composée, en

un mois, de mille millions de détails que moi, moi la brute routinière, moi la matière organisée, moi la grossière nature, j'avais mis vingt ans à entasser brin à brin ; et, cependant, je me vante d'être intelligent.

De ce que l'on avait dit une fois à cette femme, elle n'oubliait rien, fût-ce une période, fût-ce une page, fût-ce un chapitre, fût-ce un volume ! Voilà, mon cher, à quelle élève j'avais affaire ! Qu'en pensez-vous ?

— Ma foi ! je ne sais pas trop ce que j'en pense, répondit Danton ; mais je sais bien ce que j'éprouve, et cela ressemble fort à de l'admiration !

— Il va sans dire, continua Marat, que, si fière que fût mademoiselle Obinska, elle me sut gré de lui avoir fourni un pareil triomphe d'amour-propre ; seulement, sa joie ne se manifesta point comme cela fût arrivé chez une autre femme, chez une femme ordinaire par exemple, par un redoublement de tendresse, ou par le désarmement de cette fermeté qui me l'avait rendue redoutable ; non, mademoiselle Obinska ne fut ni plus ni moins désagréable qu'elle n'avait été d'abord.

— Je voudrais bien savoir, alors, demanda Danton, ce que vous aperçûtes de son changement, si elle n'avait pas changé.

— Mon cher satirique, rappelez-vous bien ceci : c'est que les femmes sont extrêmes en tout. Cécile était, comme les autres, c'est-à-dire plus que les autres même, douée de cet orgueil atroce des aristocrates polonais. Elle s'était aperçue de l'impression qu'elle avait faite sur moi, et cela lui suffisait.

— Ah ! elle avait fait impression sur vous ? dit Danton.

— Je ne le nie pas.

— Allons, allons, notre roman se noue !

— Peut-être... Mais laissez-le continuer, je vous prie ; voilà déjà longtemps qu'il dure, et l'heure s'avance.

Je vous ai dépeint à grands traits le père; vous devez connaître la fille, car je lui ai donné le fini d'une miniature; vous n'êtes pas assez peu paysagiste pour ne point vous figurer le pays, le château, la ville. Songez donc à ce que fut pour moi, jeune homme de vingt-six ans, songez donc à ce que fut le printemps, à ce que fut l'été passé dans cette opulence, au milieu de cette société, parmi tous ces enivrements de la richesse, de la beauté, de l'esprit.

J'étais facile à charmer, je devins fou, — fou d'amour! oui, d'amour... A mesure que l'esprit de Cécile gagnait sur le mien, à mesure que cette femme me captivait, m'éblouissait par sa supériorité, mon cœur, resté la seule faculté de mon être dont elle ne surpassât point la puissance, mon pauvre cœur s'inondait d'amour, et je faisais à mon élève les honneurs de ma science, de ma philosophie et de ma fierté, à condition qu'elle voudrait, un jour, m'abandonner un peu de son cœur, à elle; et, cela, vous comprenez bien que ce n'était pas une condition faite : c'était une espérance conçue.

— Alors vous lui fîtes un aveu, comme la nouvelle Héloïse? fit Danton.

Marat sourit orgueilleusement.

— Non, dit-il, je savais trop à quelle femme je m'adressais; j'avais trop bien remarqué cette froideur avec laquelle elle accueillait mes empressements. Comment eussé-je résisté, moi, humble et amoureux, à l'ordre incessamment tyrannique qui s'échappe des yeux de la femme patricienne que l'on aime?... Après trois mois d'étude, mon élève savait toute ma science; après quatre mois, elle avait déchiffré tout mon esprit; je n'avais donc plus à redouter qu'une chose : c'était sa perspicacité à déchiffrer mon cœur; du jour où j'étais complétement deviné de ce côté-là, je sentais que j'étais perdu.

— Mais c'était donc une fille de marbre? demanda Danton.

— Tenez, voulez vous que je vous fasse une confession?

— Faites.

— Je me suis toujours figuré que, si cette femme eût jamais dû aimer, ce jour-là, ses regards fussent tombés sur moi.

— Qui l'empêchait, alors, de baisser les yeux?

— Il est dans les sentiments humains, dans la façon dont ils naissent, se produisent ou s'étouffent, des mystères qui ne s'expliquent point. Cécile me dédaignait; elle ne m'adressait jamais la parole qu'à la dernière extrémité; jamais sa main n'avait rencontré la mienne; pas une fois elle n'avait accepté mon bras à la promenade, ou mon secours dans ses exercices, et, cependant, quelque chose me poussait à l'aimer, quoique quelque chose de plus puissant m'empêchât de le lui dire.

— Voilà où est le roman, parbleu!

— Oui, le roman, c'est-à-dire le diable! Vous allez voir si le diable eut tort avec moi, et s'il perdit pour attendre.

— Voyons!

— Je vous ai dit que le printemps passa, que l'été passa... Eh bien, ce fut toujours même froideur chez cette jeune fille, et je commençais à devenir le plus malheureux des hommes! Toutes mes idées s'étaient transformées; je n'aimais plus, je désirais... je ne rêvais plus, je délirais... Un jour, — ah! mon cher auditeur, que voulez-vous! il faut bien vous contenter de cette formule, jusqu'à ce que vous en ayez trouvé une meilleure! — un jour, la voyant si belle et si injuste, j'eus un moment de faiblesse : je m'approchai d'elle; — nous étions en promenade dans sa calèche, qu'elle conduisait elle-même au milieu des bois, — et, avec un visage auquel les femmes ne se trompent jamais, même les plus cruelles, je lui dis :

« — Mademoiselle, vous plairait-il de faire arrêter la voiture? Je souffre beaucoup ! »

Elle siffla dans un petit sifflet d'or, et ses chevaux, à moitié sauvages, habitués à lui obéir à ce signal, s'arrêtèrent tout court.

« — Qu'avez-vous? demanda-t-elle de sa voix brève, et avec son regard perçant.

» — Je n'ose vous le dire, mademoiselle ; il serait digne de vous de le deviner.

» — J'apprends tout, dit sèchement Cécile, hormis à deviner les énigmes.

» — Hélas ! répondis-je, le ton que vous prenez pour me répondre me prouve que vous m'avez compris ; je ne crois pas, cependant, vous avoir encore offensée, n'est-ce pas? Eh bien...

» — Eh bien, quoi? demanda-t-elle.

» — Eh bien, permettez-moi de m'éloigner avant que l'idée me vienne de vous manquer de respect.

» — Vous êtes parfaitement maître de vous éloigner ou de rester : partez, si cela vous convient ; restez, si cela vous plaît. »

Je pâlis et m'affaissai sur le siége de la voiture; la princesse ne parut pas s'en apercevoir ; seulement, le fouet échappa de ses mains, et tomba à terre, au moment où elle venait de lancer ses chevaux. Je me précipitai à bas de la voiture, non pour ramasser le fouet, mais pour me faire broyer sous les roues. Le démon, toujours impassible et froid, devina mon projet à peine conçu, et, d'un coup de main détourna les deux chevaux, la roue, qui devait me couper en deux, mordit à peine le pan de ma redingote.

Je la regardai alors, tout étendu que j'étais sur le

sable; elle me lançait un regard si lumineux, si plein de menaces; elle était si pâle, si colère sans doute, que je regrettai d'avoir voulu mourir pour une pareill femme.

Je me relevai.

« — *Quid ergo?* dit-elle avec une insolence suprême.

» — *Ecce flagellum; recipe!* » répondis-je ironiquement en reprenant ma place auprès d'elle.

Et j'avais au cœur un tel mépris, au cerveau une telle exaltation en prononçant ces paroles, que je n'eus pas la puissance de mesurer mon geste, et qu'en lui rendant son fouet, j'effleurai de ma main sa main, qui s'avançait pour me le reprendre.

Le contact me brûla comme eût fait un fer rouge : j'oubliai d'ouvrir la main pour rendre le fouet; elle, se penchant vers moi pour me l'arracher, se heurta la joue sur mon front.

Je poussai un soupir, et faillis perdre connaissance.

Cécile fouetta rudement, avec rage, vingt fois de suite, ses chevaux irrités, qui partirent d'un galop effrayant, et en poussant des hennissements sauvages.

La course dura plus d'une heure.

Pendant cette heure, nous fîmes peut-être dix lieues, moi sans tenter un mouvement, elle sans prononcer une parole.

Et ce fut tout. Nous rentrâmes au château, moi à moitié mort, elle nerveuse, frissonnante et courroucée, les chevaux baignés de sueur et d'écume.

— Et vous partîtes après ce beau coup ? demanda Danton.

— Non, la chair de cette femme avait dévoré ma chair; j'étais à elle : il fallait qu'elle fût à moi.

— Oh ! oh ! ce n'est plus du Saint-Preux, cela; c'est du Valmont tout pur !

— L'histoire n'est pas finie, reprit Marat en souriant, et nous allons peut-être trouver un type moins fade que le Valmont. Attendez !

## XIV

### LE ROMAN SE DÉNOUE

Il se fit un moment de silence. Marat avait besoin de respirer, Danton n'était point fâché de réfléchir.

— Je vous ai dit, reprit Marat, que mes veines charriaient du feu, et non du sang ; attendez, attendez, mon roman n'est pas signé Laclos, et je ne suis pas un romancier à manchettes ; attendez, attendez !

Mais Danton, abusant encore une fois de la supériorité multiple qu'il avait sur Marat :

— Il est certain, dit-il, que vous avez été jeune ; il est même possible que vous ayez été beau, — vous le dites, et je vous crois ; — mais je ne m'explique pas, je vous l'avoue, comment vous vous seriez fait aimer d'une pareille femme.

— Et qui vous parle de se faire aimer ? répliqua aigrement Marat. M'être fait aimer ! moi ? Allons donc ! est-ce que j'ai jamais été aimé dans ma vie ? Les gens disgraciés en amour, qui n'ont pu trouver ni femme ni maîtresse, ont parfois, au moins, eu la chance d'être aimés de leur chien. Moi, j'essayai d'en avoir un : c'était un magnifique dogue écossais ; il m'étrangla aux trois quarts, un jour que j'ôtais de sa soupe un os qui aurait pu l'étrangler lui-même. Me faire aimer ?... Bah ! je n'y ai songé qu'à ma première entrevue avec Cécile ; depuis, jamais !

— Alors, dit Danton, le roman va tomber là tout court dans votre tasse de lait, comme vous tombâtes dans la neige?

— Oh! que non pas! Vous ne me connaissez guère, cher ami : j'ai de la persévérance, moi, voyez-vous, et, ce que je veux, je le veux bien. Vous êtes grand, vous êtes fort, vous êtes supérieur à moi ; — vous le croyez du moins, et je vous l'accorde. — Eh bien, si je me mettais à vouloir vous battre en combat singulier, ou vous vaincre en éloquence, vous seriez battu et vaincu, mon cher! Ne me forcez jamais à vous en donner la preuve. Or, je voulus me venger de Cécile, je voulus la soumettre, je voulus la vaincre, et voici comment je m'y pris...

— Violemment? Mais, mon cher, au premier geste que vous ferez, cette femme-là va vous rouer de coups.

— Je me fis la même réflexion que vous, dit Marat, et j'eus recours à des moyens moins périlleux.

— Diable! diable! s'écria Danton, est-ce qu'il y avait là-bas un *codex* des inventions du fameux marquis de Sade?

— Pourquoi copier quelqu'un? répondit dédaigneusement Marat. Est-ce que l'on n'est pas soi? Pourquoi chercher dans l'arsenal des autres des instruments de débauche? Est-ce que je n'étais pas médecin botaniste et très-spécialement versé dans l'étude des soporifiques?

— Ah! oui, un petit narcotique! je comprends, dit Danton.

— Supposez cela, si vous voulez; toujours est-il que, dans une de nos promenades à cheval, au fond d'un ravin couvert de bois, la jeune princesse fut prise d'un sommeil invincible. Peut-être comprit-elle d'où lui venait ce sommeil, et quel devait en être le résultat, car elle criait : « Au secours! » Alors, je la pris dans mes bras pour la faire descendre de cheval, et, comme elle avait entièrement perdu connaissance, j'envoyai le piqueur chercher un carrosse au château ; ce qui fit que je me trouvai seul avec la princesse...

— Très-bien, dit Danton en regardant fixement et avec un certain dégoût son interlocuteur ; mais, quand on a dormi, d'un sommeil agité surtout, on se réveille.

— Cécile se réveilla, en effet, au moment où la voiture arrivait avec ses femmes, répondit Marat. Il n'y avait pas besoin d'aller chercher le médecin, le médecin c'était moi ; je déclarai que mademoiselle Obinska ne courait aucun danger, et tout le monde fut content.

— Et vous aussi ?

— Oh! oui... Je me rappelle qu'en se réveillant, elle me chercha d'abord ; mais, ne m'apercevant pas, elle me poursuivit des yeux jusqu'à ce qu'elle m'eût trouvé. Alors, son regard sembla fouiller à la fois jusqu'aux plus profonds replis de mon cœur et de ma pensée.

— C'était un crime, savez-vous bien, cela, dit Danton, et vous avez parfaitement raison d'être athée ; car, s'il y avait un Dieu, mon cher, et que ce Dieu eût regardé de votre côté dans ce moment-là, vous eussiez porté la peine de ce crime, et une terrible peine!...

— Vous allez voir si je suis payé pour croire en Dieu, dit Marat avec un grincement sauvage. J'avais calculé que, sans témoins, sans complices, sans ennemis, je n'étais exposé à rien, par suite de cette action que je nomme une vengeance, et que vous nommez un crime ; en effet, qui pouvait me faire soupçonner de Cécile, et, si elle me soupçonnait, comment oserait-elle me dénoncer?

Tout alla d'abord comme je l'avais prévu. Cécile continua de me traiter sans préférence, mais aussi sans haine, ne cherchant ni ne fuyant aucune occasion de se trouver avec moi, et même, s'il y eut en elle un changement quelconque, ce fut du sévère au doux.

— Oh! malheureux qui ne se sauvait pas! s'écria Danton; mais pourquoi ne vous sauviez-vous pas, insensé?... Oh! tenez, je le devine à vos yeux!

— Pourquoi ne me sauvais-je pas? Dites, homme perspicace, et nous verrons si vous devinez juste.

— Vous ne vous sauviez pas, parce que le larron qui n'a pas été découvert espère l'impunité pour un second vol.

— Allons, vous êtes plus sagace que je ne croyais, répondit Marat avec un sourire hideux. Oui, j'attendis l'impunité, je l'attendis avec l'occasion jusqu'au mois de septembre, c'est-à-dire deux mois.

Mais, deux mois contenu, l'orage amassé sur ma tête éclata enfin.

Un matin, le prince Obinsky entra dans ma chambre; je m'habillais, comptant, comme d'habitude, sortir à cheval avec Cécile. Je me retournai au bruit qu'il fit en poussant ma porte, et pris pour le recevoir mon air le plus souriant; le digne seigneur n'avait jamais eu pour moi que tendresse et attentions. Mais lui, fermant la porte avec un tremblement que je n'avais pas encore remarqué, et qui ne laissa pas que de m'inquiéter:

« — *Galle*, dit-il en latin, *Galle, proditor infamis! flecte genua, et ora!* »

En même temps, il tira son sabre du fourreau et en fit luire la lame au-dessus de ma tête.

Je suivis des yeux, avec terreur, cette lame tournoyante et sifflante.

Je poussai un cri si terrible, que mon bourreau hésita; d'ailleurs, la mort par le sabre lui parut peut-être trop noble encore pour un criminel tel que moi.

Plusieurs pas retentissaient dans le corridor; le

comte remit son sabre au fourreau et alla ouvrir la porte à ceux qui s'approchaient :

« — Venez, venez, dit-il aux serviteurs effrayés, venez! voici un scélérat qui a commis un grand crime. »

Et il me désignait du doigt.

Je frissonnai, car si le staroste allait déclarer tout haut le déshonneur de sa fille, c'est qu'il avait résolu sa vengeance, et que cette vengeance, c'était ma mort. J'étais perdu !

Je crois qu'il est permis d'avoir peur en un pareil moment ; au surplus, je ne suis pas fanfaron, moi, et j'avoue que parfois, quand je suis pris à l'improviste, je manque de courage, comme certaines gens manquent de présence d'esprit.

Je me jetai à genoux, les mains jointes, interrogeant les yeux enflammés du prince, et ne détournant mon regard de lui que pour le porter sur ces hommes soumis à ses moindres volontés, et qui n'attendaient qu'un geste de lui pour lui obéir.

« — Mais qu'ai-je donc fait? » m'écriai-je tout en tremblant et en espérant à la fois, car il me semblait que, si le prince Obinsky ne m'avait pas encore frappé, c'est qu'il était retenu par une crainte quelconque.

Mais lui ne me répondit même pas, et, s'adressant aux domestiques :

« — Ce Français que j'ai recueilli chez moi, nourri chez moi, s'écria-t-il, c'est un traître, c'est un espion des catholiques, c'est un conspirateur envoyé par les ennemis de notre bon roi Stanislas Poniatovsky ! »

Comme il parlait en latin, j'entendais.

« — Moi! m'écriai-je effrayé, moi un espion?

» — Et, poursuivit Obinsky, au lieu de le tuer honorablement, comme je voulais le faire tout à l'heure avec mon sabre, j'ai décidé qu'il mourrait comme les criminels et les esclaves, c'est-à-dire sous le knout, se trouver avec moi, et même, s'il y eut en elle un changement quelconque, ce fut du sévère au doux.

— Oh! malheureux qui ne se sauvait pas! s'écria Danton; mais pourquoi ne vous sauviez-vous pas, insensé?... Oh! tenez, je le devine à vos yeux!

— Pourquoi ne me sauvais-je pas? Dites, homme perspicace, et nous verrons si vous devinez juste.

— Vous ne vous sauviez pas, parce que le larron qui n'a pas été découvert espère l'impunité pour un second vol.

— Allons, vous êtes plus sagace que je ne croyais, répondit Marat avec un sourire hideux. Oui, j'attendis l'impunité, je l'attendis avec l'occasion jusqu'au mois de septembre, c'est-à-dire deux mois.

Mais, deux mois contenu, l'orage amassé sur ma tête éclata enfin.

Un matin, le prince Obinsky entra dans ma chambre; je m'habillais, comptant, comme d'habitude, sortir à cheval avec Cécile. Je me retournai au bruit qu'il fit en poussant ma porte, et pris pour le recevoir mon air le plus souriant; le digne seigneur n'avait jamais eu pour moi que tendresse et attentions. Mais lui, fermant la porte avec un tremblement que je n'avais pas encore remarqué, et qui ne laissa pas que de m'inquiéter:

« — *Galle*, dit-il en latin, *Galle, proditor infamis! flecte genua, et ora!* »

En même temps, il tira son sabre du fourreau et en fit luire la lame au-dessus de ma tête.

Je suivis des yeux, avec terreur, cette lame tournoyante et sifflante.

Je poussai un cri si terrible, que mon bourreau hésita; d'ailleurs, la mort par le sabre lui parut peut-être trop noble encore pour un criminel tel que moi.

Plusieurs pas retentissaient dans le corridor; le

comte remit son sabre au fourreau et alla ouvrir la porte à ceux qui s'approchaient :

« — Venez, venez, dit-il aux serviteurs effrayés, venez! voici un scélérat qui a commis un grand crime. »

Et il me désignait du doigt.

Je frissonnai, car si le staroste allait déclarer tout haut le déshonneur de sa fille, c'est qu'il avait résolu sa vengeance, et que cette vengeance, c'était ma mort. J'étais perdu !

Je crois qu'il est permis d'avoir peur en un pareil moment; au surplus, je ne suis pas fanfaron, moi, et j'avoue que parfois, quand je suis pris à l'improviste, je manque de courage, comme certaines gens manquent de présence d'esprit.

Je me jetai à genoux, les mains jointes, interrogeant les yeux enflammés du prince, et ne détournant mon regard de lui que pour le porter sur ces hommes soumis à ses moindres volontés, et qui n'attendaient qu'un geste de lui pour lui obéir.

« — Mais qu'ai-je donc fait? » m'écriai-je tout en tremblant et en espérant à la fois, car il me semblait que, si le prince Obinsky ne m'avait pas encore frappé, c'est qu'il était retenu par une crainte quelconque.

Mais lui ne me répondit même pas, et, s'adressant aux domestiques :

« — Ce Français que j'ai recueilli chez moi, nourri chez moi, s'écria-t-il, c'est un traître, c'est un espion des catholiques, c'est un conspirateur envoyé par les ennemis de notre bon roi Stanislas Poniatovsky ! »

Comme il parlait en latin, j'entendais.

« — Moi! m'écriai-je effrayé, moi un espion?

» — Et, poursuivit Obinsky, au lieu de le tuer honorablement, comme je voulais le faire tout à l'heure avec mon sabre, j'ai décidé qu'il mourrait comme les criminels et les esclaves, c'est-à-dire sous le knout,

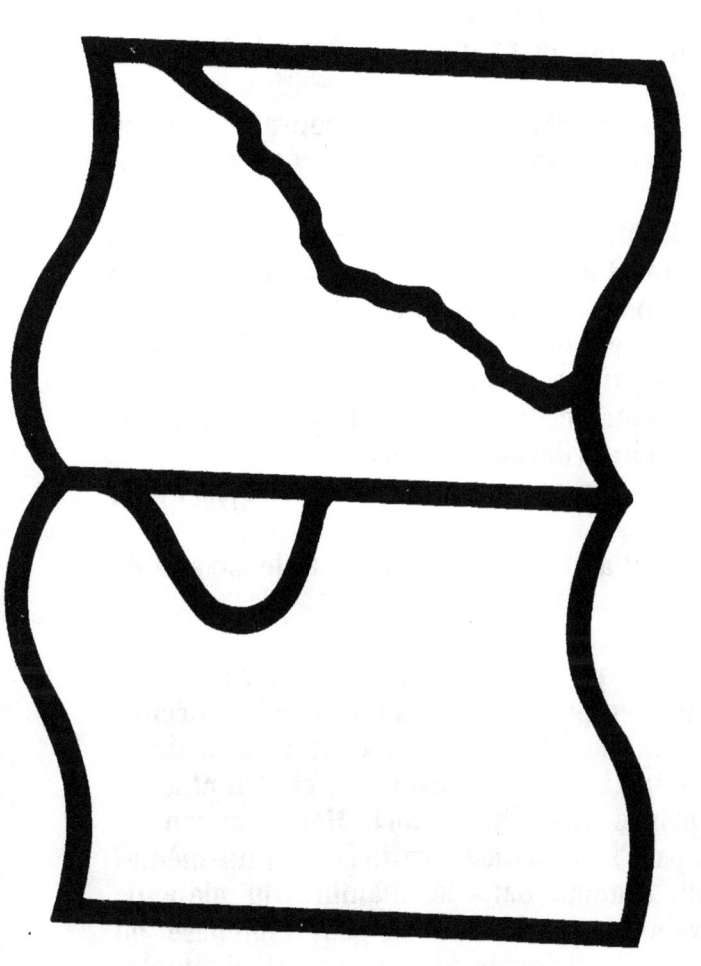

Texte détérioré — reliure défectueuse

**NF Z 43-120-11**

Holà ! holà ! le knout au misérable ! le knout !... »

Je n'eus pas le temps de répliquer : deux hommes s'emparèrent de moi, me courbèrent, et, sur un signe du staroste, on m'entraîna dans la cour, où le prévôt du château, — chacun de ces petits seigneurs, ayant droit de vie et de mort sur ses gens, a un prévôt, — où le prévôt du château avait l'ordre de me faire knouter jusqu'à ce que mort s'ensuivît.

Au dixième coup, je m'évanouis, baigné dans mon sang !...

Ici, Marat fit une pause : il avait épouvanté Danton par sa pâleur et la féroce expression de sa physionomie.

— Oh ! oh ! murmura le géant, mademoiselle Obinska n'avait pas eu tort de confier ses secrets à monsieur son père : c'était un discret confesseur, celui-là !

— Si discret, répondit Marat, qu'il m'avait fait tuer pour que je ne parlasse point; je dis tuer, car le prince avait, je le répété, ordonné qu'on frappât jusqu'à ce que j'eusse rendu le dernier soupir.

— Cependant il me semble que vous n'êtes pas mort, répondit Danton.

— Grâce à cet ami que je m'étais fait, je ne sais de quelle façon.

— Quel ami ?

— Ce piqueur qui nous suivait dans nos courses, et qui m'avait pris en pitié en voyant la cruauté de Cécile : c'était l'ami intime de mon bourreau; il le sollicita pour moi; celui-là me laissa évanoui, et s'en alla annoncer au prince que j'étais mort. Heureusement le prince n'eut pas l'idée de s'assurer du fait par lui-même ! On me porta évanoui dans la chambre du piqueur, d'où je devais être jeté dans un petit cimetière où MM. les seigneurs polonais font purement et simplement enterrer les esclaves morts sous le knout, et, là, mon piqueur me pansa à sa façon, c'est-à-dire qu'il bassina ma plaie avec de l'eau et du sel.

— Vous dites ma plaie, fit observer Danton, qui ne paraissait pas fort ému de la souffrance de son hôte ; je croyais vous avoir entendu dire que vous aviez reçu un nombre indéfini de coups de fouet ?

— Oui, répondit Marat ; mais un bourreau habile frappe toujours au même endroit, et les dix coups ne font qu'une seule coupure, coupure effroyable, et par laquelle, d'ordinaire, l'âme s'en va avec le sang.

— Enfin, reprit Danton, le sel vous réussit, n'est-ce pas ?

— Vers le soir, — c'était un dimanche ; je m'en souviens, parce que, ce jour-là, mademoiselle Obinska devait dîner chez le prince Czartorisky, où dînait le roi Stanislas ; — vers le soir, mon sauveur vint me trouver ; j'étais épuisé, j'avais à peine la force d'ouvrir les yeux, la souffrance m'arrachait des cris incessants.

« — Tout le monde ici vous croit mort, me dit-il en latin, et vous osez crier ? »

Je lui répondis que c'était bien malgré moi.

Il secoua la tête.

« — Si le maître ou mademoiselle, dit-il, venaient à vous entendre, on vous achèverait, et, moi, votre sauveur, je subirais la même peine que vous. »

J'essayai alors d'étouffer mes cris ; mais, pour cela, j'étais obligé d'appuyer ma main sur ma bouche.

« — Voici votre argent, ajouta-t-il en m'offrant ma bourse, qui contenait quatre cents florins de mes épargnes ; le maître me l'avait donnée avec le reste de votre défroque ; mais, sans argent, vous ne vous sauveriez pas, et il faut que vous vous sauviez.

» — Quand cela ? demandai-je avec effroi.

» — Mais tout de suite.

I. 11

» — Tout de suite? Vous êtes fou! je ne puis remuer.

» — En ce cas, dit flegmatiquement cet honnête ami, je vais vous casser la tête d'un coup de pistolet : vous ne souffrirez plus, et, moi, je serai hors d'inquiétude. »

En même temps, il étendit la main vers des pistolets suspendus à la cheminée.

« — Hé! lui dis-je alors d'un ton pitoyable, pourquoi m'avez-vous sauvé du knout, puisque vous voulez me tuer à présent?

» — Je vous ai sauvé tantôt, dit-il, parce que j'espérais dans votre énergie ; parce que je comptais, le soir même, vous mettre sur pied, vous donner vos florins, et vous conduire hors du château... jusqu'aux portes de Varsovie, s'il le fallait ; mais, puisque vous vous abandonnez vous-même; puisque, lorsqu'il faudrait fuir à toutes jambes, vous déclarez qu'il vous est impossible de bouger; puisque, enfin, en restant ici, vous me perdez avec vous, mieux vaut que vous vous perdiez tout seul. »

Ces mots et le geste résolu qui les avait précédés me décidèrent tout à fait; je me levai, je ne poussai pas un cri, malgré d'épouvantables souffrances ; ce qui me persuada de la vérité de cet aphorisme de Gallien : *Malo pejore minus deletur.*

— Pauvre diable! fit Danton, il me semble vous voir.

— Oh! vous avez raison, pauvre diable! J'endossai un manteau par-dessus ma chemise humide de sang; le piqueur fourra ma bourse dans ma poche, et, me tirant par la main, me conduisit dans la ville par les chemins les plus détournés qu'il put prendre. Chaque pas que je faisais m'arrachait l'âme. J'entendis sonner dix heures à l'horloge du palais Czartorisky, et mon guide me prévint qu'il allait me quitter, attendu que je ne courais plus aucun danger ; qu'à dix heures, les rues étaient désertes, et qu'en suivant tout droit la rue où nous nous trouvions, je serais hors de la ville au bout de cinq minutes.

Je le remerciai comme on remercie un homme à qui l'on doit la vie. Je lui proposai de partager mes quatre cents florins : il refusa en disant que je n'avais pas trop d'argent pour regagner la France, ce qu'il m'invitait à faire aussi lestement que la chose me serait possible.

Le conseil était bon ; aussi ne demandais-je pas mieux que de le suivre. Malheureusement, le désir seul dépendait de moi ; mais l'exécution dépendait du hasard.

## XV

#### COMMENT LES AVENTURES DE MARAT SE TROUVENT MÊLÉES A CELLES D'UN ROI

— Mon plan, ou plutôt celui du brave homme qui m'avait sauvé, était tout fait. Bien qu'il me pressât de fuir, le piqueur avait compris que, blessé comme je l'étais, je ne pouvais fuir immédiatement, et il m'avait ménagé un repos.

Une fois sorti de la ville, j'allais loger à une lieue de là, chez un de ses beaux-frères, charbonnier de son état, lequel me recevrait au seul énoncé du nom de Michel. — Michel, j'ai oublié de vous le dire, était le nom du piqueur. — Là, caché au milieu des bois, je me rétablissais et demeurais introuvable jusqu'au moment où je me sentais assez fort pour regagner la

Prusse ou les Flandres, ou, mieux encore, pour m'embarquer à Dantzick, et atteindre l'Angleterre.

Mais ce je ne sais quoi qui préside à la destinée des hommes s'occupait, cette nuit-là, de déranger mes projets et ceux de bien d'autres ; ceci soit dit en passant pour que vous ne m'accusiez point de fatuité.

Nous étions, vous le savez déjà, au dimanche, — un dimanche de septembre, le premier ; c'est-à-dire au 3 septembre 1771.

Marat s'arrêta, regardant Danton.

— Eh bien ? demanda celui-ci.

— Eh bien, est-ce que cette date-là ne vous rappelle rien ?

— Ma foi, non ! dit Danton.

— Elle me rappelle beaucoup, à moi, reprit Marat, et à toute la Pologne en même temps qu'à moi.

Danton chercha, mais inutilement.

— Allons, dit Marat, je vois bien qu'il faut que je vienne à votre secours.

— Venez, dit Danton ; je ne suis pas fier.

— Vous qui savez tant de choses, continua le narrateur avec une légère teinte d'ironie, vous savez, sans doute, que le roi Stanislas avait pour ennemis politiques tous les dissidents de l'Église grecque, les luthériens et les calvinistes, dont les droits à un libre exercice de leurs cultes avaient été reconnus par les conférences de Kadan, en 1768 ?

— J'avoue, dit Danton, que je me suis peu occupé de religion, au point de vue de l'étranger surtout, ces questions ne m'ayant pas paru très-intéressantes pour la France.

— C'est possible ; mais vous allez voir combien elles furent intéressantes pour un Français, répliqua Marat.

— J'écoute.

— Donc, le roi Stanislas avait reconnu les droits des

dissidents; mais à peine ces hérésiarques jouissaient-ils du libre exercice de leur religion, que certains évêques ultra-catholiques, et la noblesse avec ces évêques, formèrent en Podolie une ligue pour détruire les libertés religieuses ; et, comme Stanislas, honnête homme et roi généreux, tenait à sa parole, et permettait aux dissidents de vivre tranquillement à l'ombre du trône, les confédérés de Podolie tramèrent contre ce prince une petite conspiration.

— Mais cela ressemble fort à ce qui arriva à Henri IV, fit Danton.

— Oui, sauf le dénoûment... Je dis donc que les évêques Soltyk, de Cracovie, et Massalsky, de Vilna, conspirèrent à Bar, contre le roi tolérant, et voici quelle était la conspiration.

— J'écoute, pour juger les procédés insurrectionnels de MM. les Polonais, dit Danton.

— Oh! le plan était simple, presque naïf : il fut décidé que Stanislas serait enlevé de Varsovie, et séquestré jusqu'à ce qu'il eût promis de s'amender. Au cas où on ne pourrait l'enlever vivant, on l'enlèverait mort; ce qui reviendrait à peu près au même, et ce qui, au dire de quelques-uns, serait encore plus sûr.

— En vérité, dit Danton, pour des Français du Nord, comme on appelle ces messieurs, c'était presque aussi galant que chez les Turcs?

— Je le veux bien, car peu m'importe! Mais jugez de la fatalité : ces gens-là s'étaient réunis au nombre de quarante, et avaient nommé trois chefs; ils choisirent, pour exécuter l'enlèvement, précisément le premier dimanche de septembre, troisième jour du mois, le même où le seigneur Obinsky s'était donné — il le croyait du moins — la satisfaction de me faire périr sous le knout.

Il était dit que, ce jour-là, le roi dînant chez le prince

Czartorisky, les conjurés l'attaqueraient à la sortie, dès que sa voiture se serait engagée dans cette grande rue déserte où je me trouvais. On se couche de bonne heure à Varsovie, le dimanche surtout. Le roi sortit de chez son hôte à dix heures; il avait une petite escorte, et un aide de camp était près de lui, dans son carrosse.

Les conjurés, tous à cheval, se tenaient embusqués dans une ruelle par laquelle il fallait absolument que le roi passât pour gagner la grande rue.

Connaissez-vous les détails ou seulement le fait de cet enlèvement?

— Je connais le fait, voilà tout.

— Comme je fus à la fois victime du fait et des détails, je vais vous les raconter; mais soyez tranquille, cela ne demandera qu'un temps à peu près égal à celui qu'il fallut pour qu'ils s'accomplissent.

L'impatience des conjurés ne leur permit pas d'attendre que le roi eût atteint la grande rue; d'ailleurs, la ruelle était plus favorable pour une embuscade. Ils débutèrent par ouvrir un feu roulant de pistolets sur le carrosse; à ce début, l'escorte se dispersa, et l'aide de camp fit le plongeon par la portière. Un seul heiduque, placé sur le siége du cocher, tint ferme, riposta aux assaillants, et se fit cribler de balles. C'était le seul défenseur du roi; aussi la lutte ne fut-elle pas longue.

Les conjurés se précipitèrent sur la voiture, saisirent Stanislas au moment où il essayait de fuir, comme avait fait son aide de camp, et, le traînant par les cheveux et par les habits au galop de leurs chevaux, lui ouvrirent d'abord la tête d'un coup de sabre, lui brûlèrent le visage d'un coup de pistolet, et finirent par l'entraîner au delà de la ville.

Ce que souffrit le pauvre prince fait la matière d'un long poëme que l'on chante en Pologne, comme on chantait autrefois l'*Odyssée* en Grèce, comme on chantait autrefois la *Jérusalem délivrée* à Venise, comme on chante aujourd'hui le *Orlando Furioso* à Naples. Il y a, dans cette odyssée que l'on chante en Pologne, des détails qui vous feraient frémir d'horreur. Vous y verriez que Stanislas avait perdu sa pelisse, son chapeau, ses souliers, une bourse en cheveux à laquelle il tenait plus qu'à l'argent qui était dedans; qu'il avait dix fois failli expirer de fatigue, dix fois changé de chevaux, dix fois reçu l'ordre de se préparer à la mort, et qu'enfin, tous ses ravisseurs s'étaient dissipés un à un comme des fantômes, excepté le chef, qui finit par demeurer seul avec son prisonnier : lui, vigoureux, intact, armé comme un arsenal; le prisonnier, blessé, épuisé, désespéré.

Alors, au moment où le prisonnier s'y attendait le moins, où une mort prompte était l'objet de son ambition la plus exagérée, le chef des révoltés avait, tout à coup, fléchi le genou devant le roi, avait demandé pardon à sa victime, et avait fini par se faire protéger de celui qui croyait n'avoir plus que Dieu pour protecteur... Mais tout cela vous paraîtrait bien un hors-d'œuvre, mon cher Danton; je reviens donc à moi. Reportez les yeux à l'endroit où vous avez laissé votre serviteur; je quitte le brave Michel, le sang coule toujours de ma plaie, la sueur m'inonde avec le sang, des vertiges font tourbillonner devant moi arbres et maisons, je ne me connais plus : je vacille, je chancelle et je roule à droite et à gauche, comme un homme ivre; — au fond de tout cela, l'instinct de la vie existe toujours, et, avec ce reste de force, j'essaye de suivre la voie qui m'a été indiquée.

Tout à coup, j'entends des détonations d'armes à feu dans une ruelle que je viens de laisser à ma gauche; j'entends des cris de menace mêlés à des cris d'effroi! En outre, j'avais entendu un bruit de carrosse : il m'inquiétait, car, si je tenais le milieu de la rue, il pouvait m'écraser; mais, au bruit des coups de feu, le carrosse s'arrête, les chevaux piétinent. Qu'est-ce que cela?

Je m'oriente en écoutant, effrayé. Ce que c'était, vous le savez déjà, car je viens de vous le dire : ce sont les gens du roi, qui se sauvent à toute bride et dans toutes les directions. Deux ou trois prennent la rue que je suis ; un d'entre eux m'effleure en passant, et le vent de sa course suffit presque pour me renverser. Puis la voiture se remet en route, sous l'escorte des quarante-trois conspirateurs ; voiture et conspirateurs apparaissent au bout de la rue où j'étais, fondent comme un ouragan sur moi, qui m'affaisse à terre ; les chevaux, je ne sais comment, bondissent par-dessus moi sans me toucher ; — et celui qui me foule aux pieds, c'est le pauvre roi Stanislas qu'on entraîne! Puis chevaux, voiture où l'on a fait monter le prisonnier, conspirateurs au sabre nu et étincelant à travers la nuit, tout disparaît dans le lointain, et je reste étendu sur le sol, ne respirant plus, ne comprenant pas, et me recommandant à tout hasard à saint Paul, mon patron, pour qu'il me tire de ce nouveau malheur.

Au bout de cinq minutes, silence parfait, nuit profonde, plus rien à l'horizon, tout s'est évanoui comme une fumée : seulement, quelques fenêtres ouvertes autour de moi au bruit de la galopade furieuse qui vient de passer, et qui se referment assez insoucieusement.

Les habitants de Varsovie pardonnent aisément une rixe de soldats un dimanche : le tumulte a passé pour une rixe. Moi, pauvre mutilé, je reste immobile, trop faible ou plutôt trop épouvanté pour essayer de me relever. Tout ce que je demande, c'est que nul ne soit assez curieux pour regarder dans la rue, c'est que nul ne soit assez charitable pour me porter secours.

Une demi-heure s'écoule ainsi, pendant laquelle tous mes sens, presque anéantis par le danger passé, se réveillent peu à peu, et commencent à pressentir le danger à venir. Pendant cette demi-heure, la fraîcheur a ranimé mes forces; les muscles se détendent, les idées reviennent plus nettes à mon cerveau. Je me relève et tente de recommencer le voyage. Au moment où je m'appuie sur un genou, où je me soulève sur une main, un flambeau paraît à l'extrémité de la rue; il est suivi de trois, de cinq, de vingt flambeaux! Une nuée d'officiers, s'interrogeant, se hâtent sur les pas de deux serviteurs du roi; ces gens, empressés, pâles d'angoisse, se heurtent au cadavre de l'heiduque, qui tient encore son sabre sanglant à la main.

Alors, toute la troupe s'arrête, commente, délibère sur ce cadavre.

Puis, comme tout cadavre veut une oraison funèbre, vingt voix s'écrient :

« C'est un brave ! — Il a défendu son prince ! — Il a tué un ennemi ! — Il a reçu dix balles ! »

Et chacun de regarder le corps criblé, d'examiner la lame rougie, et de répéter en chœur, comme font les soldats d'Odin aux funérailles de leur chef : « C'est un brave! c'est un brave! »

On perd dix minutes à cet éloge; pendant ces dix minutes, je suis parvenu à faire cent pas, et, comme les forces me reviennent avec la nécessité de les retrouver, dix minutes encore je serai hors de la ville, et je pourrai me jeter à droite ou à gauche dans la campagne.

Tout à coup, une voix s'écrie :

« — Ils ont évidemment suivi cette rue, et ils sont sortis par cette porte. Gagnons la porte; une fois sur la route, nous trouverons la trace des chevaux, nous la suivrons, et nous atteindrons ces brigands ! »

Aussitôt ils se précipitent, tenant toute la rue comme des pêcheurs qui traînent une seine; au bout de cent pas, ils me rencontrent, me prennent pour un fugitif, étendent les bras vers moi avec de grands cris.

Je m'évanouis de frayeur...

Quand je revins à moi, — ce qui ne fut pas long, — on discutait sur moi et autour de moi.

Interrogations et explications se croisaient.

« — Quel est celui-là ? est-il mort ? — Non, il n'est que blessé, sans doute... Ce n'est pas un homme au prince... Le connaît-on ? — Pas moi ! pas moi ! personne !... — Alors, c'est un étranger, un des assassins du roi probablement, celui peut-être que le brave heiduque a blessé. Respire-t-il encore ? — Oui... non... si... — Tuons-le, alors ! coupons-le en morceaux ! »

Et l'on s'apprêtait à faire ainsi qu'il était dit. Un des officiers leva son sabre.

« — *Sta !* » m'écriai-je.

J'avais réfléchi, pendant ces quelques secondes : la blessure qui me sillonnait le dos, et qui mettait mes os à l'air, ressemblait assez à l'empreinte d'une roue de voiture.

« — Je ne suis pas un assassin, continuai-je, toujours en latin ; je suis un pauvre étudiant ; j'ai été enveloppé par les ravisseurs du roi, renversé, foulé aux pieds, et le carrosse de Son auguste Majesté m'a fait l'honneur de me passer sur le corps. »

C'était possible, à tout prendre ; aussi, cela suffit-il pour me donner un instant de répit.

« — Messieurs, reprit un des officiers, ce que cet homme dit n'est pas probable, et je maintiens que nous avons affaire à l'un des assassins du roi ; mais tant mieux, s'il en est ainsi : la Providence permet qu'il vive encore, et qu'il ne paraisse pas blessé mortellement ; gardons-le, il parlera, et, s'il refuse de parler, on trouvera moyen de lui délier la langue ; ainsi, on connaîtra les auteurs de cet infâme complot. »

La motion eut un succès d'enthousiasme ; dès lors, puisqu'on me tenait, puisqu'on comptait par moi avoir des renseignements, personne ne se crut obligé d'aller plus loin ; une voix cria : « Au palais ! » toutes les voix répétèrent : « Au palais ! »

On me prit à quatre, on m'emporta, non par pitié, mais parce qu'on avait peur, sans doute, qu'en marchant à pied, je ne me sauvasse.

Cinq minutes après, je faisais mon entrée triomphale au palais, escorté par cinq cents personnes, lesquelles, malgré l'heure avancée, avaient tenu à savoir quel était ce bandit qui mettait toute la ville en rumeur. — Qu'en pensez-vous, Danton ? est-ce une aventure, celle-là ? Voyons un peu votre avis.

— Ma foi ! dit Danton, j'avoue que vous venez de me dérouler un merveilleux assortiment de circonstances ! Vous êtes prédestiné, mon cher monsieur Marat... Mais continuez, je vous en supplie ; je ne sais pas si les aventures du jeune Potocky sont amusantes ; ce que je sais, c'est qu'elles m'intéressent infiniment.

— Je le crois pardieu bien ! dit Marat ; et, s'il en était autrement, je déclare, en ma qualité de héros de l'aventure, que vous seriez trop difficile, et je renoncerais à vous contenter.

## XVI

### COMMENT, APRÈS AVOIR FAIT CONNAISSANCE AVEC LES OFFICIERS DU ROI DE POLOGNE, MARAT FIT CONNAISSANCE AVEC LES GEOLIERS DE L'IMPÉRATRICE DE RUSSIE

Marat continua :

— Je vous ai dit, je crois, que Stanislas avait pardonné au chef des conspirateurs, qui avait imploré son pardon.

— Et je crois que le roi fit bien, dit Danton ; car, s'il

n'eût point pardonné à cet homme, le désespoir d'être en disgrâce eût pu pousser cet homme à achever de fendre l'auguste tête de Stanislas, qui était déjà entamée.

— Vous avez, ma foi, raison, dit Marat, et vous me faites envisager la clémence de Sa Majesté sous un nouvel aspect... Enfin, on lui pardonna ; quant aux autres chefs, j'ai su, depuis, qu'ils avaient été pris par les Russes, et décapités, et, cela, sans jugement, sans sursis, probablement dans la crainte qu'ils ne parlassent trop franchement des intentions de Sa Majesté Catherine II, à l'égard de son amé vassal le roi de Pologne.

Mes interrogatoires continuèrent ; je m'en tins à mon premier dire, que l'on traita d'obstination ; enfin, à travers cette obstination, mes juges, qui étaient des gens fort clairvoyants, découvrirent que je n'étais certes pas un des chefs du complot, mais que j'étais purement et simplement un conjuré subalterne.

— Et vous ne protestâtes point ? demanda Danton.

— Je vous trouve encore plaisant ! Voilà ce que vous auriez fait, vous ? Mais, pour protester, mon cher, il me fallait dire qui j'étais : il me fallait rafraîchir à mon endroit la mémoire de M. le comte Obinsky et de mademoiselle Obinska. Stanislas, qui avait pardonné à un des principaux chefs de la conspiration, pouvait être clément pour un conjuré subalterne comme moi, c'était une chance ; mais clément, M. le comte Obinsky ? mais clémente, mademoiselle Obinska ? Jamais !

Et la preuve que j'avais cent fois raison de me taire, c'est que je fus condamné à travailler toute ma vie aux fortifications de Kaminiec, et que l'auguste souverain n'en exigea point davantage.

— Vous fûtes sauvé, alors ?

— C'est-à-dire que je fus envoyé au bagne ! Si vous appelez cela être sauvé, soit, je fus sauvé, je n'en disconviens pas. Je partis pour ma destination ; malheureusement ou heureusement, à peine étais-je arrivé à Kaminiec, que la peste, qui n'attendait que moi, à ce qu'il paraît, y arriva à son tour ! J'étais à peu près guéri de mes coups de knout, ou de ma roue de voiture, comme vous voudrez ; la surveillance était molle ; je trouvai une facilité de m'enfuir chez Sa Majesté l'impératrice de toutes les Russies... et je m'enfuis !

La Russie, d'après ce que j'en avais entendu narrer de merveilles, était, depuis longtemps, mon eldorado, et, si je n'eusse pas été arrêté en Pologne par les offres gracieuses du comte Obinsky, mon intention, tout d'abord, était de gagner les États de la Sémiramis du Nord, comme l'appelait l'auteur de la *Henriade*.

« — Là, me disais-je, les savants sont honorés : M. Diderot reçoit, tous les jours, des galanteries de l'impératrice, M. de la Harpe est en correspondance avec elle, M. de Voltaire n'a qu'à souhaiter pour qu'elle lui envoie des diamants et des bibliothèques ; moi, qui suis modeste, je me contenterai d'une petite pension de dix-huit cents livres. »

Vous savez que c'était mon chiffre.

— Et eûtes-vous votre pension ? demanda Danton.

— Vous allez voir... A peine entré sur le territoire russe, je fus arrêté comme espion.

— Bon ! s'écria Danton ; mais, cette fois, vous vous expliquâtes, j'espère ?

— Peste ! je le crois bien ! Comme je savais que l'enlèvement du roi était un coup monté par le gouvernement russe, et que j'ignorais complétement la décollation des quarante-deux chefs polonais, je racontai, avec tous les détails possibles, que j'avais eu l'honneur de prendre part à l'enlèvement du roi Stanislas.

« — Nul doute, me disais-je, que les autorités russes, après un tel récit, ne m'élèvent des arcs de triomphe pour entrer à Pétersbourg. »

— C'était puissamment raisonner ! s'écria Danton en éclatant de rire. Bon ! je prévois ce qui va arriver : vous fûtes arrêté et conduit en prison ?

— Parfaitement ! L'officier qui m'interrogeait était un sous-gouverneur de province ; il dressa l'oreille au nom de Stanislas, me regarda de travers, et, comme, en ce moment, on craignait, en Russie, les Polonais comme la peste, et la peste comme les Polonais, le gouverneur m'expédia immédiatement dans une forteresse dont il dit le nom tout bas, afin que je ne susse pas même le nom de la forteresse où il m'expédiait, et qui était située au milieu d'un fleuve appelé je ne sais comment.

— Allons donc ! dit Danton, est-ce possible ?

— C'est invraisemblable, je le sais bien, dit Marat, et, cependant, c'est vrai ; vous savez, il y a un vers de Boileau là-dessus... Depuis, j'eus tout lieu de penser que le fleuve, c'était la Dvina, et cette forteresse, celle de Dunabourg ; mais je n'oserais en répondre. Ce que je puis affirmer, par exemple, c'est que j'entrai là dans un cachot au niveau du fleuve, à peu près ; de même que la peste n'attendait que mon arrivée à Kaminiec pour m'y rendre visite, le fleuve n'attendait que mon entrée au cachot pour déborder. En conséquence, mon cachot commença de se remplir : en huit jours, l'eau monta, de deux pouces, à trois pieds.

— Pauvre Marat ! fit Danton, qui commençait à comprendre que les pires souffrances de son compagnon ne lui étaient pas encore racontées.

— Mon dos, plaie mal cicatrisée, continua Marat sans s'arrêter à la pitié de Danton, s'ouvrit à l'humidité ; mes jambes se glacèrent dans ce bain perpétuel, et, de droites qu'elles étaient, devinrent tordues ; mes épaules, jadis bien dégagées, se courbèrent sous la pression aiguë de la douleur ! Dans cette caverne, mes yeux se sont éteints, mes dents sont tombées ; mon nez, dont la courbe avait une certaine noblesse aquiline, s'est déjeté, et tous les os de mon corps ont suivi son exemple ! dans cette caverne, je suis devenu laid, livide, honteux ; dans cette caverne, j'ai pris l'habitude des ténèbres ; depuis ce temps-là, mon œil peureux craint le jour ; depuis ce temps-là, les caves, pourvu qu'elles ne soient pas trop inondées, je les aime, parce que j'y ai blasphémé à mon aise contre les hommes, contre Dieu, et que Dieu ne m'a pas foudroyé, que les hommes ne m'ont pas percé la langue, comme avait ordonné que l'on fît aux blasphémateurs le saint roi Louis IX ; j'aime les caves, enfin, parce que je suis sorti de celle-là, convaincu de ma supériorité sur les hommes et sur Dieu !

Eh bien, maintenant, voici la morale de tout cela :

Je suis devenu méchant, parce que le châtiment ne m'a point paru proportionné au crime ; parce que surtout ce châtiment n'était pas le châtiment logique du crime ; parce que j'eusse trouvé naturel que M. Obinsky me poignardât ou me fît expirer sous le knout ; mais je trouve absurde, stupide, brutalement inepte, que, par suite de ce crime, on m'ait pris pour un des assassins de Stanislas, puis pour un espion polonais, et qu'en fait, il est aussi bête, aussi illogique, aussi injuste, que, sauvé après tant de souffrance, c'est-à-dire ayant payé ma dette, j'aie subi le nouveau supplice du froid, de la captivité, de la faim et de l'eau, dans cette prison du gouverneur, mon dernier juge. Je suis donc méchant, Danton, oui, je l'avoue ; et, si vous me répondez, par hasard, que c'est Dieu qui m'a puni par tous ces supplices exagérés, je vous répondrai en simples algébriste :

« — Soit, faisons la proportion : Dieu a voulu me punir, mais c'est Dieu aussi qui a voulu me faire méchant ; mon supplice eut le résultat qu'il s'était proposé, car, en me faisant méchant, il est la cause de mon crime, et mon crime est la cause de mon supplice ; les supplices que je ferai endurer à mes ennemis, quand je serai le plus fort, si jamais je suis le plus fort, il en sera encore le principe. »

Maintenant, s'il n'y a pas un grand résultat caché au fond de cette énigme, si le mal particulier ne concourt pas d'une façon invisible au bien général, avouez que les Indous ont bien raison d'adopter un bon et un mauvais principe, et d'admettre le triomphe fréquent du mauvais sur le bon.

Danton baissa la tête devant cet effroyable raisonnement ; il ne savait pas encore, cependant, jusqu'où les événements pousseraient la déduction des conséquences.

Marat but un grand verre d'eau pour étouffer la bile que tant de souvenirs avaient soulevée de son cœur à son gosier brûlant.

— Tout cela ne me dit pas, reprit Danton, que ce silence gênait, parce qu'il ne savait que répondre au raisonnement qui l'avait amené, — tout cela ne me dit pas comment, après avoir échappé au knout du bourreau de M. Obinsky, aux épées des officiers de Stanislas, aux fortifications de Kaminiec, et à la peste, qui était venue les visiter à votre intention, vous avez échappé aux lacs souterrains de cette fameuse prison que vous croyez être la forteresse de Dunabourg, mais dont vous ne sauriez me dire précisément le nom. Si Dieu vous perd quelquefois, avouez qu'il vous sauve toujours ; si les hommes vous persécutent, avouez qu'ils vous servent aussi ! Un comte palatin, un staroste qui a droit de justice basse et haute sur sa maison, vous condamne à mort : un pauvre piqueur, un domestique, un laquais, un esclave vous sauve ; un gouverneur qui a des ordres de rigueur à l'endroit d'un événement dont vous vous accusez vous-même d'être complice, vous envoie dans un cachot où l'eau pénètre, où l'on ne saurait rester sans mourir : vous y tombez malade, vous vous y déjetez, vous vous y déformez, soit; mais, enfin, vous n'y mourez pas, puisque vous voici. Un homme a donc été suscité pour votre délivrance, comme un homme avait été suscité pour votre emprisonnement, vous le voyez bien ; l'humanité de celui-ci compense la cruauté de celui-là.

— Ah! voilà bien ce qui vous trompe, mon cher ! Vous croyez que celui qui m'a sauvé de la prison m'a, comme le pauvre Michel, qui, peut-être, a payé sa bonne action de sa vie, sauvé par humanité? Ah bien, oui, détrompez-vous : celui qui m'a sauvé de la prison m'a sauvé par égoïsme.

— Peut-être, dit Danton. Comment voulez-vous savoir cela? Celui-là seul que vous niez lit au fond des cœurs.

— Bon ! vous allez voir si je me trompe, dit Marat. J'avais naturellement un geôlier qui m'apportait ma maigre pitance de chaque jour ; c'était un gaillard logeant avec toute sa famille dans une espèce de four bien chaud, et qui aimait ses aises. Tout alla bien tant que le fleuve demeura dans son lit; mais, quand les inondations arrivèrent, et que, pour venir à moi, cet homme fut forcé d'abord de barboter dans mon marécage, et ensuite de traverser mon lac, il poussa, en russe, une série de jurons progressifs, capables de faire reculer le fleuve, si le fleuve eût eu des flots aussi timides que ceux qui s'épouvantèrent à la vue du monstre envoyé par Neptune pour effrayer les chevaux d'Hippolyte! Le fleuve ne tint donc aucun compte des jurons de mon geôlier, et continua de monter; de sorte que bientôt il ne s'agit plus, pour le brave homme, de se mouiller simplement les pieds, mais il lui fallut entrer dans l'eau jusqu'aux genoux, et, enfin, jusqu'à mi-corps !

Le gaillard y renonça ; il déclara au gouverneur que ce séjour était inhabitable pour des geôliers ; que, quant aux prisonniers, c'était une affaire bien réglée, puisque le limon et l'eau du fleuve amenaient une quantité suffisante de rats et d'anguilles pour dévorer non-seulement un prisonnier, mais encore dix prisonniers.

Il n'y avait donc qu'à me laisser mourir de faim : les rats et les anguilles feraient le reste.

Le gouverneur ne répondit rien aux plaintes du geôlier, qui continua, bien à contre-cœur, de prendre son bain d'eau froide une fois par jour.

Le geôlier, alors, résolut de mettre son projet à exécution, et de me laisser mourir de faim. Il fut deux jours sans m'apporter à manger.

Quoique la vie ne fût pas pour moi une douce chose, je ne voulais pas mourir. Le second jour, comprenant que c'était une résolution prise, je poussai donc des hurlements ; j'ai la voix forte, ainsi que vous avez pu en juger hier : ces hurlements furent entendus du geôlier. Comme ils pouvaient être entendus par d'autres, et qu'accusé d'outre-passer ses pouvoirs, le geôlier risquait de perdre sa place, il prit un parti qui, vous allez le voir, faisait le plus grand honneur à son imagination.

D'abord, il accourut à mes cris.

« — Que diable avez-vous donc ? » me demanda-t-il en ouvrant ma porte.

« — Pardieu ! ce que j'ai ! répondis-je ; j'ai que j'ai faim. »

Il vint à moi, et me donna ma nourriture.

« — Écoutez, me dit-il pendant que je dévorais l'ignoble pitance, il paraît que vous êtes las d'être mon prisonnier ?

» — Je le crois bien ! répondis-je.

» — Eh ! bien, moi, je ne le suis pas moins d'être votre gardien.

» — Vraiment ! »

Je le regardai.

« — De sorte que, si vous voulez être sage et promettre de ne pas vous laisser reprendre, cette nuit...

» — Eh bien, cette nuit?

» — Vous serez libre.

» — Moi?

» — Oui, vous!

» — Et qui me donnera la liberté?

» — Est-ce que je n'ai pas les clefs de votre chaîne et de votre cachot... Allons, mangez tranquille, et attendez-moi; cette nuit, vous quitterez la forteresse.

» — Mais, quand on s'apercevra que je me suis évadé, qu'arrivera-t-il de vous?

» — On ne s'en apercevra pas.

» — Comment vous arrangerez-vous donc, alors?

» — Bon ! cela me regarde ! »

Et il referma ma porte.

J'avais bien faim encore, et, cependant, cette nouvelle me coupa l'appétit : je savais que, dans tous les pays du monde, les geôliers ont les prisonniers en compte, et qu'un prisonnier ne disparaît pas ainsi, sans qu'il y ait un peu de trouble dans la prison.

J'attendis donc, plus effrayé que joyeux du bonheur qui m'était promis.

Je vis baisser le jour, je vis venir la nuit, je vis s'épaissir l'obscurité, j'entendis sonner dix heures à l'horloge de la forteresse.

Presque au même instant, ma porte s'ouvrit, et j'aperçus mon geôlier. Il tenait une lanterne de la main gauche, et, sur son épaule droite, il portait un fardeau sous le poids duquel il chancelait.

Ce fardeau avait une si singulière forme, que mes

yeux se fixèrent dessus, et ne surent plus s'en détacher. A quinze pas, c'était un sac; à dix, c'était un homme; à cinq, c'était un cadavre.

Je jetai un cri de terreur.

« — Qu'est-ce que cela? demandai-je à mon geôlier.

» — Votre successeur, me dit-il en riant.

» — Comment, mon successeur?

» — Oui... Comprenez-vous, j'ai deux prisonniers dont j'ai particulièrement soin; il y en a un dans un cachot bien sec, sur un bon lit de paille; il y en a un autre dans une cave, et ayant de l'eau jusqu'au cou... Lequel des deux doit mourir? Celui qui est le plus mal, naturellement. Ah bien, oui, les prisonniers, ç'a été fait pour la damnation des geôliers! il y en a un qui meurt, c'est celui qui est bien; il y en a un autre qui s'obstine à vivre, c'est celui qui est mal! Parole d'honneur, c'est à n'y plus rien comprendre... Allons, tenez votre camarade. »

Il me jeta le cadavre dans les bras.

Je ne savais pas encore quelle était son intention; cependant, je pressentais vaguement que mon salut était dans ce cadavre.

Je fis un effort, et, si faible, si épouvanté que je fusse, je le retins dans mes bras.

« — La!... Maintenant, dit le geôlier, tâchez de tirer votre jambe de l'eau... celle où il y a un carcan de fer. »

Je tirai ma jambe en m'appuyant, pour me maintenir debout, contre un des piliers qui soutenaient la voûte.

L'opération fut longue: l'eau avait rouillé le cadenas, la serrure ne voulait plus jouer.

Le geôlier jurait comme un païen, et s'en prenait à ma mauvaise volonté de ce que la clef ne mordait pas.

Enfin, le cercle de fer qui, depuis trois mois, m'étreignait la jambe, s'ouvrit. J'avais reconquis la première partie de la liberté!

La seconde partie, c'était d'être hors du cachot; la troisième, c'était d'être hors de la forteresse.

« — Maintenant, dit le geôlier, donnez-moi la jambe de l'*autre*.

» — Vous allez donc le mettre à ma place?

» — Parbleu! Oh! soyez tranquille! demain, on ne saura plus si c'est vous ou lui : les rats ou les anguilles en auront fait un squelette, et bonsoir! il n'y aura eu qu'un mort, et je serai débarrassé de deux prisonniers... Ce n'est pas mal joué, hein? »

Je compris tout à fait, et trouvai non-seulement que ce n'était pas mal joué, mais encore que c'était joué de première force.

Je le félicitai très-sincèrement sur son invention.

« — Bon! dit-il, croyez-vous qu'on soit bourreau de son corps à ce point-là? Il y avait de quoi attraper une pleurésie à vous apporter à manger comme cela une fois tous les jours! »

S'il y avait de quoi attraper une pleurésie pour le gardien qui venait, une fois par jour, dans le cachot, jugez ce que devait attendre le prisonnier qui y demeurait toute la journée! Vous le voyez, mon cher, ce que devait attendre le prisonnier, c'était de devenir ce que je suis.

Et Marat éclata de rire.

Danton n'était pas facile à impressionner, et, cependant, il frissonna à ce rire de Marat.

## XVII

#### DEUX DIFFÉRENTES MANIÈRES DE VOIR

— Une fois le vivant déchaîné, continua Marat, une fois le mort enchaîné à la place du vivant, le geôlier reprit sa lanterne, et me fit signe de le suivre. Je ne demandais pas mieux; mais ce fut un autre travail pour moi que de me tenir sur mes jambes percluses.

Le geôlier vit la presque impossibilité où j'étais d'obéir.

« — Oh! oh! dit-il, prenez garde : on ensevelit ici les morts dans le fleuve, qui les conduit tout doucement à la mer, laquelle nous en débarrasse... J'allais y jeter le mort : je pourrais bien y jeter le vivant; au bout de cinq minutes, cela reviendrait exactement au même. »

La menace fit son effet : comme dans la cabane du piqueur, comme dans les rues de Varsovie, je rappelai autour de mon cœur tout ce qui me restait de sang, je ralliai à ma volonté tout ce qui me restait de forces, et je me traînai sur les pieds et sur les mains, non plus comme un homme, mais comme un animal immonde, à la suite de mon geôlier.

Après une foule de tours et de détours qui avaient pour but de me faire éviter les postes et les sentinelles, nous arrivâmes à un chemin couvert; du chemin couvert, nous gagnâmes la poterne. Le geôlier ouvrit la porte, dont il avait la clef; nous nous trouvâmes au niveau du fleuve.

« — Là! me dit mon conducteur.

» — Comment, là? répondis-je.

» — Sans doute... Sauvez-vous!

» — Comment voulez-vous que je me sauve?

» — A la nage, pardieu!

» — Mais je ne sais pas nager! » m'écriai-je.

Il fit un mouvement terrible que j'arrêtai par un geste; car je compris qu'ennuyé des difficultés que je trouvais à tout, il allait, pour en finir, me pousser dans le fleuve.

« — Non, lui dis-je, non... Un peu de patience! nous trouverons un moyen.

» — Cherchez.

» — N'y a-t-il pas une barque ?
» — Voyez.
» — Mais j'en aperçois une, là-bas.
» — Oui, enchaînée... Avez-vous la clef? Moi, je ne l'ai pas.
» — Que faire, mon Dieu ?
» — On dit que les chiens nagent sans avoir appris ; vous qui marchez si bien à quatre pattes, essayez : peut-être savez-vous nager, et ne vous en doutez-vous pas ?
» — Attendez ! m'écriai-je.
» — Quoi ?
» — A l'entrée du chemin couvert, il y a un chantier ?
» — Oui.
» — Dans ce chantier, à terre, j'ai vu des poutres.
» — Bon !
» — Aidez-moi à porter une de ces poutres jusqu'ici.
» — A merveille !
» — Je jette la poutre à l'eau, je me couche dessus, et à la garde de Dieu ! »

— Ah ! interrompit Danton, vous voyez bien que vous y croyez, à Dieu !

— Oui, par-ci par-là, comme tout le monde, dit Marat ; il est possible que, dans ce moment-là, j'y aie cru.

— Vous y avez cru, puisque Dieu vous a sauvé.
Marat tourna la discussion.

— Ce qui fut dit fut fait : nous allâmes chercher une poutre ; nous l'apportâmes à grand' peine, — c'est-à-dire lui, car, à moi, elle ne me semblait pas plus pesante qu'une plume ; — puis, arrivés à la poterne, nous mîmes à flot la pièce de bois, et je me couchai dessus en fermant les yeux...

— Voyons, interrompit Danton, avouez que, cette fois encore, vous vous recommandâtes à Dieu.

— Je ne m'en souviens plus, répondit Marat ; ce don je me souviens, c'est que, peu à peu, je me rassurai ;

l'eau du fleuve était, comparativement, moins froide que celle de mon cachot ; puis j'avais le ciel sur ma tête, à ma droite et à ma gauche la terre, devant moi la liberté !

Il était impossible que le courant du fleuve ne me portât point à la rencontre de quelque bâtiment, ou à l'entrée de quelque ville. Si j'eusse gagné la terre, je courais risque d'être rencontré, arrêté ; d'ailleurs, aurais-je pu marcher ? Par eau, il en était autrement : le fleuve marchait pour moi, et assez rapidement même ; je devais faire une lieue à l'heure !

En m'abandonnant sur ma poutre, j'avais entendu sonner onze heures ; le jour venait à sept heures. Lorsque vint le jour, j'avais donc fait déjà huit lieues, à peu près.

Je me trouvai un instant au milieu d'un brouillard qui, peu à peu, se dissipa. Il me semblait, à travers cette vapeur du matin, entendre venir à moi des voix d'hommes. A mesure que le courant m'emportait, ces voix se faisaient plus distinctes ; au moment où le brouillard s'éclaircit, j'aperçus, en effet, des mariniers occupés à dépecer un bateau échoué ; derrière eux étaient les rares maisons d'un pauvre village.

J'élevai la voix ; j'appelai à mon secours, et fis des signes avec la main.

Les travailleurs m'aperçurent, mirent à l'eau une petite barque, puis ramèrent d'abord à ma rencontre, et ensuite à ma poursuite, car ma poutre dépassa un instant la barque.

Enfin, on me rejoignit, et je passai dans le canot.

Toute cette opération, qui eût dû me combler de joie, ne laissait pas que de me causer une certaine inquiétude. J'avais mon histoire toute faite, et j'avais eu le temps de la faire ; mais croirait-on à cette histoire ?

Le hasard me servit : nul parmi ces hommes ne parlait latin. On me conduisit au curé.

Je vis que le moment de placer mon histoire de l'enlèvement de Stanislas était venu. Le curé était un prêtre catholique : il devait, par conséquent, approuver une action qui avait été exécutée à la plus grande gloire de la religion catholique.

Cette fois, je ne me trompais pas : le curé me reçut comme un martyr, me soigna, me garda chez lui quinze jours, et, profitant d'un chariot qui passait portant des marchandises à Riga, il me recommanda au charretier, et m'expédia avec les marchandises.

Au bout de huit jours de marche, j'étais à Riga.

Les marchandises étaient expédiées à un négociant anglais avec lequel je débutai en lui annonçant, dans sa propre langue, l'heureuse arrivée de tout son bagage, assez important, en ce que la majeure partie était du thé venu par caravane.

A celui-là, qui était protestant, mes exploits ultra-catholiques de Varsovie n'allaient plus comme recommandation ; je me donnai donc purement et simplement pour un maître de langue qui désirait passer en Angleterre. Un bâtiment anglais était en partance dans le port; le négociant avait des intérêts dans son chargement; il me recommanda au capitaine. Trois jours après, le bâtiment sillonnait les flots de la Baltique; huit jours après, il jetait l'ancre à Folkestone.

J'avais des lettres de mon négociant pour Édimbourg. J'arrivai dans la capitale de l'Écosse, et je m'y fis professeur de français.

Avec toutes mes aventures, j'avais atteint mes vingt-huit ans et l'année 1772. C'était cette même année que s'achevait la publication des lettres de Junius ; l'Angleterre était dans la plus vive agitation. J'avais vu, en passant, la terrible émeute qui avait eu lieu à propos de

Wilkes, qui, de pamphlétaire, était devenu tout-à-coup shérif et lord maire de Londres ; je me mis à écrire à mon tour, et je publiai, en anglais, *les Chaînes de l'esclavage*. Un an après, un livre posthume d'Helvétius parut, et j'y répondis par mon livre de *l'Homme*, que je publiai à Amsterdam.

— N'établissez-vous pas, dans ce livre, un nouveau système psychologique ? demanda Danton.

— Oui ; mais j'attaque et je démolis cet idéologue qu'on appelle Descartes, comme, plus tard, j'attaquai et je démolis Newton. Cependant, tout cela me donnait à peine de quoi vivre ; de temps en temps, je recevais de quelque riche Anglais, ou de quelque prince qui était de mon avis en philosophie, une tabatière d'or que je vendais ; mais, la tabatière mangée, il me fallait gueuser de nouveau. Je me décidai à rentrer en France ; mon titre de médecin spiritualiste me frayait un chemin vers la cour ; un livre de médecine galante que je publiai fut ma recommandation près de monseigneur le comte d'Artois, et j'entrai dans sa maison comme médecin de ses écuries.

Aujourd'hui, j'ai quarante-deux ans ; brûlé de travail, de douleurs, de passions et de veilles, je suis jeune de vengeance et d'espoir ! Médecin de chevaux, — médecin sans clientèle, — un jour viendra où la France sera assez malade pour s'adresser à moi, et, alors, soyez tranquille, je la saignerai jusqu'à ce qu'elle ait dégorgé tout ce qu'elle a de sang de rois, de princes et d'aristocrates dans les veines !

Me voilà tel que je suis, mon cher bel homme, c'est-à-dire déformé au physique et au moral, et cuirassé contre toute sensibilité. J'étais parti beau, je suis revenu hideux ; j'étais parti bon, je suis revenu méchant ; j'étais parti philosophe et monarchiste, je suis revenu spiritualiste et républicain.

— Et comment arrangez-vous votre spiritualisme avec votre négation de Dieu?

— Je ne nie pas Dieu comme grand tout, comme universalité intelligente animant la matière; je nie Dieu comme individu céleste, s'occupant des fourmis humaines et des cirons terrestres.

— C'est déjà quelque chose, fit Danton. Et mademoiselle Obinska, qu'est-elle devenue?

— Je n'ai jamais entendu reparler d'elle... Maintenant, citoyen Danton, trouves-tu étrange que j'affiche la prétention d'avoir de la mémoire? trouves-tu étrange que je dise que l'imagination de l'écrivain n'est souvent que de la mémoire? trouves-tu étrange, enfin, que, réunissant imagination et mémoire en un seul principe fécondant, j'écrive un roman sur la Pologne, et que j'aligne des phrases en l'honneur du jeune Potocky?

— Ma foi! non, répondit Danton, rien ne m'étonnera plus de vous, soit que je vous voie faire de la politique, de la physique, du spiritualisme ou du roman; mais je m'étonnerai chaque fois que je vous verrai me donner un aussi mauvais déjeuner, chaque fois que je vous verrai si familier avec votre cuisinière, — s'appelât-elle Albertine, comme je crois vous avoir entendu appeler la vôtre; — mais je m'étonnerai, surtout, chaque fois que je vous verrai les mains sales.

— Pourquoi cela? demanda naïvement Marat.

— Parce que l'homme qui a eu l'honneur d'endormir aussi amoureusement l'incomparable Cécile Obinska, fille du comte Obinsky, devrait se respecter lui-même toute sa vie, comme le prêtre respecte l'autel sur lequel il a brûlé l'encens de ses sacrifices.

— Tout cela est puéril! dit Marat hochant la tête avec dédain.

— Soit! mais c'est propre, mon cher, et la propreté, disent les Italiens, est une demi-vertu; or, comme je ne vous connais pas de vertu tout entière, vous devriez toujours conquérir celle-là.

— Monsieur Danton, répliqua le nain difforme en secouant les miettes de pain et les gouttes de lait qui diapraient sa vieille robe de chambre, quand on veut manier le peuple, il faut craindre d'avoir les mains trop blanches.

— Qu'importent, s'écria Danton en haussant les épaules, qu'importent des mains blanches, si ce sont des mains solides !... Regardez les miennes.

Et il poussa jusque sous le nez de Marat deux de ces robustes battoirs bien blancs et bien épais que le peuple, dans son langage juste et pittoresque, appelle des épaules de mouton.

Si dédaigneux que fût Marat à l'endroit des avantages naturels, il ne put s'empêcher d'admirer.

— En somme, citoyen Marat, reprit Danton, tu m'as intéressé ; tu es un savant et un observateur. Je te prendrai donc, si tu veux, comme un ours que l'on montre à la porte des boutiques foraines ; ton physique préparera l'attention de la foule. Les jours de grandes fêtes, tu raconteras au public Obinsky et Obinska ; nous élèverons un temple au piqueur et un autel au geôlier ; mais, d'abord, il faut quitter la petite boutique que tu occupes aujourd'hui : l'emplacement n'est pas digne de toi, et l'enseigne en est mauvaise. Un républicain comme nous, loger aux écuries d'Artois ! un Fabricius, émarger au registre des appointements domestiques ! un médecin qui veut saigner la France à blanc, piquer, en attendant, avec sa lancette la jugulaire des chevaux princiers, fi ! c'est compromettant !

— Vous voilà bien avec vos conseils, vous ! dit Marat : vous m'enviez ma malheureuse petite place au soleil ; vous m'enviez mon pauvre café du matin, et vous vous gorgez de dîners à cinquante louis. Je me nourris un an, moi, avec ce que, vous, vous avez gloutonné hier en une heure !

— Pardon, pardon, maître Diogène, reprit Danton, il me semble que vous êtes ingrat.

— L'ingratitude est l'indépendance du cœur, répondit Marat.

— Soit ; mais il ne s'agit point ici de cœur.

— De quoi s'agit-il donc ?

— D'estomac ! le dîner était bon ; pourquoi en médire ? est-ce qu'il serait déjà complétement digéré ?

— J'en médis, parce que, tout bon qu'il était, répondit Marat, il est déjà digéré, comme vous dites, et m'a laissé de l'appétit pour aujourd'hui ; parce que c'est avec l'or des princes que le dîner fut payé, comme mes trois cent soixante-cinq repas misérables sont payés avec les sous de ces mêmes princes ; or ou cuivre, faisan ou bouilli, c'est toujours de la corruption, ce me semble !

— Bah ! Aristide oublie que les cinquante louis donnés par l'abbé Roy, au nom des princes, étaient le prix d'une consultation.

— Et mes douze cents livres, à moi, ne sont donc pas aussi le prix de mes consultations ?... Seulement, vous donnez des consultations pour les princes, et j'en donne, moi, pour leurs chevaux. Est-ce que vous vous figurez, par hasard, que votre mérite est au mien dans la proportion d'une heure à trois cent soixante-cinq jours ?

Et, en disant ces mots, le nain s'enfla de colère et d'envie ; la bile s'alluma comme un phosphore dans ses yeux ; l'écume monta jusqu'à ses lèvres violettes.

— Voyons, voyons, dit Danton, tout beau ! tu m'as avoué que tu étais méchant : ne te donne pas la peine de me le prouver, mon cher Potocky ! Faisons la paix.

Marat grogna comme un dogue à qui l'on rend son os.

— D'abord, continua Danton, j'insiste : je ne souffrirai pas que tu demeures ici plus longtemps; tu joues un rôle ignoble, ami Marat... Oh! refâche-toi, si tu veux; mais écoute! Un homme comme toi ne doit pas manger le pain des tyrans, après avoir dit d'eux toutes les jolies choses que je t'ai entendu dire hier au club. Voyons un peu, suppose que ce jeune homme, ton maître... — bon! Marat n'a pas de maître? soit; ton patron; ne discutons pas sur les mots; — suppose que le comte d'Artois lise ton petit discours des Droits de l'homme, suppose qu'il te fasse venir, et qu'il te dise : « Monsieur Marat, qu'est-ce que mes chevaux vous ont fait pour que vous me traitiez si mal?» Que répondrais-tu? Dis.

— Je répondrais...

— Tu répondrais quelque bêtise; — car je te défie de répondre une chose spirituelle à une pareille interpellation! — quelque bêtise qui te mettrait dans ton tort, et qui perdrait ta carrière, attendu qu'on répond toujours par une bêtise à l'homme d'esprit qui a raison. Tu vois donc bien, mon cher, que, pour garder le beau rôle, que, pour t'appeler Fabricius Marat, et ne pas faire tort à ton parrain, il faut que tu renverses la marmite royale, que tu abandonnes les lambris dorés, et que l'on te proclame un meurt-de-faim héroïque; sans cela, tu n'es pas républicain, et je ne crois plus ni à Obinsky, ni à Obinska; règle-toi là-dessus.

Et Danton ponctua cette plaisanterie d'un énorme éclat de rire, et d'une tape d'amitié sous laquelle s'écroula Marat tout entier.

— Il y a du vrai dans tout ce que tu dis là, murmura ce dernier en frottant son épaule; oui, l'on se doit à la patrie; mais sache bien mon opinion sur toi, Danton : tu ne m'imposes point par toi-même; j'accepte ta morale, et je repousse ton exemple. Tu es de ceux que

Jésus appelait des *sépulcres blanchis*, et desquels Juvénal écrivait : *Qui Curios simulant, et bacchanalia vivunt;* tu n'es qu'un faux Curius, un patriote aux truffes !

— Pardieu ! s'écria le colosse, crois-tu donc que Dieu ait fait l'éléphant pour qu'il vive d'un grain de riz ? Non, mon cher, l'éléphant est une intelligence supérieure qui mange, en un seul repas, ce qui nourrirait tout un jour cinquante bêtes ordinaires ; qui dévore, à son dessert, toutes les fleurs d'un bois d'orangers ; qui piétine, pour se cueillir une botte de trèfle, tout un arpent où l'on en récolterait mille bottes. Eh bien, cela ne nuit aucunement à la considération de l'éléphant, il me semble : on respecte l'éléphant, et chacun de ses voisins a peur qu'il ne lui marche sur le pied. Si je suis un faux Curius, c'est que je trouve ce Curius un imbécile et un malpropre : il mangeait des trognons de choux dans de vilains tessons de terre sabine ; il n'eût pas rendu sa patrie moins heureuse en mangeant de bons dîners dans de belle vaisselle d'argent ! et puis tu me disais tout à l'heure une absurdité, citoyen Marat : tu me disais que ton mérite n'est pas au mien dans la proportion de mille livres à huit millions.

— Oui, je le disais, et je le répète.

— Que prouve cela ? C'est qu'un savant peut répéter deux fois en cinq minutes la même ânerie ; si je ne valais pas mille livres pour une heure, mon cher, crois bien que M. l'abbé Roy ne m'eût pas payé ce prix-là ; d'ailleurs, essaye de t'en faire donner autant, essaye !

— Moi ! s'écria Marat furieux ; mais je rougirais de tendre la main aux aristocrates, fût-ce pour vingt-quatre mille livres par jour.

— Alors, tu vois bien que j'avais cent fois raison de de te conseiller de ne pas rester aux gages de M. d'Artois, pour trois francs sept sous par vingt-quatre heures. Déménage, ami Marat! déménage!

Comme Danton achevait ces mots, un grand bruit se fit entendre dans la rue, et l'on vit, par la fenêtre, les gens de l'hôtel, courant écouter à la porte pour y prendre des nouvelles fraîches.

Marat ne se dérangeait pas facilement ; il envoya mademoiselle Albertine aux informations.

Danton n'était pas si fier ou si indolent ; il se leva à la première rumeur, courut à la fenêtre du corridor, l'ouvrit, et se mit à écouter avec l'intelligence de l'homme expert, dégustant un bruit qui passe comme un courtier déguste le vin.

Ces cris, cette agitation, ces rumeurs, étaient un des effets dont nos lecteurs ont appris la cause en nous accompagnant hier au Palais-Royal, sous l'arbre de Cracovie.

Cette cause, c'était la disgrâce de M. de Brienne, et le rappel de M. Necker.

Cet effet, c'était le bruit de cette retraite et de ce rappel répandu dans Paris, et qui mettait sens dessus dessous toute la population de la capitale.

## XVIII

### LE MANNEQUIN DE LA PLACE DAUPHINE

La cuisinière de Marat revint près de son maître ; elle avait pris connaissance des faits.

— Ah! monsieur, s'écria-t-elle, voilà que nous allons avoir du bruit!

— Du bruit, ma bonne Albertine! fit Marat en passant la langue sur ses lèvres, comme le chat qui va mordre sa proie; et qui va faire ce bruit?

— Monsieur, ce sont des ouvriers et des jeunes gens de la basoche qui crient : « Vive M. Necker! »

— Ils en ont le droit, puisque M. Necker est ministre.

— Mais, monsieur, ils crient encore autre chose.

— Diable! et quelle est cette autre chose qu'ils crient?

— Ils crient : « Vive le parlement! »

— Pourquoi ne crieraient-ils pas : « Vive le parlement! » puisque le parlement vit, quoi qu'aient pu faire Louis XIV et Louis XV pour le tuer?

— Ah! monsieur, c'est qu'ils crient autre chose encore, quelque chose de bien plus terrible!

— Dites, Albertine! dites!

— Ils crient : « A bas la cour! »

— Ah! ah! fit Danton souriant, vous êtes sûre qu'ils crient cela?

— Je l'ai entendu.

— Mais c'est un cri séditieux.

— Le fait, est, répliqua Marat en faisant un signe à son hôte, que la cour s'est bien laissé égarer sous le ministère de ce malheureux M. de Brienne!

— Oh! monsieur, si vous entendiez comme les ouvriers et les basochiens le traitent, celui-là, et un autre encore!

— Quel est cet autre?

— M. de Lamoignon.

— Ah! vraiment! notre digne garde des sceaux... Qu'en disent-ils donc?

— Ils crient : « Au feu, Brienne! au feu, Lamoignon! »

Marat et Danton se regardèrent; il y eut, entre les deux hommes, un échange de pensées bien faciles à lire dans leurs yeux.

L'un voulait dire : « Est-ce que cette émeute ne viendrait pas un peu de votre club, mon cher Marat ? »

Et l'autre demandait : « Est-ce que vous n'auriez pas semé là dedans, mon cher Danton, un peu de cet or des princes, rivaux du roi ? »

Le bruit, cependant, après avoir mugi comme un ouragan, allait s'enfonçant et s'éteignant vers le centre de Paris.

Marat interrogea de nouveau sa servante.

— Et où vont ces braves gens ? demanda-t-il.

— Ils vont à la place Dauphine.

— Et que vont-ils faire à la place Dauphine ?

— Brûler M. de Brienne.

— Comment ! brûler un archevêque ?

— Oh ! monsieur, reprit naïvement Albertine, peut-être n'est-ce qu'en effigie.

— En effigie ou en réalité, il y aura spectacle dit Danton ; est-ce que vous n'êtes pas un peu curieux de voir ce spectacle, mon cher Marat ?

— Ma foi ! non, dit le nain : il y a des coups à gagner par là ; la police est furieuse, et frappera rudement.

Danton regarda ses poings avec complaisance.

— Voilà, dit-il, ce que c'est que d'être Danton au lieu d'être Marat ; je puis satisfaire ma curiosité, moi ; la nature me le permet.

— Et, à moi, la nature me conseille le repos, dit Marat.

— Adieu donc ! je vais un peu voir ce qui se passe à la place Dauphine, dit le colosse.

— Et, moi, je vais finir mon chapitre de Potocky, répliqua Marat, j'en suis à une description de solitude fleurie et de vallons embaumés.

— Oh ! oh ! s'écria Danton en tressaillant, on dirait

que l'on entend quelque chose comme un feu de peloton... Adieu, adieu !

Et il s'élança hors de la chambre.

Quant à Marat, il tailla sa plume, — dépense qu'il ne se permettait que dans ses moments de grande satisfaction, — et il se mit à écrire tranquillement.

Danton avait vu juste, et Albertine avait dit vrai : il y avait émeute, et l'émeute s'acheminait partiellement vers la place Dauphine, où était son rendez-vous général ; là, une foule bruyante, et qui allait sans cesse croissant, criait à tue-tête : « Vive le parlement ! vive Necker ! à bas Brienne ! à bas Lamoignon ! »

Or, comme le soir approchait, les ouvriers, après leur ouvrage, les clercs, après l'étude et le palais, les bourgeois, avant le souper, accouraient de toutes parts, et grossissaient les groupes et les murmures.

Cela commença par un immense bruit de casseroles et de poêlons. Quelle main avait organisé ce charivari gigantesque, qui, comme un serpent aux mille tronçons, s'agitait dans Paris, tendant à se rejoindre sans cesse ? Nul ne le sut jamais ; seulement, le 26 août, à six heures, sans que personne eût été prévenu, tout le monde se trouva prêt.

Comme le centre de ce mouvement et de ce bruit était la place Dauphine, toutes les rues, tous les quais environnants, et particulièrement le pont Neuf, s'encombrèrent de charivariseurs et surtout de curieux venant voir le charivari, que dominait, de toute la hauteur de son cheval de bronze, la statue de bronze de Henri IV.

Une chose remarquable chez le peuple parisien, c'est l'affection qu'il a gardée au successeur du dernier Valois. Est-ce à son esprit que Henri IV doit cette popularité qui a traversé les générations ? est-ce à sa bonté un peu problématique ? est-ce à son fameux mot de la poule au pot? est-ce à ses amours avec Gabrielle? est-ce à ses disputes avec d'Aubigné? est-ce à l'une ou à l'autre de ces causes, ou à toutes ces causes réunies? Nous ne pourrions le dire; mais il y a un fait, c'est que Henri IV, cette fois comme toujours, fixa l'attention de ceux qui l'entouraient, lesquels déclarèrent, pour leur sûreté personnelle d'abord, que personne ne traverserait le pont Neuf en voiture, et que ceux qui, descendus de voiture, le traverseraient à pied, salueraient la statue de Henri IV.

Or, le hasard fit que le troisième carrosse qui passa fut celui de M. le duc d'Orléans.

Nous nous sommes fort occupé de M. le duc d'Orléans, au commencement de cet ouvrage, et nous avons raconté comment, par son anglomanie, ses paris étranges, ses débauches publiques, et surtout par ses spéculations éhontées, il avait perdu la meilleure part de cette popularité que Mirabeau devait lui refaire plus tard.

Aussi, à peine la foule eut-elle reconnu le prince, que, sans plus d'égards pour lui que pour un simple particulier, et avec plus d'affectation peut-être, elle arrêta les chevaux, les conduisit par la bride, et, les arrêtant en face de la statue du Béarnais, ouvrit la portière, et, avec ce ton qui n'admet pas la réplique, parce que c'est, non pas la voix d'un homme, ni la voix de dix hommes, mais la voix d'un peuple, elle invita le prince à saluer son aïeul.

Le prince descendit souriant, et, civil comme toujours, il commença par saluer gracieusement la multitude.

— Saluez Henri IV! saluez Henri IV! lui cria-t-on de toutes parts.

— Saluer mon aïeul? saluer le père du peuple? dit le duc. Mais bien volontiers, messieurs! Pour vous autres, ce n'est qu'un bon roi ; pour moi, messieurs, c'est un illustre ancêtre !

Et, se tournant vers le terre-plein, il salua poliment la statue équestre.

A ces paroles, à ce salut, au sourire affable que le duc étendit sur la multitude, un tonnerre d'applaudissements s'éleva, qui retentit sur les deux rives de la Seine.

Au milieu de ces bravos dont son oreille était si avide, le prince s'apprêtait à remonter dans sa voiture, lorsqu'une espèce de géant mal vêtu, mal peigné, mal rasé, un forgeron qui tenait à la main une tringle de fer, et qui dominait les groupes de toute la tête, s'approcha de lui, et, appuyant une lourde main sur l'épaule du duc :

— Ne le salue pas tant, ton ancêtre, dit-il, et essaye de lui ressembler un peu plus !

— Monsieur, répliqua le prince, j'y fais tous mes efforts ; mais je ne suis pas roi de France, moi, comme l'était Henri IV, et comme l'est Louis XVI : je ne puis donc rien pour le peuple, que partager ma fortune avec lui ; c'est ce que j'ai fait dans les mauvaises années, et c'est ce que je suis prêt à faire encore.

En disant ces mots, non sans quelque fierté, le prince avait fait un nouveau pas vers sa voiture ; mais il n'en avait pas fini avec son forgeron.

— Ce n'est pas assez que de saluer, continua celui-ci, il faut chanter : *Vive Henri IV !*

— Oui, s'écria la foule, oui, *Vive Henri IV !*

Et un immense refrain, chanté par dix mille voix, tourbillonna dans l'air.

Le prince y mêla sa voix de fort bonne grâce ; puis, le refrain achevé, il lui fut permis de remonter dans sa voiture.

Une fois remonté, il s'assit ; les piqueurs refermèrent

la portière, et le carrosse partit au milieu des bravos enthousiastes de la foule.

Le carrosse du prince à peine disparu, le tumulte s'augmenta de l'arrivée d'un autre carrosse dans lequel un ecclésiastique très-pâle et très-inquiet, était signalé par mille bras levés avec menace.

— C'est l'abbé de Vermont ! c'est l'abbé de Vermont ! criaient les cinq cents voix à qui appartenaient ces mille bras.

— C'est l'abbé de Vermont ! répéta le forgeron d'une voix qu'on eût crue alimentée par les soufflets de sa forge ; au feu, l'abbé de Vermont ! au feu le conseiller de la reine !

Et chacun de répéter à grands cris : « Au feu, l'abbé de Vermont ! » unanimité qui ne semblait aucunement rassurer l'ecclésiastique du carrosse.

C'est que, il faut le dire, l'illustre personnage dont il était question ici, malgré son titre d'abbé, n'était point en odeur de sainteté près du peuple. Fils d'un chirurgien de village, docteur en Sorbonne, bibliothécaire du collége Mazarin, il avait été choisi en 1769, — sur la présentation de ce même M. de Brienne dont on s'occupait de préparer l'exécution en effigie, — pour succéder aux deux comédiens qu'on avait donnés comme lecteurs à la future dauphine Marie-Antoinette, et devenir son dernier maître de langue française ; l'abbé de Vermont avait donc été envoyé à Vienne par M. de Choiseul, le confident de Marie-Thérèse, avec recommandation particulière, et comme un homme dans lequel l'impératrice pouvait avoir toute confiance. Le nouveau professeur de la future dauphine n'avait point fait mentir son protecteur : il était entré corps et âme dans le parti autrichien, qui, à cette heure, luttait victorieusement avec le parti français ; il était devenu un des conseillers les plus actifs de cette petite cour qui accompagna Marie-

Antoinette en France. A partir de ce moment, toutes les légèretés qu'avait commises la dauphine et, depuis, la reine, — la pauvre femme, on le sait, ne s'en était pas fait faute ! — toutes ces légèretés avaient été attribuées à l'influence de l'abbé de Vermont. En effet, à peine arrivé en France, sous prétexte que sa qualité de lecteur devait aussi lui donner celle de professeur d'histoire, il avait fait éconduire l'historiographe Moreau, que sa science avait élevé aux fonctions de bibliothécaire de madame la dauphine. Excitée par l'abbé de Vermont, la dauphine avait tourné en ridicule sa première dame d'honneur, madame de Noailles, et le sobriquet de *madame l'Étiquette*, qui était resté à celle-ci, venait, disait-on, non pas de la reine, mais bien de l'abbé. De plus, en arrivant à la cour, madame la dauphine avait témoigné beaucoup de tendresse à Mesdames, filles de Louis XV; madame Victoire, surtout, avait répondu avec une grande sympathie à ces avances de sa nièce. Alors, l'abbé de Vermont avait vu son crédit menacé, et il n'avait eu de tranquillité qu'après être parvenu à brouiller madame la dauphine avec ses trois tantes. C'était encore l'abbé de Vermont qui, pour le même motif, avait brouillé la reine avec toutes les familles puissantes, et particulièrement avec la famille de Rohan, dont un des membres lui fut si fatal à propos de l'affaire du collier; cette brouille était venue de la dépréciation que la reine avait faite de l'instruction de madame Clotilde, l'aînée des filles de Louis XV, laquelle avait été élevée par madame de Marsan. C'était l'abbé toujours, qui, au lieu de pousser son élève à des études sérieuses et à des lectures historiques, la laissait, sans jamais hasarder une représentation, lire tous les livres qui lui tombaient sous la main, jouer tous les jeux qu'inventaient les courtisans, même ce fameux jeu de *décampativos* contre lequel avait tonné la pudeur de

Marat, au club des Droits de l'homme. C'était lui qui avait poussé la dauphine, devenue reine, à se mettre en opposition avec le roi, en essayant de faire adopter la politique antrichienne de madame de Pompadour, et en proposant le rappel de M. de Choiseul. C'était lui qui, lors du voyage de l'archiduc Maximilien en France, — quoique le prince voyageât incognito, — c'était lui qui avait poussé la reine à demander que son frère prît le pas sur les princes du sang français. Inquiet de toutes les faveurs nouvelles qui naissaient près de la sienne, il avait jalousé le crédit de madame Jules de Polignac, avait essayé de jouer la comédie du cardinal de Fleury près du roi Louis XV, et s'était exilé pendant quinze jours de la cour ; mais, voyant qu'on ne l'y rappelait pas, il s'était hâté d'y revenir, et, de ce moment, était devenu l'ami de celle qu'il n'avait pu renverser. Enfin, c'était, assurait-on toujours, sous l'influence de l'abbé de Vermont qu'avait été faite la nomination au contrôle général de son ancien protecteur M. de Brienne, le même dont on célébrait la chute, à cette heure où l'abbé de Vermont, reconnu sur le pont Neuf, excitait dans toute cette foule l'émotion que nous venons de raconter.

Le pauvre ecclésiastique, cause de toute cette émotion, bouc émissaire momentané du ministère et de la cour, ne paraissait pas trop savoir ce que voulaient toutes ces voix hurlantes, tous ces bras étendus vers son carrosse ; aux cris de « l'abbé de Vermont ! l'abbé de Vermont ! » il regardait autour de lui comme si ces cris ne lui eussent point été adressés, et il semblait chercher l'individu à qui ils s'adressaient ; mais force lui fut bientôt de comprendre que c'était à lui que cette multitude avait affaire, car, en un instant, la voiture fut arrêtée, les portières furent ouvertes, et l'abbé, arraché du carrosse, fut traîné, malgré ses protestations, vers la place Dauphine.

Toute la foule s'ébranla aussitôt pour lui faire cortége, et assister au supplice qu'on lui promettait.

Au milieu de la place Dauphine, un bûcher de fagots et de charbon mêlés s'élevait à une hauteur respectable; sur ce bûcher, que les marchands fruitiers du voisinage avaient été appelés à offrir à la patrie, — et qu'ils avaient offert avec enthousiasme, il faut le dire à leur louange, — un mannequin d'osier vêtu de la simarre rouge faisait assez piteuse mine, tout en laissant voir, sur sa barrette, le nom de Brienne, écrit à la hâte, en énormes caractères, par un des ordonnateurs de la fête.

Autour de cette victime inanimée qui était évidemment vouée à la flamme, s'agitaient les émeutiers hurlant d'impatience ; car ils attendaient la nuit pour que leur feu parût plus beau, et que la cérémonie improvisée eût, par ce retard, le temps d'attirer un plus grand nombre de spectateurs.

Ils furent donc agréablement surpris en voyant arriver un renfort de collègues inventeurs d'un nouveau programme, et saluèrent par des cris frénétiques ceux qui leur amenaient l'abbé de Vermont, que l'on avait eu l'heureuse idée de brûler avec le mannequin.

La figure du pauvre abbé portait l'empreinte d'un effroi facile à comprendre. On devinait bien, à ses gestes, que le malheureux parlait et cherchait à se faire entendre ; mais, comme on le poussait en criant, comme ceux qui l'eussent pu entendre ou retenir étaient poussés eux-mêmes par d'autres enragés qui criaient plus haut qu'eux, les plaintes ou les explications du patient étaient perdues dans la clameur générale.

Enfin, on atteignit le bûcher. L'abbé y fut acculé, et l'on commença, quoiqu'il fît encore jour, les préparatifs de l'exécution en liant les mains du pauvre abbé.

En ce moment, un homme ouvrit la foule, d'un puissant mouvement de ses larges épaules, étendit ses deux mains protectrices vers l'abbé, et s'écria :

— Mais, imbéciles que vous êtes ! cet homme n'est point l'abbé de Vermont !

— Oh ! monsieur Danton, à moi ! à moi ! s'écria le pauvre ecclésiastique défaillant.

Si forte que fût la rumeur générale, la voix éclatante de Danton l'avait dominée, et quelques personnes avaient entendu les paroles qu'il venait de prononcer.

— Comment ! cet homme n'est point l'abbé de Vermont ? répétèrent ceux qui avaient été à même d'entendre.

— Mais non, mais non, criait le pauvre abbé, je ne suis pas l'abbé de Vermont... Il y a une heure que je me tue à vous le dire !

— Mais qui êtes-vous donc, alors ?

— Mais c'est l'abbé Roy ! cria Danton ; l'abbé Roy, le fameux nouvelliste ! l'abbé Trente-Mille-Hommes, comme on l'appelait au Palais-Royal, quand il donnait des nouvelles de la Pologne sous l'arbre de Cracovie ! l'abbé Roy, l'antagoniste de l'abbé de Vermont, au contraire ! l'abbé Roy, votre ami, mordieu !... Prenez garde à ce que vous faites, messieurs : vous allez brûler le bon larron en place du mauvais !

Et Danton éclata d'un rire qui fut répété par les plus proches, et qui gagna de confiance jusqu'aux extrémités.

— Vive l'abbé Roy ! vive l'ami du peuple ! vive l'abbé Trente-Mille-Hommes ! crièrent une dizaine de voix, multipliées par cent, puis par mille.

— Oui, oui, vive l'abbé Roy ! et, puisque nous le tenons, dit le forgeron, qu'il nous serve au moins à quelque chose : qu'il monte sur le bûcher, et qu'il confesse M. de Brienne.

— Et il répétera la confession tout haut, dit un autre ; ce sera drôle !

— Oui, oui, qu'il confesse Brienne ! qu'il confesse Brienne ! dirent les assistants.

L'abbé Roy fit signe qu'il voulait parler.

— Silence ! cria Danton de sa voix de tonnerre, qui fut entendue au-dessus de toutes les voix.

— Silence ! chut !... chut ! silence !... fit la multitude.

Et la volonté est si puissante sur les masses, qu'au bout de quelques instants, il se fit un silence à entendre voler une mouche.

— Messieurs, dit l'abbé Roy d'une voix claire, quoique encore un peu tremblante, messieurs, je ne demande pas mieux que de vous obéir et de confesser le condamné...

— Oui, oui ! bon ! bravo ! la confession, la confession !

— Mais, messieurs, continua-t-il, je dois, en même temps, vous faire observer une chose.

— Laquelle ?

— C'est que monseigneur l'archevêque de Sens est un grand pécheur.

— Oh ! oui, oui, connu ! dit la foule en riant aux éclats.

— Et que, par conséquent, il a commis grand nombre de péchés.

— Oui, oui, oui !

— Sa confession sera donc longue, bien longue... si longue, que vous ne pourrez peut-être pas le brûler aujourd'ui.

— Eh bien, nous le brûlerons demain.

— Oui, reprit l'abbé ; mais M. le lieutenant de police, M. le chevalier du guet...

— Ah ! c'est vrai, fit la foule.

— Il vaudrait donc mieux, à mon avis, le brûler sans confession, ajouta l'abbé Roy.

— Bravo ! bravo ! il a raison : brûlé ! brûlé ! brûlé à à l'instant même !... Vive l'abbé Roy ! vive l'abbé Trente-Mille-Hommes !... Au feu, Brienne ! au feu !

Et, en même temps, la foule se sépara en deux parts : l'une forma un arc de triomphe sous lequel s'élança, avec les ailes de la victoire, et surtout de la peur, le pauvre abbé, qui avait manqué de payer pour son confrère ; l'autre part s'élança vers le bûcher, et, au bruit de tous les chaudrons et de toutes les casseroles du quartier, préluda par une ronde infernale à l'auto-da-fé qui allait illuminer la place.

Enfin, à neuf heures sonnantes, heure des feux d'artifice, toutes les fenêtres s'illuminèrent, les unes de chandelles, les autres de lampions ; une torche fut approchée solennellement du bûcher par un homme vêtu de rouge et représentant le bourreau, et le bûcher commença de crépiter en flambant, aux acclamations de tous ces fous, que le reflet des tisons ardents colorait d'une teinte pourpre effrayante à voir, et dont les yeux de braise, comme dit Dante, flambaient plus terriblement encore que les tisons !

## XIX

### LA MAISON DE M. RÉVEILLON, MARCHAND DE PAPIERS PEINTS, AU FAUBOURG SAINT-ANTOINE

Que nos lecteurs nous permettent de quitter un instant la place Dauphine, où flambe le bûcher de M. de Brienne, et où retentit un bruit qui a mis sur pied tous les habitants de la Cité et des environs, pour passer dans une portion de Paris où règne le silence le plus parfait, et où va régner l'obscurité la plus complète.

Au reste, flamme et bruit éclaireront et réveilleront ce quartier à son tour, et, une fois réveillé, il jettera à lui seul, en deux ou trois ans, plus de bruit et de flammes que n'en ont jeté, depuis Empédocle et Pline l'Ancien, l'Etna et le Vésuve.

Un hôtel de belle apparence s'élevait rue de Montreuil, à Paris, dans le faubourg Saint-Antoine.

Il était la propriété de Réveillon, ce riche marchand de papiers peints dont le nom est devenu, grâce aux événements qui s'y sont rattachés, un nom historique.

A cette époque, où il n'était pas encore européen, le nom de Réveillon était, cependant, fort connu dans le quartier Saint-Antoine, et même dans le reste de la ville, à cause des inventions ingénieuses de celui qui le portait, de son activité commerciale et de la solidité de sa signature.

En effet, Réveillon était alors possesseur d'une fortune immense, et plus de cinq cents ouvriers employés dans sa fabrique, et sur chacun desquels il pouvait gagner cinq ou six francs par jour, non-seulement entretenaient cette fortune, mais encore l'augmentaient dans une progression tellement effrayante, que nul ne pouvait dire où cette fortune s'arrêterait.

On a beaucoup dit et beaucoup écrit sur Réveillon ; il en résulte que Réveillon est fort connu, mais qu'il est peut-être mal connu.

Nous n'avons point la prétention de mieux connaître Réveillon que les autres historiens qui ont parlé de lui ; d'ailleurs, nous nous inquiétons et surtout nous nous occupons peu de ces réputations de hasard, faites par un événement qui les accroche et les traîne au grand jour, toutes honteuses qu'elles sont des circonstances qui les grandissent, et de cette lumière qui leur fait cligner les yeux comme à un hibou effarouché, sorti pendant le jour du trou d'où il avait l'habitude de ne sortir que la nuit.

Nous ne dirons donc de Réveillon que ce que l'on en disait à cette époque-là, ou ce que l'on en a dit depuis.

Réveillon, disaient les jacobins, — et, à propos de jacobins, qu'on nous permette de faire observer ici que ceux qui ont inscrit l'apparition des jacobins aux registres de 90 ou de 91 leur ont donné un faux acte de naissance : sauf leur nom, emprunté au lieu où ils s'assemblaient, les jacobins existaient déjà depuis longtemps, à l'époque où se passaient les événements que nous racontons ; — Réveillon, disaient donc les jacobins, était un homme dur, acerbe et avide : il avait proposé de réduire le salaire de ses ouvriers à quinze sous par jour ; c'était, enfin, prétendaient les meneurs de ce parti encore obscur, un de ces publicains prêts à mettre en pratique la théorie de MM. Flesselles et Berthier, lesquels avaient répondu, quand on leur avait parlé de la misère du peuple : « Si les Parisiens n'ont point de pain, on leur fera manger de l'herbe ; nos chevaux en mangent bien ! »

Au contraire, les royalistes et les modérés avaient une toute autre idée du commerçant en papiers peints. C'était, disaient-ils, un brave homme, vivant comme on vivait dans ce temps-là, prenant la tâche telle qu'il l'avait reçue de son père, peu économiste, peu philosophe, peu politique, mais économe, sage et moral, — toutes qualités qui tournent en vices dans l'alambic des révolutions.

Réveillon devait avoir des ennemis, puisqu'il avait de l'influence. On le regardait, dans le faubourg, comme un homme à ménager. Celui qui fait mouvoir, d'un geste, mille bras vigoureux n'est jamais un citoyen insignifiant dans les jours d'orage.

Or, ce jour-là même où nous sommes arrivés, jour d'orage s'il en fut, M. Réveillon soupait dans sa belle salle à manger, ornée de peintures dont les copies, en papier peint, étaient dans le commerce, mais dont, il faut le dire, il avait acheté et raisonnablement payé les originaux à des peintres de quelque talent.

La bonne vaisselle d'argent plus lourde qu'élégante, le beau linge de famille, les mets substantiels et généreusement épicés, le vin sain et franc d'une petite métairie de Touraine, composaient un agréable festin auquel prenaient part six personnes parfaitement disposées.

D'abord, Réveillon lui-même, dont le portrait n'est pas utile à peindre, le nom valant portrait historique; deux de ses enfants et sa femme, — excellente femme; puis un vieillard étranger et une jeune fille.

Le vieillard était revêtu d'une longue redingote de couleur incertaine, qui avait dû être olive autrefois; la façon accusait quinze ans de coupe; le drap, limé, usé, râpé jusqu'à la corde, accusait vingt ans de réel usage.

Ce n'était point l'indigence, ce n'était point la malpropreté non plus, c'était la négligence la plus remarquable, et l'on peut affirmer qu'il fallait quelque courage au porteur de cette redingote pour la montrer sur ses épaules, en plein soleil, à Paris, alors qu'il avait au bras la jeune fille dont nous ferons le portrait à son tour, quand les derniers linéaments de celui du vieillard seront terminés.

Revenons donc à lui.

Une tête longue et étroite, s'élargissant aux tempes, un œil vif, un nez long, une bouche usée et cyniquement moqueuse, de rares cheveux blancs, faisaient de cet homme un vieillard, bien qu'il n'eût encore que cinquante-quatre ans.

On l'appelait Rétif de la Bretonne, et ce nom, fort connu, sinon fort populaire alors, ne s'est point effacé tout à fait au frottement des années, et est parvenu jusqu'à nous. Il avait écrit déjà plus de volumes que certains académiciens de son temps n'avaient écrit de lignes.

Sa fidèle redingote, à laquelle il n'avait point adressé de strophes dithyrambiques, comme l'ont fait, pour leurs habits, certains poëtes râpés et bienveillants de notre temps, mais dont il a, cependant, célébré les mérites dans un paragraphe de ses *Confessions,* était l'objet constant des soins et des raccommodages de la jeune fille placée à la gauche de M. Réveillon.

Cette enfant pure et fraîche, fleur éclose dans le gravier d'une imprimerie, s'appelait Ingénue : son père lui avait donné un nom de roman; d'ailleurs, déjà depuis vingt ans, — chose remarquable et qui était un présage des bouleversements politiques et religieux qui devaient survenir, — les noms de baptême échappaient à l'influence du calendrier, qui allait bientôt être lui-même changé en un catalogue de légumes et de fleurs. Ce nom de roman sur lequel nous appuyons, et qu'avait reçu la jeune fille, explique une des singularités du vieillard : c'est qu'il aimait moins Ingénue comme sa fille que comme un modèle à copier; il lui adressait moins une tendresse de père qu'une caressante affection d'auteur.

Au reste, la belle jeune fille était digne en tous points de son nom : l'ingénuité virginale brillait doucement dans ses grands yeux bleus à fleur de tête. Elle tenait sa bouche entr'ouverte par un doux sourire, ou un naïf étonnement, pour aspirer, fleur naissante, toute sensation, qu'elle renvoyait au monde en une suave et douce haleine ! le teint nacré, les cheveux blonds de cendre, sans poudre ; les mains charmantes, bien qu'un peu longues ; — mais Ingénue avait quinze ans, et, chez les femmes de cet âge, la main et le pied seuls ont pris toute leur croissance, — les mains charmantes, bien qu'un peu longues, disons-nous, complétaient le tableau.

Ingénue, avec son corsage jeune et timidement ébauché, sa contenance modeste et son franc sourire, embellissait le fourreau de toile, bien simple et sans garniture, qui lui servait de grande toilette. Elle suppléait à la richesse de ce tissu par l'élégance de la forme, et, si humble que fût son costume, il fallait, nous le répétons, une grande dose de courage à Rétif, pour se promener, dans Paris, avec une pareille redingote, auprès d'Ingénue, si fraîche et si belle en son fourreau neuf.

Au moment où nous sommes entrés dans la salle à manger, Rétif faisait les frais de la conversation, et racontait aux demoiselles Réveillon des histoires morales qu'il entremêlait d'attaques gastronomiques aux restes d'un dessert complétement mis en déroute, mais qui devait être d'une belle ordonnance avant sa défaite ; — car c'était un homme de grand appétit, que maître Rétif de la Bretonne, et sa langue ne faisait point de tort à ses dents.

Réveillon, — que les histoires morales de Rétif de la Bretonne n'intéressaient pas autant que ses filles, et, cela, peut-être, parce que, plus à fond qu'elles, il connaissait la moralité du narrateur, et que cette connaissance ôtait aux histoires beaucoup de leur moralité, — Réveillon se décida, vers la fin du repas, à parler politique avec son hôte.

— Vous qui êtes un philosophe, dit-il avec ce ton goguenard qu'affectent les hommes de l'argent et de la matière à l'endroit des hommes du rêve et de la pensée, — tandis que les biscuits se digèrent, mon cher Rétif, expliquez-moi pourquoi nous perdons de jour en jour, en France, l'esprit national.

Ce préambule effaroucha les dames, qui, après avoir regardé les deux hommes, pour s'assurer que la conversation allait suivre la nouvelle impulsion donnée, se levèrent, emmenant Ingénue, et allèrent jouer à quelques petits jeux dans le jardin.

— Ne t'éloigne pas, Ingénue, dit Rétif en se levant à son tour, et en secouant les miettes du dernier biscuit qu'il venait de manger, et qui saupoudraient les basques de sa longue et fidèle redingote.

— Non, mon père, je suis à vos ordres, répliqua la jeune fille.

— Bien! dit Rétif, heureux d'être obéi, comme sont heureux tous les pères qui croient conduire leurs filles, et sont conduits par elles.

Puis, se retournant vers Réveillon :

— Charmante enfant! n'est-ce pas, monsieur Reveillon? consolation de mes vieilles années, bâton de mes derniers jours, pures joies de la paternité!

Et Rétif de la Bretonne leva béatement les yeux au ciel.

— Vous devez être diablement joyeux! dit alors Réveillon avec cette bonhomie narquoise de nos bourgeois.

— Et pourquoi cela, mon ami? demanda Rétif de la Bretonne.

— Mais parce que, répondit Réveillon, s'il faut en croire vos espions, monsieur Faublas, on vous attribue au moins une centaine d'enfants!

Le roman de Louvet de Couvray, qui venait de paraître, et qui était alors dans toute sa vogue, avait fourni à Réveillon son point de comparaison railleuse.

— Rousseau a bien dit la vérité, dans ses *Confessions*, dit Rétif de la Bretonne, visiblement embarrassé de la botte que venait de lui porter le marchand de papiers peints; pourquoi ne l'imiterais-je pas, sinon par le talent, du moins par le courage ?

Les quatre mots, *sinon par le talent*, furent prononcés avec cet accent que la musique elle-même, cette grande menteuse qui a la prétention de tout exprimer, ne saurait rendre.

— Eh bien, répliqua Réveillon, si vous avez eu, en effet, cent enfants comme Ingénue, c'est une jolie famille, et je vous engage à noircir pas mal de papier pour les nourrir.

Réveillon sacrifiait un peu à ce préjugé, — assez admis encore par les journaux de nos jours, qui préféraient M. Leclerc à M. Eugène Sue, — que le papier blanc a plus de valeur que le papier écrit.

Ce n'est point à nous à juger la question, malgré notre admiration profonde pour les feuilles propres.

— Mais, enfin, dit Réveillon, comme on ne peut toujours faire des enfants, et que, d'ailleurs, entre nous, vous n'êtes plus d'âge à négliger vos autres exercices comme celui-là, que faites-vous dans ce moment, mon cher Spectateur nocturne ?

Rétif, à cette époque, publiait, sous ce titre, une espèce de journal faisant pendant au *Tableau de Paris* de Mercier; seulement, les deux amis s'étaient partagé le cadran : l'un avait pris le jour, et c'était Mercier; l'autre avait pris la nuit, et c'était Rétif de la Bretonne.

— Ce que je fais ? demanda Rétif en se renversant sur sa chaise.

— Oui.

— Je fais le plan d'un livre capable tout simplement de révolutionner Paris.

— Oh ! oh ! s'exclama Réveillon riant de son plus gros rire, révolutionner Paris ! la chose n'est pas facile !

— Eh ! eh ! mon cher ami, dit Rétif de la Bretonne

avec cette prescience qui n'appartient qu'aux poëtes, plus facile peut-être que vous ne croyez...

— Et les gardes-françaises? et le guet? et les régiments allemands? et les gardes du corps? et M. de Biron? et M. de Bézenval?... Tenez, mon cher Rétif, croyez-moi, ne révolutionnez pas Paris.

Soit prudence, soit dédain, l'auteur du *Pornographe* ne répliqua point à l'apostrophe, et, répondant à la demande que lui avait faite Réveillon :

— Vous me demandiez tout à l'heure, dit-il, pourquoi nous perdions de jour en jour notre patriotisme, en France?

— Ma foi! oui, dit Réveillon; expliquez-moi cela, je vous prie.

— C'est que, répondit Rétif, le Français a toujours été fier de ses chefs; c'est qu'il met en eux son orgueil et sa foi. Depuis le jour où il a élevé Pharamond sur le bouclier, il en a été ainsi. Il a été grand avec Charlemagne, grand avec Hugues Capet, grand avec saint Louis, grand avec Philippe-Auguste, grand avec François I$^{er}$, avec Henri IV, avec Louis XIV! Il est vrai que, de Pharamond à Louis XVI, il y a loin, monsieur Réveillon.

Réveillon se mit à rire.

— C'est un brave homme, cependant, dit-il, que le pauvre Louis XVI.

Rétif haussa les épaules de façon à faire craquer une couture de sa redingote.

— Brave homme! brave homme! répliqua-t-il; vous voyez bien, vous venez de répondre vous-même à la question que vous m'aviez posée. Quand les Français disent de leur chef qu'il est un grand homme, ils ont du patriotisme; quand ils l'appellent un brave homme, ils n'en ont plus.

— Ce diable de Rétif, s'écria Réveillon en riant aux éclats, il a toujours le petit mot pour rire!

Réveillon se trompait : Rétif ne riait point, et surtout Rétif ne disait point cela pour faire rire les autres.

En conséquence, s'assombrissant et fronçant le sourcil, il continua :

— Et, si je cesse de parler de celui qu'on appelle le roi, si je passe aux chefs subalternes, dites-moi un peu quelle considération vous allez leur accorder ?

— Ah ! quant à cela, cher monsieur Rétif, dit Réveillon, c'est diablement vrai !

— Dites-moi un peu ce que c'était qu'un d'Aiguillon ?

— Oh ! le d'Aiguillon, justice en a été faite.

— Un Maupeou ?

— Ah ! ah ! ah !

— Vous riez ?

— Ma foi ! oui.

— Eh bien, ces risibles ministres sont des aigles, en comparaison des Brienne et des Lamoignon.

— Ah ! c'est bien vrai ! Mais vous savez qu'on les renvoie, et que M. Necker rentre aux affaires.

— De Charybde en Scylla, monsieur Réveillon ! de Charybde en Scylla !

— Oui, oui, deux gouffres à tête de chien, fit l'honnête fabricant en désignant un de ses panneaux de peinture où étaient représentés, avec tous les accompagnements qui les embellissent, Charybde, le voleur de bœufs, et Scylla, la rivale de Circé.

Puis, revenant au principe émis par Rétif :

— C'est pourtant vrai, dit-il en s'étirant, on n'a plus de patriotisme en France depuis que l'on a des chefs comme les nôtres... Tiens ! tiens ! tiens ! je n'avais jamais songé à cela, moi.

— Cela vous frappe ? fit Rétif, enchanté et de lui-même et de la compréhension de Réveillon.

— Oh ! beaucoup, beaucoup !

— Mais cette impression produite sur vous, mon cher ami...

— Elle est grande, interrompit Réveillon, très-grande, en vérité.

— Oui, mais elle n'est pas purement historique ou morale?

— Non! non!

— Elle est personnelle, alors?

— Eh bien, je l'avoue!

— En quoi vous touche-t-elle? Voyons.

— Elle me touche, en ce qu'on me propose comme électeur pour Paris. Si je suis nommé...

Réveillon se gratta l'oreille.

— Eh bien, si vous êtes nommé...?

— Eh bien, si je suis nommé, il faudra que je parle, que je fasse un discours, une profession de foi : c'est un beau sujet pour déclamer, que la ruine de l'esprit national en France, et vos raisons pour l'établir m'ont infiniment plu ; je m'en servirai.

— Ah! diable! fit Rétif avec un soupir.

— Eh bien, qu'avez-vous, mon cher ami?

— Rien, rien.

— Mais si fait, vous avez soupiré.

— Rien vous dis-je ; peu de chose du moins.

— Enfin?

— J'en serai quitte pour trouver un autre sujet.

— Sujet de quoi? demanda Réveillon.

— Sujet de brochure.

— Ah! ah!

— Oui, je venais de concevoir celui-là, et c'est à ce propos que je nourrissais, comme je vous l'ai dit, des arguments capables de révolutionner Paris ; mais, puisque vous prenez ce sujet-là, mon cher ami...

— Eh bien?

— Eh bien, j'en chercherai un autre.

— Non pas, dit Réveillon, je n'entends point vous porter préjudice !

— Ah bah ! une misère !... dit Rétif se drapant dans sa redingote ; j'aurais composé deux feuilles là-dessus.

— Attendez donc ! attendez donc !... Diable ! fit Réveillon en se grattant la tête, il y aurait peut-être un moyen...

— Moyen de quoi, cher monsieur Réveillon ?

— Si vous vouliez...

Réveillon hésita en regardant d'un air significatif Rétif de la Bretonne.

— Si je voulais quoi ? répéta celui-ci.

— Si vous vouliez, votre travail ne serait point perdu, et ce qu'il y aurait de bon en cela, c'est qu'il serait gagné par moi.

— Ah ! fit Rétif, qui comprenait très-bien, mais qui faisait semblant de ne pas comprendre ; expliquez-moi donc votre idée, cher ami.

— Eh bien, vous eussiez fait cette brochure, dit Réveillon en passant la manche de son bel habit sous la manche grasse de la redingote de Rétif, et elle eût été remarquable comme tout ce que vous faites...

— Merci, dit Rétif en saluant.

— De plus, poursuivit le fabricant, elle eût ajouté un peu à votre petite bourse... Eh ! eh ! eh !

Rétif leva la tête.

— Elle n'eût rien ajouté à votre renommée, c'est impossible !

Rétif salua encore.

— C'est vrai, dit-il ; mais cela eût fait plaisir à mon ami Mercier, et je tiens beaucoup à lui plaire, parce qu'il me fait de bien jolis articles dans son *Tableau de Paris*.

— Enfin, cher monsieur Rétif, continua Réveillon,

de plus en plus caressant, vous vous rattraperez, tandis que, moi...

— Eh bien, vous ?...

— Je ne retrouverai point facilement un sujet pareil à celui-là, pour parler à mes électeurs.

— Ah ! c'est vrai, cela, dit Rétif.

— Je vous propose donc..., reprit Réveillon.

Ici, Rétif tendit l'oreille.

— Je vous propose donc de préparer la brochure comme pour vous, c'est-à-dire d'en faire un brouillon, et, quand ce brouillon sera prêt, de me le céder; je remplacerai le public qui l'aurait lu, et, ma foi ! j'achète toute l'édition, en vous épargnant les frais d'impression ! Cela vous va-t-il ? ajouta Réveillon en souriant de son plus charmant sourire.

— Il y a une difficulté, dit Rétif.

— Bah !

— C'est que vous ne savez pas comment je compose, moi.

— Non ; composez-vous autrement que les autres, cher monsieur Rétif; autrement que ne composaient M. Rousseau, M. de Voltaire, et que ne composent M. d'Alembert ou M. Diderot ?

— Eh ! mon Dieu, oui !

— Comment donc composez-vous, alors ?

— Je compose de fait, c'est-à-dire que je suis à la fois le poëte, le proto et l'imprimeur; au lieu de prendre la plume, je tiens le composteur, et, au lieu d'écrire les lettres qui forment les mots et les lignes d'un manuscrit, je me sers tout de suite des caractères typographiques ; bref, j'imprime en concevant, de sorte que l'impression ne me coûte rien, attendu que je suis imprimeur ; — et, ainsi, ma pensée se trouve coulée en plomb tout de suite... C'est la fable de Minerve sortant tout armée du cerveau de Jupiter.

— Avec un casque et une lance? fit le marchand de papiers peints. J'ai cela sur mon plafond, peint par Seinard, un gentil garçon !

— Ne croyez pas que je vous refuse pour cela, dit Rétif.

— Vous acceptez, alors ?

— J'accepte le plaisir de vous faire ce petit présent, mon cher Réveillon ; mais prenez garde, la chose étant toute composée sur les formes typographiques...

— Eh bien, dit Réveillon, qui, dans son désir de s'approprier l'idée de Rétif de la Bretonne, ne connaissait plus d'obstacle, — eh bien, on tirera une copie ici : j'ai des presses pour mes papiers peints, et le papier blanc ne vous manquera point.

— Cependant..., recommença d'objecter Rétif.

— Enfin, interrompit Réveillon, dites que vous acceptez, voilà tout ce qu'il me faut. J'aurai mon discours... par trop long, cher ami, n'est-ce pas?... et des phrases sur les républiques grecques ; cela fait beaucoup d'effet au faubourg. Maintenant, parlons affaires : voyons, la main sur la conscience, cher ami, combien pensez-vous que... ?

— Oh ! fit Rétif, oh ! ne parlons point de cela.

— Si fait, si fait, parlons-en ; les affaires sont les affaires.

— Jamais, je vous prie.

— Vous m'allez gêner horriblement, mon ami.

— Comment ne ferais-je pas cela pour vous que je connais depuis vingt ans?

— Vous m'honorez, cher monsieur Rétif; mais je n'accepterai pas aux conditions que vouz me faites, ou plutôt que vous ne me faites pas : le prêtre vit de l'autel.

— Bah ! dit Rétif de la Bretonne, le métier d'écrivain a ses non-valeurs.

Et il ajouta à cette sentence un soupir qui gâta sa

munificence, et un geste tragique qui fit craquer sa redingote.

Réveillon l'arrêta.

— Écoutez, dit-il, je marchande : c'est mon état, et je suis riche justement, parce que j'ai pris cette bonne habitude-là ; mais je n'accepterai jamais rien pour rien. Vous me demanderiez une de mes planches gratis, que je vous la refuserais : donnant donnant, mon cher ami. Pour votre papier noirci, je vous donnerai, d'abord, cent francs en espèces sonnantes ; puis la tenture d'une chambre ou d'un cabinet pour vous, et, enfin, une jolie robe de soie pour Ingénue.

Réveillon était si bien habitué aux accrocs de Rétif, qu'il ne lui proposa pas même une autre redingote.

— Topo ! dit Rétif enchanté : cent livres d'abord, puis une tenture pour mon cabinet, puis une robe de soie pour Ingénue... Ah ! la tenture à figures, n'est-ce pas ?

— Les Grâces et les Saisons, cela vous convient-il ? Des nus magnifiques !

— Diable ! répondit Rétif de la Bretonne, qui grillait du désir d'avoir dans son cabinet les Grâces et les Saisons, c'est peut-être un peu vif pour Ingénue, ce que vous me proposez là !

— Bah ! fit Réveillon en allongeant les lèvres, nous n'avons d'un peu vif que ce coquin d'Automne, un très-beau jeune homme ; mais nous lui découperons des pampres. Quant au Printemps, grâce à sa guirlande, il est fort décent, et l'Été même peut passer avec sa faucille.

— Hum ! fit Rétif, sa faucille... il faudra voir.

— Et puis, continua Réveillon, on ne met pas les filles dans des boîtes, mon cher ! Est-ce que vous ne la marierez pas un jour, Ingénue ?

— Le plus tôt que je pourrai, mon cher monsieur Réveillon ; j'ai même certain plan pour sa dot.

— Ah!... Nous disons donc cent livres que je vous remettrai contre la brochure...

Rétif fit un mouvement.

— Oh! c'est commercial!... Cent livres que je vous remettrai contre la brochure, une jolie robe de soie pour Ingénue... — Madame Réveillon s'en chargera, et madame Réveillon fait bien les choses. — Enfin, la tenture des Grâces et des Saisons, que je vous enverrai quand vous voudrez; seulement, je ne me souviens plus de votre adresse, cher monsieur Rétif.

— Rue des Bernardins, près la place aux Veaux.

— Très-bien... Et le manuscrit?

— Dans deux jours.

— Quel génie! s'écria Réveillon en regardant Rétif, et en se frottant les mains; deux jours! un discours qui me fera électeur et peut-être député!

— C'est donc chose convenue, dit Rétif. Mais, voyons, quelle heure est-il, cher monsieur Réveillon?

— Huit heures viennent de sonner.

— Huit heures! Vite, vite, vite, que l'on fasse rentrer Ingénue.

— Si tôt... Qui vous presse?

— Le temps, parbleu!

— Eh! laissez-la jouer une demi-heure avec mes filles, qui sont au jardin... Tenez, les entendez-vous?

Et, Réveillon ouvrant la porte avec un paternel sourire, on entendit s'exhaler de cette ouverture un concert de voix fraîches et gaies qui chantaient une ronde en en chœur.

Le temps était doux, les œillets et les roses du jardin parfumaient l'air; Rétif passa mélancoliquement sa tête fanée par la baie de la porte, et regarda toute cette jeunesse folâtre, dont les ombres tournoyaient, blanchissantes, dans la première brume du soir.

Et ces fantômes charmants de jeunes filles réveillèrent les souvenirs de son adolescence, souvenirs plus vifs, mais moins chastes, assurément ; car on eût pu voir, sous les treilles, d'où pendaient les fleurs et les grappes, on eût pu voir briller ces yeux d'un éclat qui eût effrayé des jeunes filles plus hardies que notre blanche et pure Ingénue.

La belle enfant, arrachée inopinément à ses jeux par la grosse voix de M. Réveillon, qui l'appelait, et par la voix plus craintive de Rétif, qui avait secoué ses songes profanes, la belle enfant dit adieu à ses compagnes, en les embrassant tendrement.

Puis elle jeta sur ses épaules, modestement découvertes et moites, son petit mantelet d'étoffe pareille à sa robe, salua, encore animée de l'ardeur de la danse, madame Réveillon, qui lui sourit, M. Réveillon, qui la baisa en père sur le front ; puis elle appuya son bras rond et frissonnant sur la manche râpée de la redingote paternelle.

On se dit plusieurs fois encore adieu, on se fit des signaux entre jeunes filles ; les deux pères se recommandèrent le souvenir de leurs mutuelles promesses ; à la suite de quoi, M. Réveillon fit à Rétif l'honneur inusité de le reconduire en personne jusqu'à la porte de la rue.

Là, le digne commerçant reçut les salutations d'un groupe d'ouvriers attachés à sa fabrique, lesquels causaient entre eux avec animation, et se turent en s'écartant dès que le patron parut.

Réveillon répondit avec dignité à ce salut, un peu humble pour n'être pas affecté, leva les yeux au ciel, pour voir l'atmosphère, qui, vers le midi, se colorait d'une singulière teinte ressemblant à celle d'un indie, fit un dernier signe amical à son ami Rétif, et rentra.

## XX

#### LE PÈRE ET LA FILLE

L'écrivain, qui ruminait, chemin faisant, les avantages de cette soirée passée chez Réveillon, ne laissait pas, tout en donnant le bras à Ingénue, que d'observer ce qui se passait autour de lui.

La mine affairée et même effarée des ouvriers de Réveillon l'avait surpris.

D'ordinaire, après le travail, les ouvriers de Paris causent ou dorment, quand ils ne prennent pas la distraction du théâtre, ou celle du cabaret.

S'ils causent, c'est avec cette lente morbidesse qui révèle la fatigue de la journée, et qui a toujours été le caractère distinctif du Parisien, lorsqu'il se replie sur lui-même, avec toutes ses facultés pour sentir et vivre, au lieu de penser et d'agir.

Cette animale instinctivité est le privilége de ces admirables machines qu'on appelle les prolétaires de Paris, natures tout aussi bien organisées pour le repos que pour l'action, et qui ont de tout temps déjoué les combinaisons de l'autorité, laquelle les a crues prêtes à agir, quand elles voulaient se reposer, et prêtes à se reposer, quand leur caprice était d'agir.

Pour tout Parisien vrai, l'attitude des promeneurs ou des flâneurs est significative, à tel point, que jamais il ne s'est trompé sur leurs dispositions, du moment où il les a pu voir regarder au coin des rues, ou stationner d'une certaine façon sur la voie publique.

Rétif comprit donc, en apercevant les ouvriers effarés et agités dans leurs fourmilières, qu'ils s'occupaient d'un événement quelconque, et que cet événement ne manquait pas d'importance.

Mais son imagination dut s'arrêter devant les invraisemblances. Que pouvait-il y avoir, bon Dieu! dans cette ville de Paris! Du mécontentement? Eh! l'on n'avait pas autre chose depuis cent ans!

Rétif oublia donc vite les idées qu'avait fait naître en lui cette agitation des ouvriers, et, pour intéresser Ingénue par un peu de conversation, il se mit à lui parler morale et bon exemple.

— Belle maison, dit-il, que la maison de M. Réveillon! n'est-ce pas, Ingénue?

— Mais, oui, cher père.

— Belle maison, gagnée par un beau travail!

— Et par du bonheur, fit Ingénue, car beaucoup travaillent qui réussissent moins bien.

— Heu! fit Rétif.

— Vous, par exemple, continua Ingénue, vous qui travaillez douze heures par jour, et qui avez du talent...

— Conclus, conclus...

— Vous n'avez pas une belle maison comme M. Réveillon, cher père.

— C'est vrai, dit Rétif en toussant; mais j'ai autre chose.

— Quoi donc?

— Un vrai trésor! répondit Rétif.

— Un trésor? s'écria Ingénue avec une naïveté curieuse bien digne de son nom. Oh! que n'en usez-vous, mon père?

— Chère enfant, c'est un trésor à l'usage de moi seul, et, si je ne puis le partager avec personne, en revanche, personne ne peut me le prendre.

— C'est?... fit Ingénue.

— C'est d'abord une conscience pure...

Ingénue fit une petite moue impatiente.

— Qu'as-tu ?

— Rien, mon père : je sautais le ruisseau.

— Je te disais une conscience pure, c'est inestimable !

— Mon père, est-ce que tout le monde n'a pas ce trésor-là ?

— Oh ! enfant !

On voit bien qu'Ingénue n'avait pas lu *la Paysanne pervertie*.

— As-tu remarqué les ouvriers sur la porte de Réveillon ? fit Rétif pour détourner les chiens. En voici deux qui passent, et qui leur ressemblent.

— Vous pourriez bien avoir raison, répliqua Ingénue en se rangeant pour laisser passer ou plutôt courir trois hommes qui se dirigeaient en grande hâte vers les quais.

— Braves ouvriers ! continua Rétif, ils vont à leur repas après le rude labeur de la journée, d'un pas aussi rapide, aussi empressé que nous autres quand nous allons au plaisir. Estimables créatures ! n'est-ce pas, Igénue ?

— Sans doute, mon père.

— Quel sort plus heureux que celui de la ménagère qui les attend le soir, sur la porte, en été ; près du foyer, en hiver ? Le sarment brille, ou l'air circule ; on entend dans la maison les vagissements du dernier enfant, et la chanson de la bouilloire qui renferme le souper de famille. Cependant, l'ouvrier arrive : on l'attendait impatiemment ; il a chaud, il tend les bras à ses enfants et à sa femme, reçoit et prodigue de franches caresses, un peu longues pour son appétit inquiet. Le souper fume et est sur la table ; les enfants se groupent autour du poêlon odorant ; leurs escabeaux se heurtent et se confondent, et la mère, qui a préparé toute cette joie, sourit et s'oublie elle-même dans la contemplation de ce tranquille bonheur... Et c'est comme cela tous les jours à recommencer !

— Tiens!... dit Ingénue, qui goûtait peut-être moins que le pastoral écrivain cette morale, un peu trop cirée pour n'être pas reluisante; — il me semble que j'entends un singulier bruit. Entendez-vous, mon père?

— Où donc?

— Là-bas.

Et elle étendait la main dans la direction des ponts.

Rétif écouta.

— Je n'entends rien, dit-il; n'est-ce pas un bruit de voitures?

— Oh! non, mon père, ce n'est pas cela : on dirait le bruit d'une immense quantité de voix.

— Bon! des voix... Pourquoi des voix? et en immense quantité encore? Prends garde, Ingénue, prends garde à l'exagération, qui corrompt tous les bons naturels.

— J'ai cru entendre...

— Croire n'est pas affirmer.

— Je n'ai pas affirmé, mon père.

— Je disais donc, mon enfant, que le bonheur des pauvres est relativement plus grand que celui des riches.

— Oh! fit Ingénue.

— Oui, car il se compose d'une petite somme de bonheur matériel doublée d'une somme incalculable de plaisirs moraux... Ah! tu regardes ces beaux chevaux qui emportent le phaéton de cette belle dame?

— Je l'avoue, mon père.

— Rappelle-toi ces mots de Rousseau le Génevois, mon enfant...

— Lesquels, mon père?

— « La femme d'un charbonnier est plus estimable que la maîtresse d'un prince. »

— Estimable ne dit pas heureuse, mon père.

— Eh! Ingénue, quel bonheur est possible, sans estime? Moi, je ne rêve qu'une chose pour toi.

— Laquelle, mon cher papa?

— C'est qu'un bon ouvrier, aux mains noblement durcies, me demande ta délicate et douce main.

— Vous la lui donneriez?

— Tout de suite.

— Mais, alors, que deviendrait pour vous ce bonheur que vous décriviez si bien, il n'y a qu'un moment? Qui allumerait le feu? qui ferait chanter la bouilloire? qui préparerait votre soupe? qui vous tendrait les bras, toutes les fois que vous revenez sans argent de chez les libraires?... Vous voyez bien que, si vous ne m'aviez pas, vous sacrifieriez votre bonheur personnel à celui d'un autre!

— Au tien aussi! n'est-ce pas le devoir d'un père?

— Non, pas au mien; car, moi, reprit vivement Ingénue, moi, je ne serais pas heureuse.

Ces mots frappèrent si juste, si net l'oreille de Rétif, qu'il s'arrêta pour observer le regard de sa fille; mais une autre impression avait déjà effacé la précédente, et Ingénue regardait de tous côtés avec une attention qui commença d'inquiéter Rétif.

Heureusement pour la jeune fille que le vieil argus observait avec toute son expérience; un nouveau bruit retentit du côté des quais, et fit à la fois dresser l'oreille à Rétif et à sa fille.

— J'ai entendu, cette fois! s'écria Rétif; oui, il y a des voix par là, des voix nombreuses et irritées.

Et Rétif obliqua à droite.

— Nous nous détournons de notre chemin, mon père.

— Oui, nous allons du côté du bruit, répondit Rétif; c'est sans doute un chapitre qui se prépare pour mon *Spectateur nocturne*.

## XXI

### L'ÉMEUTE.

Toujours gagnant du côté par où venait le bruit, Rétif et Ingénue finirent par déboucher sur les quais, et le tumulte n'eut plus rien d'obscur pour eux, ni pour personne.

— C'est à la place Henri IV ou à la place Dauphine! s'écria Rétif. Viens, Ingénue, viens vite! en tardant, nous perdrions ce qu'il y a à voir.

— Allons, papa! répliqua la jeune fille un peu essoufflée, mais qui doubla pourtant la rapidité de sa marche.

Ils arrivèrent au coin du quai des Morfondus.

La foule était grande sur le pont Neuf : tous les curieux, tenus à distance par le feu du mannequin brûlé, faisaient chorus au chant des émeutiers, qui dansaient sur la place Dauphine.

Ce spectacle avait quelque chose de piquant : toutes les figures éclairées par le reflet de la flamme criarde! toutes les fenêtres occupées! toutes les chandelles brillant! toutes les ombres dansant sur les maisons rougies!

Rétif, ami du pittoresque, ne put retenir un cri de joie.

Ingénue se sentait un peu trop pressée; elle avait trop de mal à retenir sa mante et les plis de sa robe; en un mot, elle s'occupait trop de la foule, qui s'occupait partiellement d'elle, pour donner au spectacle toute l'attention qu'il méritait.

Rétif, s'étant informé à un de ses voisins de la cause

qui faisait agir tous ces hommes, applaudit comme les autres au triomphe des idées économistes et réformistes, que l'incendie de ce mannequin faisait rayonner sur la France.

Mais, au moment où il applaudissait le plus, avec des commentaires dignes de sa philosophie, voilà qu'un grand mouvement s'opéra en face de lui, et refoula sur le groupe dont il faisait partie, les plus acharnés brûleurs de M. de Brienne.

C'est que l'on commençait à voir apparaître au-dessus des têtes de la foule les chapeaux des soldats du guet à cheval, et, çà et là, quelques crinières de chevaux qui secouaient leurs écuyers dans une course rapide.

— Le guet! le guet! crièrent alors des milliers de voix effrayées.

— Bah! le guet! répondirent les bravaches accoutumés, depuis leur enfance, à mépriser cette pacifique institution.

Et une partie des spectateurs demeura opiniâtrément à sa place, malgré les efforts des peureux qui voulaient fuir.

A la tête du guet marchait ou plutôt galopait son commandant, le chevalier Dubois, militaire intrépide et patient à la fois, un des types remarquables de ces officiers de gendarmerie câlins et inébranlables comme leurs chevaux, au milieu des tumultes parisiens.

Mais, ce soir-là, le chevalier Dubois avait des ordres sévères, et ne voulait pas admettre qu'on se mît à brûler publiquement des mannequins d'archevêque et de garde des sceaux, à la barbe du bronze de Henri IV, qui, au reste, en riait probablement dans sa barbe.

Il avait donc réuni précipitamment une poignée d'archers à cheval, et se portait sur le lieu de la sédition dans le plus chaud moment de l'effervescence.

Cent cinquante hommes, à peu près, formaient sa

troupe; il la fit entrer de force au milieu de la place Dauphine, devant le bûcher encore flamboyant qui servait de rempart aux émeutiers.

Des cris nombreux, plus ironiques qu'insultants, accueillirent d'abord sa présence.

Il s'avança vers les groupes et leur ordonna de se dissiper.

On lui répondit par des éclats de rire et des huées.

Il ajouta qu'il allait faire charger si la résistance continuait.

On répondit à ses menaces par des coups de pierre et des coups de bâton.

Le chevalier Dubois se retourna vers ses hommes et leur commanda aussitôt la charge simple.

Les cavaliers mirent leurs chevaux au trot; puis, gagnant un peu d'espace, grâce à la panique qui éclaircit les derniers groupes, ils prirent le galop, et une déroute eut lieu parmi les curieux, qui se renversèrent les uns sur les autres.

En effet, dans les émeutes de Paris, il y a toujours deux éléments distincts : l'émeutier, qui se met en avant pour commencer le désordre, et le curieux, derrière lequel s'abrite l'émeutier lorsque les choses sont en train.

Seulement, à cette époque, les émeutiers jouaient beau jeu, bel argent : ils provoquaient et résistaient. Conviction profonde ou conscience, ils travaillaient à leur compte, ou au compte des payants, mais enfin ils travaillaient.

La charge des cavaliers dissipa tous les curieux; il ne resta que les émeutiers.

Parmi les curieux, Rétif et Ingénue essayèrent les premiers de fuir; un gros de gens épouvantés les sépara, et Rétif tomba dans un pêle-mêle effroyable de jambes, de bras, de perruques et de chapeaux qui cherchaient leurs maîtres ou que leurs maîtres cherchaient.

Ingénue, demeurée seule, poussait des cris affreux, à chaque ruade qui lui arrivait de cet animal sans frein, sans raison, qui se cabrait sous la terreur, et qu'on appelle la populace en déroute.

Déchirée, empêtrée, meurtrie, elle allait tomber à son tour, quand soudain, aux cris qu'elle proférait, un jeune homme accourut, renversant plusieurs personnes, parvint à elle, l'enleva par le milieu du corps, et, l'attirant à lui avec une force dont on ne l'aurait pas cru capable :

— Mademoiselle, mademoiselle, dit-il, hâtons-nous?

— Monsieur, que voulez-vous?

— Eh! mademoiselle, vous tirer d'embarras.

— Où est mon père ?

— Il s'agit bien de votre père! mais vous allez être étouffée, tuée peut-être!

— Mon Dieu!

— Profitez du vide qui s'est fait par ici.

— Mon père!...

— Allons! allons! le guet va tirer; les balles sont aveugles... Venez, mademoiselle, venez!

Ingénue ne résista plus en entendant les cris de rage des émeutiers refoulés, les imprécations des cavaliers frappés dans les ténèbres. Tout à coup, une détonation se fit entendre : c'était un coup de pistolet qui venait d'atteindre à l'épaule le commandant Dubois.

Furieux, il cria à ses cavaliers de faire feu.

Ses cavaliers obéirent.

La fusillade commença, et, dès la première décharge, on put compter dix ou douze cadavres sur le pavé.

Pendant ce temps, Ingénue, entraînée rapidement par son sauveur inconnu, se dirigeait vers le quartier qu'elle habitait, en répétant sans cesse : « Mon père! où est mon père ? »

— Votre père, mademoiselle, aura sans doute, regagné sa maison dans l'espoir de vous y retrouver... Où habite-t-il? où habitez-vous?

— Rue des Bernardins, près la place aux Veaux.

— Eh bien, conduisez-moi de ce côté, dit le jeune homme.

— Mon Dieu, monsieur, je connais peu Paris, dit Ingénue; je ne sors jamais seule, et, d'ailleurs en ce moment, je suis si troublée... Oh! mon père! mon pauvre père! pourvu qu'il ne lui soit rien arrivé!

— Mon ami, dit l'inconnu se tournant vers un homme qui paraissait faire la même route que lui, indiquez-moi la rue des Bernardins, s'il vous plaît.

L'homme s'inclina sans répondre, et, plutôt de l'air d'un guide qui obéit que d'un passant qui rend un service, il prit les devants.

Au bout de trois ou quatre cents pas :

— Oh! s'écria Ingénue, nous y voilà! nous sommes dans la rue!

— Bien! maintenant vous n'êtes plus si troublée que vous ne reconnaissiez la maison, n'est-ce pas, mademoiselle?

— Oui, monsieur, oui.

Et Ingénue, plus tremblante à mesure qu'elle approchait davantage, doubla le pas.

Ils arrivèrent enfin devant la porte de Rétif, dans un enfoncement sombre de cette rue sombre et solitaire qu'éclairait seule une rouge lanterne balancée tristement au vent de l'orage.

Ingénue se hasarda seulement alors à regarder en face celui qui l'avait sauvée.

C'était un homme jeune, d'une figure noble, d'une taille élégante; ses habits, un peu en désordre, révélaient, — moins encore que le parfum aristocratique qui s'échappait de sa coiffure, de son linge, de toute sa personne enfin, — l'homme de qualité.

Tandis qu'Ingénue le remerciait en le regardant avec timidité, ce jeune homme la trouvait belle, et le lui disait par des regards audacieux.

Ingénue détacha son bras du bras de l'inconnu.

— Est-ce que vous ne m'offrirez pas de monter un peu, ne fût-ce que pour m'assurer que vous êtes en sûreté tout à fait? demanda-t-il à Ingénue avec cet accent sans façon qui appartenait alors à cette classe de la société habituée à ne se rien voir refuser.

— Monsieur, mon père n'étant pas au logis, répliqua Ingénue, je n'ose prendre sur moi de vous faire entrer chez lui.

— Comment allez-vous rentrer vous-même, alors?

— J'ai ma clef... la clef de l'allée.

— Ah! fort bien!... Vous êtes belle, mon enfant!

— Monsieur! dit Ingénue avec un soupir qui trahissait toute son angoisse.

— Que voulez-vous?

— Monsieur, je meurs d'inquiétude sur le sort de mon père.

— Ah! vous voudriez me voir déjà parti?

— Oh! si vous pouviez sauver mon père, comme vous m'avez sauvée, monsieur!

— Elle est charmante!... Comment se nomme-t-il, votre père?

— C'est un écrivain qui s'appelle Rétif de la Bretonne.

— L'auteur du *Pied de Fanchette* et de *la Paysanne pervertie*!... Tiens! vous êtes sa fille! Et comment vous appelez-vous, vous?

— Ingénue.

— Ingénue?

— Oui, monsieur.

— Adorable! et, en tout, digne de votre nom!

Et l'inconnu salua en faisant un pas en arrière, afin

de mieux voir encore la jeune fille, qui se trompa à ce mouvement, qu'elle prit pour une marque de respect.

— Je rentre, monsieur, dit alors Ingénue ; mais votre nom, je vous prie, pour que je sache à qui nous devons tant !

— Mademoiselle, répliqua le jeune homme, j'aurai l'honneur de vous revoir.

— Mon Dieu !..

— Qu'avez-vous ?

— Cet homme qui se tient là dans l'ombre, et qui semble attendre, après nous avoir suivis.

— Eh ! mais c'est celui qui nous a si complaisamment servi de guide.

— Mais que veut-il, puisque nous sommes arrivés ?.. Monsieur, prenez garde, notre rue est bien déserte !

— Oh ! ne craignez rien, mademoiselle ! cet homme...

— Eh bien ?

— Eh bien, cet homme est à moi.

Ingénue frémit en voyant l'immobilité de ce fantôme. Elle prit sa clef, et, saluant son sauveur, elle se préparait à rentrer chez elle ; mais l'inconnu l'arrêta.

— Il me vient une idée, dit-il, ma belle enfant...

— Quoi donc, monsieur ?

— Cette impatience n'est guère naturelle : on ne quitte pas si vite un homme qui vous a rendu service, quand on n'en attend pas un autre.

— Oh ! monsieur ! pouvez-vous croire...? s'écria Ingénue rougissant d'abord, puis pâlissant ensuite.

— On a vu des choses plus extraordinaires que cela... Pourquoi une jolie fille comme vous n'aurait-elle pas un amant ?

Ingénue, honteuse, et plus effrayée encore que honteuse, ouvrit brusquement sa porte, et se glissa dans l'allée ouverte.

Le jeune homme eût vainement essayé de la suivre, tant son action fut rapide et adroitement menée.

La porte se referma, et la clef tourna deux fois dans la serrure.

— Une anguille ! s'écria l'inconnu, une véritable anguille !

Il se tourna vers l'homme qui se tenait près du ruisseau, et attendait.

— Auger, dit-il, tu as bien vu cette jeune fille ? tu sais son adresse ? tu sais le nom de son père ? Rappelle-toi une chose, c'est que, cette jeune fille, il me la faut !

— Vous l'aurez, monseigneur ! répondit respectueusement l'homme à qui ces paroles venaient d'être adressées. Mais je ferai observer à Votre Altesse royale que Paris n'est pas sûr à présent, qu'on a fusillé beaucoup là-bas, et qu'on fusille encore à la place de Grève. Les balles sont aveugles, comme disait tout à l'heure Son Altesse à cette petite demoiselle.

— Partons alors ; mais retiens bien l'adresse.

— C'est fait, monseigneur, c'est fait !

— Tu crois bien qu'elle attend un amant, n'est-ce pas ?

— J'aurai l'honneur de dire cela demain à Votre Altesse.

## XXII

#### CHRISTIAN

Ingénue rentrait donc chez elle d'autant plus vite qu'elle craignait une chose, et qu'elle en espérait une autre : si elle craignait un jeune homme dans la rue, elle espérait un autre jeune homme dans la maison.

Voilà pourquoi elle avait désiré rentrer sitôt; voilà pourquoi elle avait tant regardé au coin des rues, tandis que Rétif dépensait en vain pour elle sa plus pure morale, conçue en des termes assez élégants pour mériter l'impression; voilà pourquoi, enfin, au lieu d'être sensible comme elle l'eût été peut-être au dévouement de cet inconnu qui l'avait arrachée du milieu de la foule, à la place Dauphine, elle se contentait de le remercier de façon à lui inspirer des soupçons.

La grande vertu des jeunes filles ressemble à la pureté des lacs qui réfléchissent: leur limpidité est en raison de la sérénité du firmament.

Celui qu'Auger avait appelé monseigneur paraissait donc n'avoir pas porté un jugement téméraire.

En effet, quand Ingénue entra, et qu'elle eut monté deux étages, elle trouva sur le palier, assis, la tête dans ses mains, un autre jeune homme, qui se leva en reconnaissant son pas.

— Est-ce vous, mademoiselle Ingénue? lui dit-il.

— C'est moi, monsieur Christian.

— Je vous attendais bien impatiemment! Votre père monte-t-il? prend-il, comme d'ordinaire, sa chandelle chez l'épicier voisin?

— Mon père n'est pas rentré, mon père ne rentrera peut-être pas...

— Comment! de quel ton me dites-vous cela, mademoiselle?

— Vous ne savez donc pas qu'on se bat?

— On se bat! où donc?

— Au pont Neuf, le guet et les bourgeois.

— Est-ce possible?

— On tire des coups de fusil, on tue tout le monde... J'ai failli être tuée; mon pauvre père l'est peut-être?

— Ne pleurez pas! ne pleurez pas! il y a espoir.

— Oh! non, il serait rentré.

— Espérez, vous dis-je... puisque vous êtes rentrée, vous.

— On m'a sauvée! mais lui...

— Qui vous a sauvée?...

— Un homme, un jeune homme... Ah! monsieur Christian, mon père ne revient pas!

— Voulez-vous que j'aille à sa recherche?

— Je le voudrais... et...

— Je comptais sur ce moment pour vous dire un mot, un seul!... Je sais où vous avez dîné; je vous ai vue partir avec votre père, quand les ouvriers de M. Réveillon étaient sur la porte; j'ai pris les devants pour arriver le premier, et vous attendre sur l'escalier.

— Mais, monsieur Christian...

— Ah! que vous avez tardé! comme j'ai attendu avec angoisse! comme j'ai souvent ouvert et fermé la porte de cette petite chambre que j'ai louée dans la maison, pour avoir le droit d'y entrer avec une clef commune à tous les locataires! Ah! mademoiselle Ingénue, voilà six semaines que je vous vois tous les jours, et voilà trois jours que je vous parle ainsi à la dérobée : je n'y tiens plus, il faut que vous me disiez ce que vous pensez de moi.

— Monsieur Christian, je pense que vous êtes un jeune homme très-bon et très-indulgent pour moi.

— Est-ce tout?

— Mais cette chambre que vous avez louée et que vous n'habitez pas, ce costume qui n'est pas votre costume ordinaire, cette hâte que vous avez de me demander ce que l'habitude seule peut inspirer aux femmes...

— L'habitude?...

— Enfin, monsieur Christian, vous voyez clair dans

votre cœur, vous ; moi, je ne vois pas clair dans le mien.

— Mademoiselle, il me semble que, si des voisins nous apercevaient causant ainsi sur le palier, vous pourriez être compromise.

— Disons-nous adieu, alors, monsieur Christian.

— Quoi ! vous ne m'accorderez pas même de m'asseoir une fois dans votre appartement, d'y causer avec vous ?... Enfin, mademoiselle, vous ne m'aimez donc pas ?

— Comme vous y allez, monsieur Christian ! vous aimer !

— Oh ! je vous ai cru plus sensible : vos yeux disaient autre chose que ce que dit votre bouche.

— On vient de là-haut... Partez ! partez !

— C'est cette vieille si curieuse, de qui je loue ma chambre... Si elle nous a vus...

— Mon Dieu ! fit Ingénue, partez !

— Et voici une porte qui s'ouvre à l'étage du dessous ! Comment faire !

— On pensera mal, et je ne fais pas mal ! s'écria Ingénue avec chagrin.

— Vite ! vite ! entrez chez vous ! La vieille descend, et le voisin du dessous monte.

Ingénue, sous l'empire de la peur, ouvrit l'appartement, par la porte duquel Christian se précipita derrière elle.

Ils refermèrent les verrous aussitôt, Christian avec un cœur palpitant, Ingénue avec une sorte de désespoir qui s'augmentait de ses inquiétudes sur le sort de son père.

Tout à coup, un pas rapide retentit sur le palier ; une voix éclatante, empressée, se fit entendre.

— Ingénue ! Ingénue ! criait Rétif, es-tu là ?

— Mon père ! mon père ! répondit du dedans la jeune fille, moitié joyeuse, moitié effrayée.

— Ouvre donc, alors, dit Rétif.

— Que faire? murmura Ingénue à Christian.

— Ouvrez ! répliqua celui-ci.

Et il ouvrit lui-même.

Rétif se précipita dans les bras de sa fille, en pleurant de joie.

— Nous sommes donc sauvés tous deux? dit-il.

— Oui, mon père ! oui !... Comment vous êtes-vous échappé?

— Foulé aux pieds, renversé ! par bonheur, j'ai échappé aux coups de feu... puis j'ai pris ma course en te cherchant, en t'appelant... Oh ! que j'ai souffert dans la route ! que j'ai souffert en ne voyant pas la fenêtre éclairée ! Mais Dieu soit béni ! te voilà ! Comment t'es-tu échappée à ton tour?

— Un généreux inconnu m'a emportée, ramenée ici...

— Oh ! tu n'as pas allumé ta lampe ! Que cette obscurité m'a fait peur !

— Bon père !...

Et Ingénue embrassa Rétif une fois encore.

Elle espérait que Christian profiterait de ce moment pour se cacher; mais, au contraire, il s'avança, et, par-dessus l'épaule de l'enfant, Rétif aperçut Christian, qui le saluait.

— Qu'est-ce là? dit-il. Bonjour, monsieur... Ah ! monsieur est ici !

Ingénue balbutia.

— Monsieur, répliqua Christian en s'approchant du bonhomme, vous êtes surpris à bon droit de me voir chez mademoiselle...

— Sans lumière ! ajouta Rétif.

Ce mot, *sans lumière*, tomba d'aplomb sur la jeune fille, qui baissa la tête.

— A moins, continua le père, que vous ne soyez,

monsieur, le sauveur d'Ingénue; auquel cas, vous me voyez tout disposé à vous remercier.

Rétif se rappelait ses scènes du père dans *la Paysanne pervertie;* il jouait son rôle noble avec majesté.

Le jeune homme ne fut pas déconcerté; tandis qu'Ingénue tremblante allumait une chandelle, il reprit :

— Je suis venu ici, tout à l'heure, monsieur, pour déclarer mon amour à mademoiselle.

— Oh! oh! s'écria Rétif un peu surpris, vous connaissiez donc Ingénue?

— Depuis longtemps, monsieur.

— Et je l'ignorais !

— Mademoiselle aussi, l'ignorait... je n'ai eu l'honneur de l'entretenir que trois fois, par rencontre.

— En vérité ! comment cela?

— Monsieur, j'habite une chambre de cette maison.

Rétif marchait de surprise en surprise.

Christian continua.

— Je suis un ouvrier ciseleur, dit-il; je gagne de quoi vivre honorablement.

Rétif abaissa ses yeux gris sur les mains du jeune homme.

— Combien gagnez-vous? dit-il.

— De quatre à six livres par jour.

— C'est joli !

Et Rétif continuait de regarder les mains de Christian, lequel, s'apercevant enfin de cette observation, cacha brusquement, en les frottant les unes contre les autres, ses doigts un peu blancs pour des doigts de ciseleur.

Rétif demeura quelques instants silencieux.

— Et, dit-il ensuite, vous venez pour dire à ma fille que vous l'aimez?

— Oui, monsieur, je suis arrivé au moment où mademoiselle fermait sa porte; je l'ai priée instamment de vouloir bien me laisser entrer...

— Elle a consenti?

— Je lui parlais de vous, monsieur, de vous, dont elle était inquiète.

— Oui, oui, de moi, dont elle était inquiète...

Rétif regarda Ingénue, rose comme une rose, et les yeux languissants.

— Était-il possible, pensa-t-il, qu'elle n'aimât pas, ou ne fût pas aimée?

Il prit le jeune homme par la main.

— Je sais vos impressions, dit-il; maintenant, voyons vos intentions.

— Je voudrais obtenir de vous mademoiselle Ingénue en mariage, si elle consentait à m'aimer.

— Vous vous nommez?

— Christian.

— Christian! ce n'est pas un nom.

— C'est le mien.

— C'est un nom étranger.

— Je suis étranger, en effet, ou plutôt je suis né de parents étrangers : ma mère est Polonaise.

— Et vous êtes ouvrier?

— Oui, monsieur.

— Ciseleur?

— J'ai eu l'honneur de vous le dire, interrompit Christian, étonné et même inquiet de la persévérance de Rétif à le questionner.

— Reste ici, Ingénue, dit Rétif, que je montre à monsieur l'intérieur de cette famille dans laquelle il sollicite d'honneur d'entrer.

Ingénue s'assit près de la table, Christian suivit Rétif.

— Vous voyez ici mon cabinet de travail, dit le romancier en introduisant Christian dans une chambre voisine, pauvrement tapissée de portraits et de gravures; là sont les portraits de tous ceux qui m'ont engendré, là les images de ceux à qui j'ai donné le jour.

Ces pastels représentent mes père, mère, grand-père et grand'mère ; ces gravures sont les sujets des scènes les plus intéressantes de mes romans. Les premiers étaient et sont encore des cultivateurs honorables, sortis du peuple, — bien que je prétende remonter à l'empereur Pertinax, comme vous le savez.

— J'ignorais..., dit le jeune homme surpris.

— C'est que vous n'avez pas lu mes ouvrages, dit froidement Rétif ; vous y auriez trouvé une généalogie que j'ai dressée moi-même, et qui prouve irrécusablement que ma famille descend de Pertinax, lequel nom signifie *Rétif* en latin.

— J'ignorais, répéta Christian.

— Cela doit vous importer peu, dit Rétif. A vous ouvrier ciseleur, que fait un beau-père descendu d'un empereur ?

Christian rougit sous le regard du romancier. Il est vrai que ce regard s'était armé d'une perspicacité gênante.

— Mais, poursuivit Rétif, ce qui va vous surprendre, c'est que le sang des empereurs s'est si bien atténué dans mes veines, que le cultivateur domine maintenant, et que jamais empereur n'obtiendrait la main de ma fille, s'il la demandait ; j'ai renversé l'échelle généalogique, au point que le cultivateur me paraît être l'idéal de l'aristocratie : m'allier avec un roi serait pour moi déroger ; je n'accepterais même pas un simple gentilhomme.

Ce disant, Rétif reprit son investigation des mains et du visage de Christian.

— Qu'en pensez-vous ? fit-il après ce discours.

— Tout ce que vous me dites là, monsieur, répliqua le jeune homme, est d'un raisonnement parfaitement sage ; mais il me semble que vous retournez le préjugé d'une façon très-arbitraire et bien tyrannique.

— Comment cela ?

— Oui, la philosophie écrase la noblesse de race ; mais je crois que les philosophes, en s'acharnant à détruire le principe, respectent encore, au fond, les bonnes exceptions.

— Assurément !... Mais où voulez-vous en venir ?

— A rien, monsieur, à rien, dit vivement Christian.

— Cependant, vous défendez contre moi la noblesse, vous, ouvrier ciseleur !

— De même que vous l'attaquez contre moi, ciseleur, vous descendant de l'empereur Pertinax.

Rétif demeura battu mais peu content.

— Vous avez de l'esprit, monsieur, dit-il.

— Que j'en aie juste assez pour vous comprendre, monsieur, c'est tout ce que j'ambitionne, répondit Christian.

Rétif sourit.

Christian s'était raccommodé, par cette réponse gracieuse, avec son futur beau-père.

Mais ce n'était pas le compte de Rétif : il était ce que veut dire son nom français, ce que veut dire *pertinax* en latin : *entêté !*

— Avouez-moi, dit-il au jeune homme, que vous êtes venu ici, comme tous les jeunes gens, pour vous faire aimer de ma fille Ingénue, et que vous n'avez pas d'autre but.

— Vous vous trompez, monsieur, puisque je demande mademoiselle votre fille en mariage.

— Avouez-moi, du moins, que vous savez être aimé d'elle.

— Faut-il que je sois franc ?

— Puisqu'il n'y a pas d'autre moyen, soyez-le.

— Eh bien, j'espère que mademoiselle Ingénue n'a pas d'éloignement pour moi.

— Vous l'avez vu à des signes certains ?

— Il me semble l'avoir remarqué.

I.                                                                   15.

— Dans vos rencontres?

— Oui, monsieur, et c'est ce qui m'a enhardi, continua le jeune homme, dupé par la fausse bonhomie du romancier.

— Je vois donc, s'écria celui-ci en se relevant tout à coup, que vous aviez déjà pris vos mesures; que vous aviez habilement employé contre la pauvre Ingénue vos séductions et vos piéges !

— Monsieur !

— Je vois que vous vous êtes rapproché d'elle en prenant ce logement dans la maison, et que, ce soir, me croyant absent, tué peut-être, vous vous étiez introduit près d'elle !

— Monsieur ! monsieur ! vous me jugez indignement !

— Hélas ! monsieur, je suis un homme expérimenté; je connais les ruses : je suis en train d'écrire un livre qui sera mon grand ouvrage, et qui a pour titre : *le Cœur humain dévoilé*.

— Vous ne connaissez pas le mien, monsieur, je crois pouvoir vous l'affirmer.

— Qui dit le cœur humain dit tous les cœurs.

— Je vous proteste...

— Ne protestez pas, ce serait inutile... Vous avez entendu tout ce que je vous ai dit ?

— Oui, certes; mais laissez-moi parler à mon tour.

— A quoi bon ?

— Ce n'est pas d'un homme équitable, de se faire juge et partie dans sa cause! ce n'est pas d'un romancier qui peint si bien les sentiments, de n'écouter aucun sentiment ! laisser-moi parler.

— Parlez, puisque vous y tenez absolument.

— Monsieur, si votre fille a quelque penchant pour moi, voulez-vous la faire malheureuse?... Je ne vous dis rien de moi; cependant, je vaux peut-être qu'on en parle.

— Ah ! s'écria Rétif sautant sur ce mot, — prétexte qu'il attendait ; — ah ! oui, vous valez... vous valez... mais Dieu sait si ce n'est pas là précisément ce que je vous reproche ! Vous valez trop, disons-le.

— Pas d'ironie, je vous en conjure.

— Eh ! je ne suis pas ironique, mon cher monsieur ! Vous savez mes conditions, mon *ultimatum*, ainsi qu'il se dit en politique.

— Répétez-le-moi, s'écria le jeune homme, abîmé de tristesse.

— Un ouvrier, un marchand, seront les seuls prétendants que j'accepterai pour ma fille.

— Puisque je suis ouvrier..., dit timidement Christian.

Mais Rétif, élevant la voix :

— Un ouvrier ? un marchand ? répéta-t-il. Regardez vos mains, monsieur, et faites-vous justice !

A ces mots, se drapant dans sa mauvaise redingote avec un geste majestueux, Rétif salua le jeune homme d'un air qui n'admettait plus ni contestation ni réplique.

## XXIII

#### OU LES SOUPÇONS DE RÉTIF SONT TRISTEMENT CONFIRMÉS

Presque chassé par le démocrate descendant de l'empereur Pertinax, Christian repassa devant la table sur laquelle, au moment où son père et son amant avaient disparu, s'était accoudée, tremblante et le cœur palpitant, la désolée Ingénue.

Christian n'était ni moins tremblant, ni moins palpitant que celle qu'il aimait.

— Adieu, mademoiselle! adieu! dit-il, puisque monsieur votre père est le plus cruel et le plus intraitable des hommes!

Ingénue se leva aussi rapidement que si un ressort l'eût dressée tout debout, et regarda son père avec des yeux vifs et clairs qui, s'ils ne contenaient pas une provocation, renfermaient certainement du moins la protestation la plus énergique.

Rétif secoua ses épaules comme pour chasser l'orage qui s'abattait sur lui, conduisit Christian jusqu'au palier, le salua poliment, et referma la porte derrière le jeune homme, non pas seulement à la clef, mais encore aux verrous.

En rentrant, il trouva Ingénue au même endroit où il l'avait laissé, c'est-à-dire debout, droite et immobile devant la chandelle; elle ne lui adressa pas un mot.

Rétif était visiblement mal à son aise : il lui en coûtait de contrarier Ingénue; mais il lui en eût coûté bien davantage encore de renoncer à ses préjugés.

— Tu m'en veux? dit-il après un court silence.

— Non, répondit Ingénue, je n'en ai point le droit.

— Comment, tu n'en as point le droit?

— N'êtes-vous pas mon père?

Ingénue accompagna ces mots d'un accent presque amer, et d'un sourire presque ironique.

Rétif tressaillit : c'était la première fois qu'il trouvait chez Ingénue un pareil accent et un semblable sourire.

Il alla à la fenêtre, l'ouvrit et vit sortir le jeune homme, qui, lentement et la tête baissée, refermait la porte de la rue.

Tous les mouvements de Christian décelaient le plus violent désespoir.

Un instant, l'idée vint à Rétif qu'il s'était trompé, et que ce jeune homme dont il venait de refuser l'alliance était bien réellement un ouvrier ; mais il réfléchit encore une fois à ce langage élégant, à ces mains blanches, et à ce parfum d'aristocratie émanant de toute sa personne. Un pareil amoureux ne pouvait pas être un ciseleur, à moins que ce ne fût un ciseleur comme l'Ascanio de Benvenuto Cellini ; c'était bien plutôt un gentilhomme.

En tout cas, il était visible que ce gentilhomme aimait Ingénue au point de la posséder par quelque tentative violente, ou de sacrifier sa vie par quelque coup de désespoir.

Quels reproches à se faire si les choses en arrivaient là ! sans compter les dangers qu'il courait, exposé, certainement, à la fureur et à la vengeance d'une famille en deuil. Quels remords pour un cœur sensible, pour une âme philanthropique, pour un ami de M. Mercier, le cœur le plus sensible et l'âme la plus philanthropique qu'il y ait eu depuis Jean-Jacques Rousseau !

Que dirait-on, que penserait-on d'un romancier capable d'un pareil abus de pouvoir paternel ?

Rétif voulut avoir, au moins, le cœur net de cette idée que Christian pouvait être un ouvrier ; idée qui le tourmentait singulièrement, — car, disons-le à la louange de notre romancier, cette crainte du danger dont nous avons parlé, et que pouvait lui faire courir une grande famille insultée ou désespérée, n'était que secondaire.

En conséquence, Rétif, adoptant une résolution subite, prit sa canne, son chapeau, qu'il avait posés dans un coin, et courut précipitamment vers l'escalier. Ingénue, soit qu'elle eût compris ce qui se passait dans l'esprit de son père, soit que son cœur sans fiel fût incapable de conserver aucun ressentiment, Ingénue sourit à Rétif.

Rétif, encouragé par ce sourire, se précipita par les degrés avec l'agilité d'un coureur de quinze ans.

Il s'assura d'abord que Christian ne l'avait ni vu ni entendu, et s'élança à sa poursuite en suivant les murs, prêt à s'arrêter et à s'effacer, si le jeune homme tournait la tête.

La nuit était épaisse et la solitude profonde; ces deux circonstances favorisaient le projet de Rétif.

D'ailleurs, le jeune homme continua son chemin sans regarder une seule fois du côté de la rue des Bernardins, quoique, dans cette rue, il laissât sa vie.

Rétif le suivait à une distance de cinquante pas environ : il le vit déboucher sur le pont Saint-Michel s'approcher du parapet, et l'enjamber un instant.

Le vieillard, toujours sur ses traces, allait s'écrier pour l'empêcher de se noyer, comme il lui en supposait l'intention; mais, juste en ce moment, les cris qui venaient de la place Dauphine se firent entendre avec plus de véhémence, et, au milieu de ces cris, une effroyable explosion retentit.

Ce double bruit fit tressaillir à la fois ces deux hommes, dont l'un guettait l'autre, et changea, sans doute, la résolution de celui qui allait se noyer.

Christian se détacha du parapet, et, avec une rapidité merveilleuse, courut dans la direction de la place Dauphine, c'est-à-dire au devant des coups de feu.

— Il a changé de résolution, pensa Rétif, et il cherche un coup de feu; c'est bien décidément un gentilhomme : il n'a pas voulu de la noyade.

Là-dessus, Rétif se remit à courir après son prétendu gendre, qui se glissait comme une flèche parmi les fuyards venant en sens inverse, et parmi des groupes fort animés que l'on voyait courir çà et là, brandissant des fusils et des sabres, avec mille cris farouches.

Il est temps, en effet, de dire au lecteur ce qui était advenu après la première décharge faite sur les groupes par MM. les soldats du guet.

Furieux de ce que les plus ardents des leurs fussent couchés, morts ou blessés, sur le pavé, les émeutiers, voyant les cavaliers un peu éparpillés par la charge qu'ils avaient faite, s'étaient bravement rués sur eux à coups de pierre et à coups de barre de fer, à coups de marteau et à coups de bâton.

Il est étrangement curieux de voir comment, en un instant, dans une émeute, tout devient arme, et arme mortelle.

La lutte s'était donc engagée corps à corps, lutte formidable qui avait coûté la vie à bon nombre de cavaliers ; car, il faut le dire et le dire hautement à la louange du peuple de 1789, qu'on a trop souvent confondu avec la populace de 1793, ce peuple, dans les premières émeutes de la Révolution, s'était battu bravement et loyalement, quoiqu'il se battît à armes inégales.

S'emparant des pistolets, des carabines, des sabres des vaincus, des blessés et des morts, les émeutiers avaient réussi à mettre le guet en déroute, et, fiers de ce premier succès, ils procédèrent immédiatement à l'attaque d'un poste de soldats du guet à pied qui, pendant le combat, n'avaient point défendu leurs camarades, lorsqu'il leur eût été si facile, cependant, de surprendre la multitude entre deux feux, et de la dissiper en peu d'instants, puisqu'ils étaient postés près de la statue de Henri IV, et que le commandant Dubois poussait sur eux l'émeute, du fond de la place Dauphine.

Aussi, après sa victoire, le peuple, prenant sans doute, cette inaction pour de la faiblesse, s'était-il rué sur ce poste, qui, forcé de se défendre à son tour, se défendit mal, abandonna ses armes, et chercha son salut dans une fuite qui amena la mort du plus grand nombre.

Dans les premiers moments de colère, d'enivrement ou d'enthousiasme qui suivent ses victoires, le peuple, — nous avons vu cela — démolit ou brûle; ne voulant pas se venger du mal qu'on lui a fait en rendant le mal à des créatures vivantes, il se venge sur les objets inanimés : cela lui produit la même satisfaction, et ne fait de mal qu'aux pierres et au bois.

C'était juste à ce moment de triomphe et d'enivrement populaire que Christian et Rétif de la Bretonne arrivaient sur le lieu de la scène.

Mais cet enivrement commençait à se dissiper.

Les détachements envoyés en hâte avaient reçu les vainqueurs, à la place de Grève, par un feu si rude et si nourri, que le tiers de ceux qui avaient pris ce chemin avaient été fauchés ! Cette dernière fusillade était celle que Christian et Rétif avaient entendue du pont Saint-Michel, et que l'écho renvoyait à la place Dauphine, vers laquelle Christian courait si vite.

Il déboucha, par le quai des Morfondus, en face du poste qui brûlait, et dont l'incendie éclairait toute la rivière jusqu'au Louvre; ce qui faisait un spectacle effrayant et magnifique à la fois.

Mais, dans ce poste incendié, les incendiaires avaient oublié les fusils des soldats.

Or, ces fusils était tout chargés.

Il arriva donc, au moment où le toit du petit bâtiment s'évasa, en tombant, comme un cratère, qu'un crépitement se fit entendre tout à coup dans la fournaise, qu'une vingtaine d'explosions éclatèrent, que huit ou dix cris y répondirent, et que, cette fois encore, quatre ou cinq personnes se couchèrent sanglantes sur le pavé.

Les fusils du guet oubliés dans le poste, ayant chauffé et fait explosion, avaient, dans la foule des triomphateurs, atteint et blessé plus ou moins grièvement huit ou dix personnes.

De là les cris entendus, de là ces blessés saignants et roulant sur le pavé. Le premier qui tomba fut Christian : une balle venait de l'atteindre à la cuisse.

Rétif n'eût rien compris à cette chute, sans l'empressement incroyable de la multitude à ramasser les blessés, à les soigner et à les plaindre.

La foule était excitée à cette bonne œuvre par un homme aux formes colossales, à la figure expressive, dont la laideur s'effaçait pour prendre un grand caractère sous l'émotion qui agitait son cœur, et sous les reflets d'incendie qui coloraient son visage.

Cet homme s'élança, d'un côté, pour secourir Christian, tandis que, de l'autre, Rétif s'élançait pour le soutenir.

Tous deux, étant les plus proches de lui, recueillirent ses premières paroles.

On l'interrogeait, on s'empressait, on lui demandait son nom et sa demeure.

A moitié évanoui, succombant à la douleur, il ne s'aperçut point qu'au nombre de ceux qui lui portaient secours était Rétif de la Bretonne.

— Je me nomme Christian, dit-il; je suis page de M. le comte d'Artois... Portez-moi aux Écuries, où il doit y avoir un chirurgien.

Rétif poussa une exclamation qui résumait, avec toute sa douleur, le triomphe de ses soupçons, et, comme sept ou huit personnes avaient entrepris de porter le blessé à son domicile, comme il le voyait bien soigné par ceux qui l'entouraient, bien vivant malgré sa blessure; comme l'homme dans les bras duquel il était tombé en même temps que dans les siens promettait de ne pas le quitter jusqu'à ce qu'il fût entre les mains de ce chirurgien dont parlait le blessé, — Rétif revint à pas lents chez Ingénue ou plutôt chez lui, se demandant s'il apprendrait cette funeste nouvelle à la jeune fille, ou s'il ne valait pas mieux laisser, dans l'oubli de l'absence, tomber peu à peu cette passion mal venue; sorte d'artifice qui réussit toujours aux pères de famille, quand ils ont, par bonheur pour eux, affaire à des amours doublés d'amour-propre.

Maintenant, abandonnons un instant Christian, qui s'achemine sous bonne escorte vers les écuries d'Artois, et Rétif de la Bretonne, qui regagne tout seul sa maison, pour arrêter, à larges coups, les contours à peine esquissés de ce premier tableau de nos guerres civiles.

Commencée par l'autorité avec de faibles moyens et la confiance d'une habituelle supériorité, la lutte fut continuée pendant quelques heures encore par le désespoir du courage mis en haleine.

Puis elle recommença le lendemain, et dura jusqu'au troisième jour.

Mais force finit par demeurer aux troupes du roi. Le plus grand désastre, pour les charivariseurs transformés en émeutiers, fut l'attaque de l'hôtel du chevalier du guet, rue Meslay, attaque reçue à coups de fusil par les troupes, qui, pressant les rebelles entre deux feux, et se les renvoyant mutuellement sur leurs baïonnettes, firent un massacre des révoltés et des curieux qui rougit de sang toute la rue!

Après quoi, la rébellion cessa; mais la Révolution était commencée.

## XXIV

#### LE TENTATEUR

Le lendemain de toutes ces fusillades, qui avaient eu un si funeste résultat pour notre jeune page, et pour les amours à peine ébauchées d'Ingénue, l'homme que nous avons vu caché dans l'encoignure de la maison de Rétif de la Bretonne entrait en plein jour dans cette maison.

Cet homme, apparaissant ici comme ces personnages mystérieux qui entrent, à la fin d'un deuxième acte, pour changer la marche du drame commencé, était un homme de trente à trente-cinq ans, une espèce de laquais sans livrée, une figure plate avec l'air hardi, le reste de ces grands laquais du siècle passé qui avaient enjambé dans le siècle suivant, mais dont la race commençait à s'éteindre après avoir tant brillé, et n'obtenait plus même les honneurs de la potence.

Il était vêtu d'un habit gris-noir, d'un de ces habits qui n'indiquent aucune condition. Il semblait être un bourgeois, un huissier sortant le dimanche, ou un clerc de notaire en quête d'une invitation de noce.

Ingénue, qui s'attendait toujours à recevoir quelque nouvelle de Christian, regardait à la fenêtre, quand cet homme, après lui avoir envoyé d'en bas un salut et un sourire, franchit le seuil de la sombre allée conduisant à l'escalier tortueux, qui conduisait lui-même, après soixante marches franchies, à l'appartement de Rétif de la Bretonne.

Tout étonnée qu'elle fût d'abord d'être saluée par un homme qu'elle ne connaissait pas, Ingénue se douta que cet homme venait chez son père, et, pensant que c'était quelque ami inconnu de l'auteur de ses jours, elle s'apprêta à aller ouvrir, dans le cas où l'on frapperait.

On frappa.

Ingénue, sans défiance aucune, ouvrit la porte.

— M. Rétif de la Bretonne? demanda l'inconnu.

— C'est ici qu'il demeure, monsieur, répondit la jeune fille.

— Je sais cela, mademoiselle, reprit l'homme à l'habit gris-noir; seulement, veuillez me dire si je pourrais lui parler en ce moment.

— J'en doute, monsieur : mon père compose, et il n'aime pas à être dérangé dans ce travail.

— J'aurais, en effet, regret de le troubler; et, cependant, mademoiselle, ce que j'aurais à lui communiquer est de la plus grande importance.

Et, en disant ces mots, l'étranger avait doucement poussé Ingénue devant lui, et, pénétrant dans la première chambre, il manifesta son intention de ne pas se rendre à un premier refus en déposant son chapeau sur une table et sa canne dans un coin.

Après quoi, ayant avisé un fauteuil, il s'y installa, tira son mouchoir de sa poche, poussa un *ah!* en signe de satisfaction, et s'essuya le front avec son mouchoir, en homme dont la figure signifie : « Savez-vous, mademoiselle, que vous demeurez bien haut? »

Ingénue suivait des yeux l'étranger, et ses yeux peignaient l'étonnement. Il était évident qu'elle avait reçu de son père une consigne déjà à moitié enfreinte.

L'homme sans gêne parut comprendre ce qui se passait dans l'esprit d'Ingénue.

— Au fait, dit-il, mademoiselle, ce que j'avais à dire à M. Rétif de la Bretonne, il m'est possible de vous le dire.

— Alors, monsieur, dites, car j'aimerais autant, si la chose était possible, ne pas déranger mon père.

— Oui, oui, continua l'homme avec un regard qui, sans qu'elle sût pourquoi, fit baisser les yeux de la jeune fille ; oui, cela vaut même mieux que je procède ainsi ; car, au bout du compte, l'affaire qui m'amène peut se régler entre nous deux, et votre père, à la rigueur, n'a rien à voir là dedans.

— Mais de quoi donc est-il question, alors ? s'informa timidement Ingénue.

— De vous, mademoiselle.

— De moi ? s'écria Ingénue avec étonnement.

— Sans doute ; vous êtes bien assez jolie pour cela, ce me semble.

Ingénue rougit.

— Pardon, monsieur, demanda-t-elle, je désirerais savoir à qui j'ai l'honneur de parler.

— Oh ! mademoiselle, mon nom ne vous apprendra rien, car vous ne le connaissez certainement pas.

— N'importe, monsieur.

— Auger, mademoiselle.

Ingénue salua en secouant la tête.

En effet, ce nom d'Auger ne lui avait rien appris.

Mais il y avait dans la jeune fille un tel air de candeur, que, si peu impressionnable que l'inconnu parût être à ces airs-là, il continuait de regarder Ingénue sans rien dire.

Ce silence était étrange, car on voyait bien que l'inconnu avait quelque chose à dire, que ce qu'il avait à dire venait jusqu'aux bords de ses lèvres, et que, cependant, il n'osait parler.

— J'écoute, monsieur, hasarda Ingénue.

— Dame ! c'est que...

— Vous hésitez ?

Celui qui s'était donné le nom d'Auger étendit la main vers Ingénue, qui fit un pas en arrière.

— Dame! c'est que c'est difficile à dire, reprit-il.

Ingénue rougit encore.

Cette rougeur paraissait être une barrière que les paroles de l'étranger n'osaient franchir.

— Ma foi! dit-il tout à coup, j'aime encore mieux parler à votre père qu'à vous, mademoiselle.

Ingénue comprit qu'il n'y avait que ce moyen de se débarrasser de cet homme, et, au risque de ce qu'allait dire son père :

— Alors, fit-elle, monsieur, attendez-moi ; je vais prévenir mon père.

Et elle entra chez le romancier.

Rétif de la Bretonne était en train de publier ses *Nuits de Paris*, et c'était à cet ouvrage qu'il travaillait.

Il était devant sa table, un cahier placé à portée de sa main droite, composant au lieu d'écrire, selon son habitude. — Il trouvait à ce mode de composition une double économie : économie de temps, économie d'argent.

Les détails du livre le faisaient sourire avec un air de satisfaction de lui-même ; il n'y avait point à s'y méprendre.

Rétif était un grand travailleur, et, comme tous les grands travailleurs, quand on le dérangeait trop souvent, il faisait grand bruit de ce dérangement ; mais, quand il y avait deux ou trois heures que sa porte n'avait été ouverte, il ne détestait point d'être dérangé, quoiqu'il grognât toujours un peu, pour sauver les apparences.

— Mon père, excusez-moi, dit Ingénue, mais c'est un étranger, M. Auger, qui demande à vous parler pour affaire d'importance.

— M. Auger, fit Rétif cherchant dans ses souvenirs. Je ne le connais pas.

— Eh bien, mon cher monsieur, nous ferons connaissance, dit une voix derrière Ingénue.

Rétif de la Bretonne se tourna vers le point d'où venait la voix, et aperçut une tête qui s'allongeait au-dessus de l'épaule de sa fille.

— Ah! ah! fit le romancier, qu'y a-t-il?

— Monsieur, répondit Auger, seriez-vous assez bon pour m'entendre seul?

Rétif de la Bretonne congédia sa fille d'un coup d'œil; Auger la suivit des yeux jusqu'à ce que la porte fût refermée derrière elle, et, la porte refermée, il respira.

— Ah! ma foi! dit-il, me voilà plus libre! L'air candide de cette charmante personne me glaçait la parole sur les lèvres.

— Et pourquoi cela, monsieur? demanda Rétif avec une espèce d'étonnement qui, pendant tout le cours de la conversation, devait aller croissant.

— Mais, reprit l'inconnu, à cause de la question que j'ai à vous adresser, mon cher monsieur.

— Et quelle est cette question?

— Mademoiselle votre fille est-elle bien à elle, monsieur?

— Comment l'entendez-vous? fit Rétif surpris. A elle! Je ne vous comprends pas.

— Alors, je vais me faire comprendre.

— Vous me rendrez service.

— Je me faisais l'honneur de vous demander, monsieur, si mademoiselle Ingénue n'avait pas de mari.

— Non, certes.

— Ni d'amant.

— Ah! monsieur! fit Rétif en se redressant de plusieurs pouces.

— Oui, je comprends, dit Auger avec un effroyable aplomb, au premier abord, la question paraît indiscrète, et, cependant, elle ne l'est pas.

— Ah ! vous croyez ? répondit Rétif stupéfait.

— Assurément ! car vous désirez que votre fille soit riche et heureuse ?

— Sans doute; c'est le désir de tout père ayant une fille de l'âge de la mienne.

— Eh bien, monsieur, mademoiselle Ingénue manquerait sa fortune si elle n'était pas libre.

Rétif pensa que l'homme à l'habit gris venait lui demander sa fille en mariage, et il le toisa des pieds à la tête.

— Oh ! oh ! murmura-t-il, des propositions ?

— Eh bien, oui, monsieur, des propositions ! dit Auger. Que pensez-vous faire de la jeune personne ?

— Une honnête femme, monsieur, comme j'en ai fait un honnête fille.

— Oui, c'est-à-dire la marier à quelque mécanicien, à quelque artiste, à quelque pauvre diable de poëte ou de journaliste.

— Eh bien, dit Rétif, après ?

— Après ?... Je suppose qu'on a déjà dû vous faire bon nombre de propositions de ce genre-là.

— Hier encore, monsieur, on m'en faisait une, et des plus honorables même.

— Vous avez refusé, je l'espère ?

— Et pourquoi l'espérez-vous, je vous prie ?

— Mais parce que je viens vous offrir mieux aujourd'hui.

— Mieux ! mais vous ne savez pas ce qu'on m'offrait.

— Peu m'importe.

— Cependant...

— Je n'ai pas besoin de le savoir, attendu que je suis sûr d'une chose.

— De quelle chose ?

— C'est que je viens, comme je vous l'ai déjà dit, vous offrir mieux aujourd'hui qu'on ne vous offrait hier.

— Ah ! ah ! pensa Rétif, Ingénue est aux enchères. Bon !

— D'ailleurs, je sais ou plutôt je devine...

— Quel était le prétendant ?

— Un petit jeune homme !

— Oui.

— Sans le sou !

— Je ne sais.

— Sans état !

— Pardon, il se disait ciseleur.

— Voyez-vous, il se disait...

— Oui, monsieur, car, en réalité, il était gentilhomme.

— Gentilhomme ?

— Oui, monsieur, gentilhomme !

— Eh bien, moi, je viens vous offrir mieux que cela, monsieur Rétif.

— Bon !

— Je viens vous proposer un prince.

— Pour épouser ma fille ?

— Ma foi ! oui.

— Plaisantez-vous ?

— Pas le moins du monde.

— Un prince ?

— Tout bonnement ; c'est à prendre ou à laisser.

Le doute commençait à s'emparer du cœur de Rétif, tandis qu'instinctivement le rouge lui montait au visage.

— Pour épouser, dites-vous ? répéta-t-il d'un air défiant.

— Pour épouser.

— Un prince épouserait une fille pauvre ?

— Ah ! je ne vous dis pas qu'il l'épouserait à Notre-Dame, fit impertinemment Auger, qu'encourageaient la bonhomie et la longanimité de Rétif.

— Alors, monsieur, fit Rétif en regardant fixement son interlocuteur, où l'épouserait-t-il?

— Voyons, fit Auger en appuyant familièrement sa grosse main sur l'épaule du romancier, trêve de plaisanteries, et abordons franchement la question, cher monsieur Rétif : le prince a vu votre fille, et il l'aime.

— Quel prince? demanda Rétif d'un ton glacial.

— Quel prince? quel prince? reprit Auger, un peu démonté malgré son aplomb. Pardieu! un très-grand prince, immensément riche! Un prince!

— Monsieur, reprit le romancier, je ne sais ce que vous voulez me dire avec tous vos sourires, mais ils me promettent trop ou trop peu.

— Laissez-moi vous dire d'abord ce qu'ils vous promettent, monsieur Rétif : de l'argent, beaucoup d'argent, énormément d'argent!

Rétif ferma les yeux avec une expression de dégoût si marquée, qu'Auger se hâta de reprendre :

— De l'argent! on dirait que vous en avez si peu manié dans votre vie, que vous ne savez pas ce que c'est, monsieur Rétif.

— Mais, en vérité, monsieur, dit Rétif, je ne sais si je dors ou si je veille ; si je veille, il me semble que je suis bien bon de vous écouter.

— Écoutez-moi, monsieur Rétif, et vous n'y perdrez point, car vous entendrez ma définition de l'argent... Oh! vous qui êtes un aligneur de phrases, pesez un peu celles-ci à leur valeur. L'argent, cher monsieur Rétif...

— Monsieur...

— Ah! voilà que vous m'interrompez au commencement de ma définition.

Rétif regarda autour de lui s'il n'y avait personne qui pût l'aider à pousser Auger à la porte ; mais il était seul, et, seul, il n'était point de taille à venir à bout d'un jeune homme vigoureux comme l'était Auger.

Il prit donc patience.

D'ailleurs, en sa qualité d'observateur, d'écrivain social, de peintre de mœurs, il ne trouvait pas la conversation sans intérêt pour lui, et il voulait voir ce qui restait encore d'insolences princières au milieu de cette société nouvelle qui affectait la philosophie, et aspirait à la liberté.

Auger, qui ne pouvait deviner ce qui se passait réellement dans le cœur de Rétif, et qui, d'ailleurs, ayant presque toujours trouvé les hommes méprisables, s'était habitué à les mépriser, Auger continua.

— L'argent, mon cher monsieur Rétif, c'est un appartement dans une autre maison que celle-ci, dans une autre rue que celle-ci ; c'est un mobilier dans cet appartement, et, par un mobilier, vous comprenez bien que je n'entends rien de pareil à vos tables vermoulues et à vos chaises boiteuses ; non, par un mobilier, j'entends des fauteuils en bon velours d'Utrecht, des meubles de bois de rose, des rideaux de soie brochée, un bon tapis pour l'hiver, des p... ets bien cirés pour l'été... laissez-moi dire, morbleu... n valet pour cirer les parquets, et mettre des housses aux fauteuils ; sur la cheminée, une bonne horloge en boule ou en bronze doré ; des buffets, avec des porcelaines et des argenteries dessus ; des caves, avec des vins de Bourgogne pour les jours où vous ne travaillerez pas, et du vin de Bordeaux pour les jours où vous travaillerez.

— Monsieur ! monsieur ! fit Rétif, qui commençait à s'étourdir.

— Mais laissez-moi donc achever, morbleu ! Par un mobilier, j'entends une bonne bibliothèque, non pas de bouquins comme ceux que je vois là sur des ais non rabotés et cloués par vous-même, mais de beaux et bons livres, ou plutôt de méchants livres, — car ce sont ceux-là que vous aimez, messieurs les romanciers, messieurs les poëtes, messieurs les journalistes ! — M. de Voltaire relié, Jean-Jacques Rousseau doré, *l'Encyclopédie* complète, mille volumes ! dans votre bûcher, une éternelle voie de bois des forêts royales ; dans votre office, des lampes intarissables, des bougies incombustibles ; dans votre garde-robe, tout deux par deux, ce que vous n'avez jamais eu : ainsi, deux habits, deux redingotes, deux vestes, deux culottes, deux douillettes de soie pour l'hiver, deux robes de chambre d'indienne pour l'été, des dentelles, des chemises fines, un jonc à pomme d'or ciselé, une toilette qui vous rajeunira de quinze ans et qui fera que les femmes se retourneront en vous voyant passer.

— Les femmes ?

— Oui, comme lorsque vous aviez vingt-cinq ans, et que vous faisiez ces belles promenades d'Hercule amoureux avec mademoiselle Ginant et trois autres !

— Ah ! vous voyez que je lis vos livres, monsieur Rétif de la Bretonne, quoiqu'ils soient bien mal imprimés ; aussi nous savons de vos histoires : nous avons étudié le drame de *la Ma...e !* — Eh bien, vous aurez tout ce que je vous ai dit, monsieur Rétif de la Bretonne : vous aurez hôtel, meubles et argent ; vous aurez tout cela et plus encore, ou j'y perdrai mon nom d'Auger !

— Mais, enfin, la conclusion de tout cela ?

— La conclusion de tout cela, c'est que le prince, en épousant votre fille, lui constitue toutes ces choses en dot.

— Ah çà ! vous riez-vous de moi, dit Rétif furieux, en enfonçant sur sa tête sa calotte de velours noir, ou venez-vous sérieusement et impudemment me proposer un infâme marché ?

— Pour cela, mon cher monsieur Rétif, je viens vous proposer un marché ; seulement, vous vous trompez d'épithète : le marché n'est pas infâme, il est excellent, excellent pour vous, excellent pour votre fille !

— Mais savez-vous, monsieur, que c'est tout simplement le déshonneur que vous venez m'offrir là?

— Le déshonneur? êtes-vous fou?

— Dame! il me semble...

— Le déshonneur? Bon! mademoiselle Ingénue Rétif, fille bâtarde, déshonorée pour avoir aimé un prince! Ma parole, je n'y comprends plus rien! où avez-vous pris au sérieux la généalogie par laquelle vous vous faites descendre de l'empereur Pertinax?... Est-ce qu'Odette de Champdivers a été déshonorée? est-ce qu'Agnès Sorel a été déshonorée? est-ce que Diane de Poitiers a été déshonorée? est-ce que Marie Touchet a été déshonorée? est-ce que Gabrielle d'Estrées a été déshonorée? est-ce que mademoiselle de la Vallière a été déshonorée? est-ce que madame de Montespan, est-ce que madame de Maintenon, ont été déshonorées? et madame de Parabère, madame de Phalaris, madame de Sabran, madame de Mailly, madame de Vintimille, madame de Châteauroux, madame de Pompadour, est-ce que tout cela a été déshonoré, dites-moi? Allons donc, vous êtes fou avec vos grands airs, cher monsieur Rétif! Et remarquez bien ici que je vous fais la partie superbe, et que je ne suppose même pas que mademoiselle votre fille puisse être une madame de Fontanges.

— Ah! s'écria Rétif avec une stupéfaction croissante; mais c'est donc le roi?

— Presque.

— M. le comte de Prov...

— Pas de nom propre, cher monsieur Rétif! C'est Son Altesse royale le prince Argent! que diable désirez-vous donc savoir de plus? Et, quand un prince comme celui-là frappe à une porte, cher monsieur Rétif, mon avis est qu'il faut lui ouvrir cette porte à deux battants.

— Oh! s'écria Rétif, je refuse, je refuse! plutôt la misère!

— C'est fort beau, répondit tranquillement Auger; mais, en vérité, vous en avez déjà plus que vous n'en pouvez supporter, de misère, mon cher monsieur! Vous composez péniblement des livres qui ne sont pas toujours bons; vous gagnez peu, vous gagnez de moins en moins, et plus vous vieillirez, moins vous gagnerez; vous avez la même redingote depuis vingt ans! — ne dites pas non, c'est vous qui l'avez imprimé dans *le Quarantenaire;* enfin, mademoiselle Ingénue, à qui j'offre un demi-million, n'a presque pas de robe, et, si M. Réveillon ne s'en était pas mêlé, elle n'en aurait pas du tout.

— Monsieur, monsieur, fit Rétif, occupez-vous de ce qui vous regarde, je vous prie.

— C'est ce que je fais.

— Comment, c'est ce que vous faites?

— Oui, il me regarde que mademoiselle Ingénue, étant belle, soit élégante, et personne, je vous le déclare, n'aura porté la robe de soie, et précédé un petit laquais comme elle!

— C'est possible, mais je refuse.

— C'est bête!... Pourquoi refusez-vous?

— D'abord, monsieur, vous m'insultez, et je vous jetterais cette poignée de caractères au visage, si je ne manquais de T... Mais je vais appeler Ingénue, et elle vous répondra elle-même.

— Ne faites point cela, car ce serait plus bête encore! Si vous l'appelez, je parie une chose : c'est que je la persuade.

— Vous! vous corrompriez mon enfant? s'écria Rétif.

— Pourquoi diable croyez-vous donc que j'aie pris la peine de venir chez vous

— Horreur ! fit le romancier avec un geste plein d'une majesté théâtrale.

— D'abord, continua Auger, le prince au nom duquel je parle est charmant.

— Alors, dit naïvement Rétif, ce n'est pas M. de Provence.

— Passons.

— Non, monsieur, au contraire, arrêtons-nous là ! Que dirait mon ami M. Mercier, qui m'a proclamé le plus vertueux des hommes?

— Ah ! oui, parlons un peu de M. Mercier ! en voilà encore un qui est bien moral : un homme qui ne respecte rien, qui trouve que M. Racine et M. Despréaux ont perdu la poésie française, et qui fait des tragédies en prose ! A propos, avez-vous lu sa dernière production, monsieur l'homme vertueux ? *Charles II, roi d'Angleterre, en certain lieu!* Ah! voilà qui est joli ! Corbleu ! monsieur, que vous êtes heureux d'avoir M. Mercier pour ami, et comme je vous envie ce bonheur-là !

— Monsieur Auger !

— Vous avez raison, notre conversation est une affaire, et une affaire sérieuse ; ne nous laissons donc pas aller à cette figure de rhétorique qu'on appelle l'ironie ; d'ailleurs, réfléchissez bien, cher monsieur Rétif, je viens débonnairement vous prier de consentir à une chose qu'à la rigueur, je puis parfaitement me passer de vous demander.

— Quoi ?

— Eh bien, mais, sans doute, je vous dis que je viens de la part d'un prince, c'est-à-dire d'un homme tout-puissant ; mon prince n'a qu'à vous prendre votre fille, vous verrez si votre permission est nécessaire pour cela !

A ces mots imprudents, imprudemment lâchés, Rétif arracha son bonnet de velours de dessus sa tête, et, le foulant à ses pieds dans un paroxysme de colère, il s'écria :

— Me prendre ma fille ! Qu'on y vienne ! Ah ! les beaux seigneurs, les princes, les oppresseurs, les tyrans !

— La la la, cher monsieur Rétif, dit Auger avec un air railleur, vous tombez dans les lieux communs : tout cela a été dit et écrit quelques centaines de fois depuis Juvénal jusqu'à Jean-Jacques Rousseau, depuis Diderot jusqu'à Tacite. Prenez garde, cher monsieur Rétif, prenez garde !

— J'ameuterai les voisins ! cria Rétif.

— Nous vous ferons arrêter, comme troublant la paix publique.

— J'écrirai contre le prince.

— Nous vous conduirons à la Bastille.

— Je sortirai de la Bastille un jour, et, ce jour-là...

— Bah ! vous êtes vieux, et la Bastille durera plus que vous.

— Peut-être répondit Rétif d'un ton qui fit frissonner Auger.

— Enfin, vous refusez ce que tous nos grands seigneurs sollicitaient du temps de notre bien-aimé roi Louis XV.

— Je ne suis pas un grand seigneur, moi !

— Vous aimez mieux laisser prendre votre fille par le premier goujat venu que de la donner à un prince ?

— « La femme d'un charbonnier est plus estimable que la maîtresse d'un prince ! »

— C'est connu, dit Auger, et Rousseau, quand il écrivait cela dans un livre dédié à madame de Pompadour, était ce qu'il a été souvent, un horriblement bête, stupide et maussade animal ! Mais, vous, voici ce qui vous arrivera : votre fille ne sera pas la femme d'un prince, et sera la maîtresse de quelque charbonnier.

— Arrière, tentateur !

— Phrases! croyez-moi, consultez votre fille; car, si ce n'est pas moi, un autre l'enjôlera, et moins avantageusement, je vous jure. Je me résume donc : — Offre d'un prince; — toute-puissance d'un prince; — richesses de ce prince; — qualités personnelles dudit prince, capables de séduire la jeune personne sans que j'y mette les mains, et quoique vous y mettiez les vôtres; — mystère, sécurité, fortune sans éclat! En un mot, tout avantage, pas de regrets ni d'aventures, protection pour vos œuvres, qui ne risqueront plus d'être brûlées par la main du bourreau, pensions, distinctions, places... Voyons, s'il vous plaît de voyager...

— Rien de tout cela ne me plaît! entendez-vous, monsieur le proxénète?

— Diable! vous êtes bien difficile! — Que voulez-vous donc?

— Je veux que ma fille se marie honnêtement.

— C'est à quoi nous arrivions par un chemin de fleurs.

— Oh! oh! fit Rétif.

— Il n'y a pas de *oh! oh!* Votre fille se mariera, c'est moi qui vous en donne ma parole.

— Comment! ma fille se mariera quand le prince l'aura déshonorée?

— Vous vous servirez donc toujours de ce mot absurde?

— Je m'en sers parce qu'il est le seul qui rende ma pensée.

— Eh! mon cher monsieur, cela prouve que votre pensée est presque aussi absurde que le mot. Les bonnes grâces d'un prince du sang honorent et ne déshonorent pas, entendez-vous? les demoiselles comme mademoiselle Ingénue. Or, celui-là qui ne se fût pas trouvé honoré d'épouser votre fille sans nom et sans état sera fort honoré de l'épouser, façonnée par le commerce illustre d'un grand, et dotée de trente mille bonnes livres au moins... Allons, bon ! voilà que vous vous bouchez les oreilles, comme faisaient les compagnons d'Ulysse aux chants des sirènes. Eh! mon cher monsieur, les papas et les mamans n'ont pas entendu d'autre air que celui-là durant le règne de notre bien-aimé roi Louis XV, et ils s'y étaient parfaitement faits. J'ai vu, moi qui vous parle, entre les mains de M. Lebel, — que j'ai eu l'honneur de connaître dans ma jeunesse, et qui m'a donné les premiers conseils de maintien dans la vie, — j'ai vu des lettres de gentilshommes et de chevaliers de l'ordre de Saint-Louis qui lui demandaient, comme une grande faveur pour leur fille, d'entrer dans ce gentil couvent qu'on appelait le Parc-aux-Cerfs, et ils ne manifestaient qu'une crainte, c'est qu'elles ne fussent pas assez jolies pour y être admises. Eh bien, vous, vous n'avez pas cela à craindre pour mademoiselle Ingénue, qui est charmante.

— Monsieur, dit Rétif, ce que vous dites là est malheureusement vrai : il y a eu pour la France une ère de dépravation pendant laquelle les grands semblaien avoir le vertige de la honte ! Oui, je sais que, quand votre prétendu roi bien-aimé, quand votre tyran Louis XV a pris pour maîtresse madame d'Étioles dans la bourgeoisie, et madame du Barry dans le peuple, je sais que la noblesse a hautement réclamé son privilége de fournir des maîtresses au roi ; mais, Dieu merci ! nous ne sommes plus dans ces temps-là : Louis XV est mort comme il avait vécu, et nous sommes, grâce au ciel, en voie de régénération ! Cessez donc de me tenter comme vous le faites, monsieur Auger, car la tentation est inutile, et ne tournera qu'à votre confusion ; en même, si j'ai une vérité à vous dire et un conseil à vous donner, la vérité, c'est que vous faites un vilain métier, monsieur Auger ; le conseil, c'est que vous feriez bien de changer cet état contre un autre, et de devenir un honnête ouvrier, au lieu d'être ce que vous êtes, entendez-vous ? un instrument de perdition, de larmes et de déshonneur ! Voilà ce que j'avais à vous dire à mon tour, cher monsieur Auger; puis il me restait à ajouter une chose : c'est que, comme vous n'avez plus besoin de rien, et que je n'ai jamais eu besoin de vous, le mieux est de nous séparer.

— Bien volontiers, mon cher monsieur Rétif, car, en vérité, vous n'êtes pas plus amusant quand vous prêchez que lorsque vous écrivez; mais notre séparation, dans les termes que vous dites, va me forcer de vous signifier une chose.

— Laquelle?

— Une chose douloureuse !

— Dites, j'attends.

— C'est que je vous déclare la guerre...

— Déclarez !

— Et qu'à l'instar des généraux qui ont fait des sommations à une place forte, je vous regarde dès ce moment comme bien et dûment sommé.

— Soit.

— Et, si je mets le siége devant mademoiselle Ingénue, ou plutôt devant sa maison...

— On se défendra.

— Vous me faites pitié !

— Et, vous, vous ne me faites pas peur.

— Adieu donc ! je vais m'attaquer à la jeune fille elle-même.

— Faites.

— J'aurai des vieilles qui monteront ici.

— Je suis vieux, et nous serons vieux à vieux.

— J'aurai des commissionnaires.

— J'ouvrirai la porte moi-même.

— Le prince viendra.

— C'est moi qui lui ouvrirai.

— Eh bien, après?

— Je lui ferai honte de son amour.

— Comment cela?

— Avec des discours comme il n'en aura jamais entendu, ni vous non plus, monsieur Auger.

— Vous l'ennuierez.

— Précisément! il s'en ira.

— Allons, vous êtes homme d'esprit, monsieur Rétif, il y aura du mérite à vous combattre.

— Ah! fit Rétif avec un sentiment de retour sur lui-même, retour tout particulier aux philosophes de cette époque; — ah! c'est que vous ne savez pas combien je tiens à garder pure cette jeune fille!

— Pour qui?

— Eh! pour moi, morbleu!

— Bah! feriez-vous une nouvelle édition de vos amours avec votre fille Zéphira? C'est que, je vous en préviens, nous en dirions deux mots au lieutenant de police,

— Non, monsieur, j'aime ma fille, et je la garde pour moi, parce que la pureté d'une jeune fille est le plus beau trésor d'un père.

— Allons, vous vous répétez encore, mon bon ami; je n'ai plus de plaisir à vous entendre, et je m'en vais. Au revoir!

— Adieu.

— Oh! non pas! nous nous reverrons, et avant peu... Tenez, écoutez ce bruit...

— Quel bruit?

— Le bruit de ce qui sonne dans ma poche.

Et, après avoir remué une poignée d'or dans son gousset, Auger en tira sa main pleine, et fit scintiller aux yeux du vieillard tremblant les reflets chatoyants du métal corrupteur.

Rétif frissonna.

Le frisson n'échappa pas au tentateur.

— Voyez, dit-il, c'est ce que M. de Beaumarchais — ce monsieur moral à peu près comme vous, mais qui a un peu plus d'esprit que vous, cher monsieur Rétif, — appelle le nerf de la guerre. La belle mitraille! hein?... et la large brèche que nous allons faire avec cela à l'honneur de mademoiselle Ingénue!

Et, sur cette terrible menace, ricanant et étendant sa main pleine d'or aux yeux de Rétif, Auger sortit à reculons.

Cette sortie, habilement ménagée, conduisit, bien plus que toutes les menaces et toutes les promesses de l'envoyé du prince, Rétif de la Bretonne à la réflexion, et, de la réflexion, à la crainte.

Auger parti, il resta debout, pensif, et, se mordant la main :

— Il me prendra ma fille, dit-il en secouant la tête, il a raison... si ce n'est aujourd'hui, ce sera demain.

Puis, levant pathétiquement les bras au ciel :

— Terrible temps, dit-il, que celui où un père est obligé d'écouter de pareilles choses — de la part d'un séducteur — sans oser mettre à la porte celui qui les lui dit, de peur d'être enfermé, une heure après, à la Bastille! Heureusement que mon ami Mercier prétend que tout cela changera.

Puis, au bout d'un instant :

— Voyons, se dit-il à lui-même, Ingénue est une fille sage et honnête, consultons-la.

Et, en effet, il appela Ingénue, et, la faisant asseoir près de lui, il lui raconta les offres éblouissantes d'Auger, et ne lui cacha point les terreurs qu'elles lui inspiraient.

Ingénue se mit à rire.

Elle avait, au fond du cœur, l'arme qui rend forte contre toutes les séductions, — un jeune et véritable amour.

— Tu fais bien la brave! dit Rétif à cette rieuse enfant; qui donc te donne tant de confiance? avec quel talisman espères-tu donc combattre, et la méchanceté, et le vice, et la puissance, et le mauvais sort? avec quelles forces repousseras-tu l'amour de ce prince? Dis!

— Avec deux mots, mon père.
— Lesquels?
— J'aime quelqu'un.

— Bon! nous sommes les plus forts, alors! s'écria Rétif de la Bretonne ouvrant sa main, toujours pleine de caractères d'imprimerie, et se hâtant, tout joyeux, de placer cette phrase et ce fait dans le roman de sa vie.

## XXV

### L'INGÉNUITÉ D'INGÉNUE

Tout en composant et en imprimant la phrase de sa fille tantôt en cicéro, tantôt en petit-romain, tantôt en gaillarde, selon que les caractères s'offraient sous ses doigts, Rétif méditait cette phrase.

La méditation à laquelle se livrait le romancier le tranquillisait beaucoup sur la participation active que pouvait prendre Ingénue aux projets d'Auger; mais, en même temps, elle l'inquiétait fort sur l'état du cœur de la jeune fille. Une jeune fille, en effet, capable de dire si ingénument : « J'aime quelqu'un, » devait ne pas manquer d'une certaine résolution à laquelle tout père de famille attache une certaine conséquence.

Il en résulta que, peu à peu, Rétif ralentit son travail, et, serrant les lèvres, gesticulant du bras droit, et faisant de temps en temps : « Hum! hum! » résolut de savoir à quoi s'en tenir, tant sur l'amour d'Ingénue que sur l'homme qui en était l'objet.

Il revint donc trouver sa fille, qui, assise, toute pensive, près de sa fenêtre, effeuillait les rayons d'argent d'une clématite dont la tige tremblait en dehors de la fenêtre aux premiers souffles de l'automne.

Rétif tira une chaise, et s'assit près d'Ingénue, ayant préparé d'avance, pour l'entretien qu'il allait avoir avec elle, toutes les ressources de sa diplomatie.

— Mon amour, lui dit-il, — c'est ainsi que Rétif appelait sa fille, — tu sais donc ce que c'est qu'aimer, puisque tout à l'heure tu m'as dit que tu aimais quelqu'un?

Ingénue leva sur le romancier ses grands yeux bleus; puis, avec un sourire :

— Mais je crois que oui, mon père, dit-elle.

— Et comment sais-tu cela? qui peut te l'avoir appris?

— D'abord, mon père, vous oubliez que vous me lisez très-souvent des passages de vos livres.

— Eh bien?

— Eh bien, dans vos livres, il y a toujours de l'amour.

— C'est vrai, dit Rétif; mais je choisis, pour te les lire, les meilleurs passages.

— Les meilleurs passages? demanda Ingénue.

— C'est-à-dire les plus innocents, fit Rétif.

— L'amour n'est donc pas toujours innocent? observa Ingénue avec une grâce qui n'avait rien d'affecté.

— Charmant! charmant! s'écria Rétif. Attends que j'écrive celui-là, ma fille : il est à la fois le pendant et le correctif de l'autre.

Et, prenant à terre un morceau de papier, il y écrivit au crayon la phrase d'Ingénue, qui s'en alla rejoindre, dans sa vaste poche, des centaines de notes du même genre, que Rétif allait chercher là au fur et à mesure de ses besoins.

Ingénue, pendant ce temps, était restée pensive.

— Tu as dit : « *D'abord*, mon père..., » continua Rétif; il y a donc un *ensuite ?*...

— Je ne comprends pas bien.

— Je veux dire que tu as donc appris autre part que dans mes livres l'existence de l'amour?

Ingénue sourit, mais garda le silence.

— Voyons, dit Rétif, où et comment t'es-tu aperçue que tu aimais?

— Je ne savais pas si j'aimais, mon père; mais, en voyant quelqu'un que je n'aimais pas, j'ai deviné tout de suite que mon cœur était à un autre.

— Tu as vu quelqu'un que tu n'aimais pas?

— Oui, mon père.

— Quand cela?

— Le soir de la fusillade.

— Et quel est ce quelqu'un?

— Un beau jeune homme.

— De quel âge?

— Mais de vingt-six à vingt-sept ans.

— Bon Dieu! s'écria Rétif, mais tu ne m'avais pas dit cela, mon enfant!

— Si fait, mon père, je crois vous avoir dit que, séparée de vous, perdue dans les carrefours, tremblante de peur, j'avais accepté le bras d'un inconnu qui m'avait reconduite.

— Hélas! hélas! que de beaux jeunes gens dans nos petites affaires, ma pauvre Ingénue!

— Ce n'est pas ma faute, mon père, dit naïvement la jeune fille.

— Non, assurément, mon enfant, ce n'est point ta faute... Un beau jeune homme de vingt-six à vingt-huit ans... élégant?

— Très-élégant, mon père.

— C'est-cela! De beaux yeux, grand, mince, la lèvre inférieure un peu pendante?

— Je ne saurais vous dire.

— Rappelle tes souvenirs.

— Je crois que oui.
— C'était le prince !
— Ah ! probablement ! s'écria Ingénue.
— Pourquoi cela, probablement ?
— Parce qu'il m'a dit, en me rassurant, — j'avais été effrayée par la présence d'un homme qui nous suivait — parce qu'il m'a dit : « Ne craignez rien ; cet homme est à moi ! »
— Des embûches ! des piéges ! s'écria Rétif. Hélas ! ma maison a perdu son repos... Oh ! les grands ! oh ! le peuple ! oh ! la liberté !... Voyons, à présent que tu m'as parlé de celui que tu n'aimes pas, parle-moi de celui que tu aimes.
— Mais vous savez bien quel est celui que j'aime, mon père.
— N'importe, nomme-le-moi toujours.
— C'est M. Christian.
— Je m'en doutais, murmura Rétif.
Et il laissa tomber sa tête sur sa poitrine.
En effet, le pauvre romancier était fort embarrassé pour diriger, dans la voie qu'il voulait lui voir suivre, le roman commencé de sa fille.
Il se retrouvait dans la situation où il s'était vu sur le quai, quand le jeune homme était tombé, c'est-à-dire dans l'indécision de savoir s'il conterait ou non à Ingénue le malheur qui était arrivé à son amant.
Un mauvais sentiment l'emporta, ainsi qu'il arrive presque toujours chez l'homme, quand l'homme réfléchit : Rétif était, comme le sont tous les pères, un peu jaloux de sa fille ; il la traitait comme un personnage de son imagination ; il ne voulait pas que cette enfant, à laquelle il avait donné le nom d'Ingénue, ne fût pas l'ingénuité même ; cela eût gêné ses combinaisons dramatiques, et gâté le modèle sur lequel, tous les jours, il travaillait à faire des Greuze avec sa plume.

Il aima mieux ne rien dire. Avouer que Christian étai blessé, c'était doubler l'intérêt et par conséquent, l'amour que lui portait Ingénue ; bien au contraire, laisser Ingénue dans l'ignorance, c'était livrer son cœur au doute.

— Hélas ! répondit-il, M. Christian !...

— Eh bien, quoi ? demanda la jeune fille avec cette sécheresse réservée qui promettait, pour quinze ans plus tard, une femme de trente ans vigoureusement constituée au moral. Qu'y a-t-il contre M. Christian ?

— Il y a, continua Rétif, que c'est un menteur.

— Lui ?

— Que c'est un homme cherchant à te séduire comme les autres.

— Pourquoi ?

— Parce que M. Christian, qui t'avait dit qu'il était ouvrier, n'est-ce pas ?

— Oui.

— N'est point un ouvrier.

— Je le sais bien.

— Comment ! tu le sais bien ?

— Oui, c'était facile à voir.

— Et tu l'as vu ?

— Tout de suite... Après ?

Cet *après* si amer piqua Rétif.

— Comment, après ? demanda-t-il.

— Sans doute, après ? reprit Ingénue avec la même fermeté.

— Après, reprit le romancier, nous examinerons si mademoiselle Ingénue Rétif de la Bretonne, qui refuse l'amour d'un prince, pourrait accepter celui d'un mauvais sujet de page.

— Un page ! s'écria Ingénue avec un accent de terreur qui n'échappa point à Rétif.

— Page de prince, rien que cela ! fit Rétif appuyant avec bonheur sur l'effet qu'il venait de produire, et qui se trahissait par la pâleur d'Ingénue, tant était bien établie la réputation de MM. les pages dans toute l'étendue du royaume de France.

Si Ingénue eût été debout, elle se fût certainement laissée choir ; elle était assise, elle baissa la tête, et répéta :

— Un page !

— Un page de M. le comte d'Artois, ajouta Rétif, c'est-à-dire le valet d'un libertin !

Puis, comme effrayé de ce qui venait de lui échapper il baissa la voix.

— Car, nous pouvons le dire en toute franchise, ajouta-t-il, et, cela, avec la noble franchise qui appartient à un cœur probe et à un homme libre...

Et il parlait si bas, que sa fille, à laquelle il s'adressait, l'entendait à peine.

— Car, nous pouvons le dire, M. le comte d'Artois est un libertin fieffé, un séducteur de jeunes filles, un roué destiné à continuer les exploits de la Régence !

— Eh bien, interrompit Ingénue, qui avait repris un peu d'assurance, qu'a de commun tout cela avec M. Christian ?

— Ce que cela a de commun avec lui ? Mais tu connais le proverbe, ce me semble : « Tel maître, tel valet. » Nous n'allons pas nous figurer, j'espère, que M. Christian soit un modèle de vertu !

— Pourquoi pas ? murmura faiblement Ingénue.

— C'est impossible, car, dans ce cas, il ne resterait pas au service de Son Altesse royale.

— Oh ! fit la jeune fille, n'exagérez-vous point, mon père ?

— Et, d'ailleurs, il me vient une idée, s'écria tout à coup Rétif avec l'énergie qu'il puisait dans son triomphe : qui sait si ce drôle ne venait point auprès de toi dans le même but que l'autre ?

— Quel autre, mon père ?

— Mais cet Auger... Indubitablement, pardieu ! c'est clair comme le jour, M. Christian est un émissaire du même prince ; voilà la filiation de cette intrigue. Le comte d'Artois t'a envoyé son page ; le page étant arrêté en route, il t'a envoyé Auger.

Rétif avait prononcé ces mots : *Arrêté en route,* avec une intonation si étrangement joyeuse, qu'Ingénue releva vivement la tête.

Elle venait de concevoir un vague soupçon, non du malheur qui était arrivé à Christian, mais d'un obstacle quelconque élevé par son père entre elle et lui.

— Comment, arrêté ? demanda-t-elle. Que voulez-vous dire ?

Rétif comprit l'imprudence qu'il venait de commettre, et rougit.

— Mais, sans doute, répliqua-t-il, n'a-t-il point été arrêté par moi, quand je l'ai convaincu de n'être point un ouvrier ?

— C'est vrai, répondit Ingénue ; mais comment avez-vous su que c'était un page ?

— C'est bien simple, parbleu !

— Mais, enfin ?...

— En le suivant.

— Vous l'avez suivi ?

— Tu l'as bien vu.

— Mais il vous a donc dit qu'il était un page du comte d'Artois ?

— Il ne me l'a pas dit, répondit Rétif, qui n'osait pas mentir tout à fait.

— Comment l'avez-vous su, alors ?

— Je l'ai vu entrer aux Écuries ; j'ai laissé passer mon homme, et, quand il a été passé, j'ai demandé au suisse : « Quel est ce jeune homme ? » Il m'a répondu : « Un page des écuries de monseigneur le comte d'Artois qui loge ici. »

— Ah! il loge aux écuries du comte d'Artois? répéta Ingénue.

— Oui, répliqua imprudemment Rétif.

La jeune fille baissa une seconde fois la tête; mais, cette fois, c'était sous le poids d'une pensée étrange qui lui traversait le cerveau.

Rétif comprit; il eut peur d'avoir trop parlé.

— Oh! ajouta-t-il d'un air parfaitement rassuré, de ce côté-là, tu peux être tranquille, c'est bien fini!

— Pourquoi cela?

— Mais parce qu'il ne reviendra plus.

— Qui donc ne reviendra plus?

— M. Christian, parbleu!

— M. Christian ne reviendra plus? fit Ingénue avec angoisse.

— Non.

— Pourquoi cela?

— Parce qu'il est furieux d'avoir échoué. Jamais un séducteur ne pardonne sa défaite.

— Mais, puisque vous me dites qu'il venait pour un autre, et non pour lui...

— Raison de plus, et, puisque M. Auger est venu, c'est que Christian a renoncé.

L'abattement qui se produisit sur les traits d'Ingénue, à cette affirmation, alarma Rétif.

— Voyons, mon enfant, dit-il, tu es fière, n'est-ce pas?

— Mais oui.

— Tu ne peux admettre qu'un homme te méprise?

— Non, certes.

— Eh bien, celui-là te méprise, qui venait te marchander pour un autre.

— M. Auger?

— Non, le page... Je sais bien que tu n'aimes pas M. Auger, parbleu!

Ingénue secoua la tête.

— M. Christian ne m'a jamais marchandée, dit-elle.
— Qui te le fait croire?
— C'est qu'il ne m'a jamais dit qu'il venait de la part d'une autre personne.
— Il ne te l'a jamais dit; mais c'était la réalité, cependant.

Ingénue secoua encore la tête.

— C'était un singulier moyen de me faire la cour pour un autre, que de se faire aimer pour lui.

Cette logique simple et nette écrasa Rétif.

— Oh! dit-il en balbutiant, ne te fie point à cela, ma pauvre Ingénue : ces séducteurs ont tant de ruses!

— M. Christian n'en avait aucune, répondit résolûment Ingénue.

— Ils tendent des piéges.

— M. Christian ne m'en a tendu aucun.

— Mais tu ne peux pas savoir cela, toi!

— Parfaitement, au contraire! Un homme qui tend des piéges n'eût pas été, comme Christian, doux, affable, soumis, obéissant à mes moindres volontés.

— Au contraire! au contraire! s'écria Rétif, et voilà où est la ruse.

— Il n'eût pas respecté une femme comme Christian me respectait.

— Mais si! puisqu'il la gardait pour un autre.

— Il ne l'eût point embrassée, alors, s'il l'avait gardée pour un autre, dit Ingénue.

— Il t'embrassait? demanda Rétif tout abasourdi.

— Mais oui, dit simplement la jeune fille.

Rétif croisa ses bras, et se promena dramatiquement dans sa petite chambre.

— Oh! nature! murmura-t-il.

— Enfin, expliquez cela, dit Ingénue, qui suivait impitoyablement ses raisonnements.

— Je n'explique rien, grommela Rétif; seulement,

je répète que M. Christian est un débauché, puisqu'il
t'embrassait.

— Oh! dit la jeune fille, je l'ai embrassé aussi, et je
ne suis pas une débauchée, mon père.

L'accent inimitable avec lequel ces paroles furent prononcées fondit tout le courroux du romancier; il sentit
qu'il devait reprendre son sang-froid et ruser avec une
pareille innocence.

— Alors, je n'ai plus qu'une chose à te dire, mon
enfant, ajouta-t-il.

— Dites, mon père, je vous écoute.

— Si M. Christian n'est point un débauché, s'il t'aime
purement, j'ai beau l'avoir chassé, il reviendra.

— Oh! j'en suis sûre!

— Alors, s'il ne revient pas...

Rétif s'arrêta hésitant, car il sentait qu'il commettait
une mauvaise action.

— Eh bien, s'il ne revient pas?... demanda Ingénue
le sourcil froncé.

— S'il ne revient pas, croiras-tu enfin que tu t'es
trompée sur son compte, et qu'il n'en voulait qu'à ta
vertu, par caprice ou par libertinage?

— Mon père!

— Le croiras-tu?

— Dame!

— Avoue donc! car, en vérité, tu me fais peur avec
cette ténacité : tu as l'air d'une femme sans cœur.

— Oh! dit-elle en souriant.

— Réponds.

— Eh bien, j'avoue que, si M. Christian ne revient
pas, cela m'étonnera beaucoup.

— Ah! ah! cela ne fera que t'étonner. Tu es bien bonne!

— Cela me donnera aussi des soupçons sur lui!

— Des soupçons qu'il était envoyé par le prince,
comme M. Auger.

— Non, jamais! dit Ingénue.

— Mais quels soupçons, alors?

— Soupçons que vous l'avez découragé, que vous lui avez fait peur, que vous l'avez empêché de m'aimer comme il le voulait.

— Comment le voulait-il?

— Que sais-je? peut-être sans m'épouser.

— Ah! fit Rétif tout joyeux, je retrouve donc ma fille! Eh bien, je fais une gageure avec toi... veux-tu?

— Mon père, dit Ingénue avec une souffrance visible, ne riez pas ainsi, je vous en prie; vous me faites de la peine.

Mais Rétif n'entendait point, ou ne voulait point entendre. Il continua.

— Je gage, dit-il, que, d'ici à quinze jours... non, quinze jours, ce n'est point assez... je gage que, d'ici à un mois, M. Christian ne reparaîtra plus.

— Pourquoi d'ici à un mois justement? dit Ingénue, qui encore une fois touchait Rétif au défaut de la cuirasse; pourquoi, s'il cesse de venir, ce sera-t-il pour quinze jours ou un mois, et non toujours?

— Je dis, fit Rétif désarçonné, je dis un mois, tu entends, comme je dirais six mois, comme je dirais un an, comme je dirais toujours... Est-ce que je sais, moi?

— Eh bien, fit Ingénue, je suis plus savante que vous, alors, mon père!

— Toi?

— Oui, moi.

— Et tu dis?

— Je dis, répéta Ingénue, que, s'il ne revient pas d'ici à un mois, c'est qu'il ne reviendra jamais.

— Certainement.

— Mais j'ajoute encore que, s'il ne revient pas d'ici à demain, c'est qu'il ne reviendra pas d'ici à un mois.

— Très-bien, amour! très-bien! s'écria Rétif, enchanté de voir Ingénue abonder dans son sens.

Puis, tout bas :

— D'ici à un mois, se disait le romancier, combien n'y aura-t-il pas de choses qui auront fait oublier soit Christian à Ingénue, soit Ingénue à Christian !

Ce digne écrivain, grand Homère des héros d'amour, comptait sans la jeunesse, qui domine la fortune, et sans la fortune, qui presque toujours protége la jeunesse.

Comme Ingénue était sûre de revoir, de près ou de loin, Christian le soir ou le lendemain, elle reprit son son visage calme, et attendit.

Quant à Rétif, tout haletant de cette lutte acharnée, il alla reprendre la composition de ses *Nuits de Paris*.

## XXVI

#### M. AUGER

Auger, illustre objet de la longue conversation que nous venons de raconter, avait fait des promesses à M. le comte d'Artois et des menaces à Rétif de la Bretonne.

Il s'agissait, maintenant, de tenir les unes et de réaliser les autres.

Cependant, il avait été plus loin en menaces et en promesses qu'il ne lui était possible d'aller en réalité.

En promesses, on a vu le résultat de la tentative faite à l'endroit de Rétif de la Bretonne.

En menaces, les temps étaient un peu changés ; les lettres de cachet ne s'obtenaient plus aussi facilement que du temps de M. de Sartine ; Louis XVI, honnête homme, avait des velléités d'homme juste ; il lui arvait bien encore de se laisser aller parfois, comme pour Beaumarchais, à envoyer un écrivain à Saint-Lazare ou à la Bastille ; mais au moins voulait-il que cet écrivain eût commis, ou eût l'air d'avoir commis une faute.

Pas moyen donc de demander une lettre de cachet contre Rétif de la Bretonne. Cette raison, que, père, il n'avait pas voulu consentir au déshonneur de sa fille, excellente auprès de Louis XV, eût été fort mauvaise à l'endroit de Louis XVI.

Rétif avait bien prévu cela, lorsqu'il avait bravement accepté la guerre. Aussi se mit-il à surveiller Ingénue.

Cette surveillance mit les qualités de limier de M. Auger en défaut pendant huit grands jours.

C'était beaucoup ! M. le comte d'Artois n'avait donné que quinze jours à Auger; d'ailleurs, Auger ne lui avait demandé que cela.

Rétif ne quittait plus sa fille ; il se mettait avec elle à la fenêtre, et, quand Auger paraissait à l'un ou l'autre bout de la rue, il lui souriait ironiquement, ou le saluait d'un air goguenard.

Ainsi découvert, le Mercure de monseigneur le comte d'Artois s'éloignait furieux.

Les précautions de Rétif s'étendaient aux plus petits détails.

Pas un pain, pas un cornet d'épicerie n'entrait chez l'écrivain sans avoir été visité. Rétif inventait des ruses de guerre pour avoir la satisfaction de les combattre.

Quand il sortait avec Ingénue, c'était un argus ayant, dans les pans de sa redingote de vingt ans, beaucoup plus d'yeux qu'Argus, l'espion de la reine des dieux, n'en avait par tout son corps.

Auger, qui courait nuit et jour, finissait par être sur les dents.

Dans les églises, chez les marchands, il était toujours au guet et toujours repoussé : repoussé quand il envoyait des émissaires suspects, auxquels Rétif de la Bretonne, comme il le lui avait promis, fermait incivilement la porte au nez; repoussé quand il écrivait ou faisait écrire, et qu'une vieille femme, sous la coiffe d'une voisine, ou le béguin d'une dévote, voulait s'approcher d'Ingénue pour lui glisser une lettre; repoussé même quand il tentait d'échanger avec Ingénue, qui, du reste, ne s'y prêtait en aucune façon, un simple coup d'œil.

Il ne lui restait donc qu'à employer la violence, comme il en avait menacé Rétif de la Bretonne. — Un soir, il essaya.

Ce soir-là, Ingénue revenait, avec son père, de sa promenade habituelle chez Réveillon. Auger fondit comme un désespéré sur la jeune fille; il voulait la séparer de son père, l'enlever dans ses bras, et l'emporter dans un fiacre qui l'attendait au coin de la rue.

Rétif, au lieu d'engager une lutte dans laquelle il eût succombé certainement, passa sa canne entre les jambes du ravisseur, et cria de toutes ses forces : « A la garde! »

Ingénue, qui ne se souciait pas le moins du monde de M. Auger, et qui n'avait de mémoire, de vœux et de souhaits que pour Christian, quoi qu'il n'eût point reparu, cria aussi.

Auger s'embarrassa les jambes dans la canne de Rétif, et roula dans le ruisseau; il voulut se relever et ressaisir sa proie qui lui échappait, mais les cris de ses victimes attirèrent aux fenêtres des témoins, en même temps que paraissait une escouade du guet à l'extrémité de la rue où avait lieu l'attaque.

Auger n'eut que le temps de s'enfuir à toutes jambes, en maugréant contre la Providence, qui délivre les vierges des libertins, et les patrouilles, qui protègent les faibles contre les forts.

Mais Auger ne se tint pas pour battu. Il se promit de recommencer avec plus de chances.

— Si je n'avais pas été seul, se dit-il, la jeune fille eût été enlevée, et, une fois enlevée et dans la maison du prince, ma foi! le prince devenait responsable de l'événement.

Auger prit un aide.

Mais Auger avait compté sans Rétif de la Bretonne; le vieillard, de son côté, s'obstinait encore plus à ne pas se laisser enlever sa fille qu'Auger à la lui enlever. Depuis la tentative du ravisseur, chaque fois qu'il revenait de chez Réveillon, la seule maison que fréquentât sa fille, Rétif se faisait suivre par des ouvriers de la fabrique, gens, en général, peu amis des aristocrates, et qui, guettant avec passion la chance de distribuer quelques rudes coups, consentaient à se blottir dans le coin des bornes ou des portes cochères, pour allécher, par une apparente et trompeuse solitude, l'ennemi du repos d'Ingénue.

Auger contrefit l'homme ivre; il s'était habillé en cocher. Son compagnon, aussi peu ivre que lui, l'aidait à barrer la rue; ils chantaient l'un et l'autre, avec une voix avinée, une chanson populaire.

Quand Rétif arriva au désert des Bernardins, à neuf heures et demie du soir, — heure indue pour ces quartiers, — Auger, qui reconnut le pas et la démarche de ses victimes, vint à Ingénue tout en trébuchant, et protesta qu'il voulait l'embrasser.

Elle cria, il fondit sur elle, et, cette fois, il eut le temps de l'enlever entre ses bras.

Rétif cria au secours; mais le compagnon d'Auger lui saisit la perruque et la gorge tout ensemble.

Il était déjà trop tard : le signal était donné, l'appel était fait. Nos deux héros de carrefour, avant d'avoir fait un pas vers le fiacre, se virent cernés par quatre vigoureux gaillards qui, armés de bâtons et de nerfs de bœuf, se mirent à s'escrimer sur le dos des ravisseurs, en accompagnant chaque horion d'une épithète d'autant plus désobligeante qu'elle était méritée.

Force avait donc été à Auger de lâcher Ingénue, et à son compagnon d'abandonner Rétif; le père et la fille avaient profité de cet abandon pour gagner leur porte, la refermer derrière eux, et, leur cinq étages grimpés, ils avaient eu le temps de se mettre à la fenêtre avant que la correction qui s'administrait dans la rue fût complétement achevée.

Il faut avouer aussi que les quatre vengeurs y mettaient plus que de la justice, ils y mettaient de l'enthousiasme : ils trouvaient un grand plaisir à la besogne, et la faisaient durer le plus longtemps possible ; en conséquence, ils travaillèrent les côtes de M. Auger et de son acolyte jusqu'à ce que l'acolyte de M. Auger restât sur le carreau.

Quant à M. Auger, il s'esquiva moulu, grâce à un pistolet dont il s'était muni, qu'il se décida à montrer, et dont les bâtons eurent peur.

Cette scène, qui fit grand bruit dans le quartier, posa la vertu d'Ingénue comme une citadelle imprenable.

Le commissaire releva le blessé, que nul ne réclama, et l'on parla de le pendre pour avoir volé sur le grand chemin.

Cette aventure enleva toute espérance et ôta tout enthousiasme à M. Auger, lequel, remis de ses blessures, s'en vint, l'oreille basse, trouver, un soir, le prince, au moment où celui-ci venait de se mettre au lit.

Malheureusement pour M. Auger, Son Altesse royale était, ce soir-là, de mauvaise humeur ; elle avait perdu deux mille louis contre M. le duc d'Orléans, en faisant courir des chevaux français concurremment avec des chevaux anglais ; elle avait reçu un sermon du roi pour son irréligion, et elle avait été boudée de la reine, pour avoir tourné le dos au roi.

Ce soir-là donc, ce n'était point un prince maniable.

Auger savait tout cela, mais Auger n'avait le choix ni de l'heure ni du moment.

Auger n'avait demandé que quinze jours pour réussir ; on était au dix-septième, et, en se couchant, le prince avait dit :

— Voilà huit jours que je n'ai point entendu parler de M. Auger; qu'on aille me chercher ce drôle, afin que je lui frotte les oreilles!

Et, comme M. Auger avait le malheur de n'être point aimé de la valetaille, un laquais s'était précipité par les degrés, afin d'exécuter plus vivement les ordres de Son Altesse royale. Le laquais avait manqué d'en crever d'essoufflement; mais, dix minutes après l'ordre donné, M. Auger était dans l'antichambre du comte d'Artois.

Quand il se présenta devant Son Altesse royale, le prince, après avoir battu son oreiller à grands coups de poing, cherchait un dos pour se remettre en haleine, comme Mercure.

— Ah! monsieur Auger! s'écria le prince, c'est vous, enfin! c'est bien heureux, par ma foi! Je vous croyais parti pour l'Amérique... Aurai-je bonne chance de votre côté, au moins?

Auger répliqua par un soupir triste et prolongé.

Le prince comprit.

— Qu'est cela? fit-il; ne m'apportez-vous donc pas cette jeune fille?

— Eh! monseigneur, répondit le malheureux messager d'amour, hélas! non!

— Pourquoi cela, je vous prie?

— Parce que tous les malheurs de ce monde ont fondu sur moi, monseigneur.

Et Auger raconta le plus lamentablement qu'il put les malheurs qui avaient fondu sur lui.

Le prince l'écouta sans la moindre compassion. Auger était désespéré : aucune sympathie pour tant d'infortunes n'apparaissait sur le visage du prince.

— Vous êtes un imbécile! dit Son Altesse royale, quand la péroraison fut achevée.

— C'est vrai, monseigneur, fit Auger en s'inclinant; voilà déjà longtemps que je m'en suis aperçu.

— Mais ce n'est pas le tout que d'être un imbécile, vous êtes un mauvais serviteur !

— Ah ! pour cela, Altesse...

— Un drôle !

— Monseigneur !

— Le dernier des croquants !... Quoi ! ce n'est pas assez que d'échouer, vous allez compromettre ma livrée, qui n'est déjà pas trop populaire, à recevoir des coups de bâton ?

— Mais, monseigneur, il n'y a pas de ma faute, c'est de la fatalité.

— Si je m'en croyais, je vous désavouerais absolument ; je dis plus...

— Ah ! monseigneur, vous ne pouvez rien dire de plus !

— Si fait, monsieur ! et, au cas où l'on vous rechercherait, je vous laisserais pendre.

— Ce serait une triste récompense du mal que j'ai eu et de la peine que j'ai prise pour vous, monseigneur.

— Le beau mal ! la grande peine ! une fillette, pas d'appui, pas de connaissance, et pour garde du corps, un infirme !

— Ceux qui ont frappé sur nos épaules, à mon compagnon et à moi, n'étaient pas des infirmes, monseigneur.

— On est rossé une fois, j'admets cela ; mais raison de plus, mordieu ! pour prendre sa revanche.

— Ce n'était pas chose facile, monseigneur : tout le quartier était prévenu.

— Belle raison ! Où la force échoue, reste la ruse.

— Le vieux père est un véritable renard, monseigneur.

— On se délivre du père.

— Impossible ! ce folliculaire est de fer et de coton à la fois.

— Qu'entendez-vous par là ?

— De fer, pour frapper ; de coton, pour recevoir les coups.

— On amadoue la fille.

— Pour amadouer une fille, monseigneur, encore faut-il lui parler, ou tout au moins la voir.

— Eh bien ?

— Eh bien, impossible de la voir ni de lui parler, monseigneur.

— Mais vous n'avez donc pas la moindre imagination ! s'écria le prince furieux ; mais vous êtes donc une brute inepte, un stupide animal, un simple palefrenier d'amour ! mais vous ne valez donc pas un Savoyard ! vous êtes donc au-dessous d'un Auvergnat ! Je vous fais le pari que le premier venu que je prendrai, monsieur Auger, que le commissionnaire du coin de la borne fera l'affaire que vous manquez, et, qui plus est, à votre honte, la fera bien.

— J'ose croire que non, monseigneur.

— Mais enfin, monsieur, comment faisaient donc Bontems, Bachelier, Lebel, ces héros ? comment faisait le valet de chambre du régent ? comment faisait le secrétaire de M. de Richelieu ? Y a-t-il exemple que Bachelier ou Lebel, Bontems ou Raffé aient jamais manqué une femme ? N'y avait-il pas Monceau du temps du régent ? le Parc-aux-Cerfs du temps de Louis XV ? Impossible ! impossible, monsieur ?.. Eh ! morbleu ! c'est la première fois qu'un roi ou un prince entend ce mot-là.

— Cependant, monseigneur, quand la force des événements...

— Sottise ! sottise ! monsieur Auger ; rien ne force les hommes : ce sont les hommes, au contraire, — je parle des hommes habiles, bien entendu, — ce sont les hommes qui forcent les événements. Cordieu ! monsieur Auger, je l'ai vue, moi, cette petite fille ; je suis monté dans sa chambre, et, si l'appartement n'eût pas senti si fort le papier d'imprimerie et les bouquins poudreux ; si j'eusse été assuré qu'il n'y avait pas quelque amant caché dans une armoire, et prêt à faire scandale ; si, en un mot, j'eusse été un simple officier de mes gardes, au lieu d'être moi-même, je la tenais, cette petite fille, et je ne sortais de chez elle que le lendemain matin !... Est-ce vrai cela, monsieur?

— Certes, monseigneur.

— Mais non, voilà que je suis assez niais pour faire les choses en prince ! voilà que j'ai mon Bontems, mon Bachelier, mon Lebel que je paye ! et voilà que l'affaire manque par la faute de celui qui devait la faire réussir !... J'ai du malheur, en vérité, d'être prince du sang ; le plus mince élève de la basoche me rirait au nez de n'avoir point su triompher de mademoiselle Ingénue Rétif de la Bretonne.

— Je supplie monseigneur...

— Vous êtes un cuistre, monsieur Auger! allez à l'école.

— Mais, monseigneur, Bachelier, Lebel, Bontems et tous les hommes que Votre Altesse me fait l'honneur de me citer, monseigneur, tous ces hommes-là vivaient dans un autre temps.

— Oui, je le sais, monsieur, dans un temps où les princes avaient des serviteurs si fidèles, si intelligents, si adroits, qu'ils n'avaient qu'à souhaiter pour être obéis.

— Monseigneur, en ce temps-là, c'était le bon temps ; mais aujourd'hui les jours sont mauvais.

— Et en quoi le temps dont je parle était-il meilleur que le nôtre ? Voyons, monsieur.

— Mais, monseigneur, en ce que M. Bachelier avait des ordres en blanc, des lettres de cachet en blanc... quand je dis M. Bachelier, je dis M. Lebel, je dis M. Bontemps; ils commandaient à tous les commissaires de Paris, à la maréchaussée en province. Pour M. le duc d'Orléans régent, il avait tant de grandes dames, qu'il ne descendait pas jusqu'aux bourgeoises, et M. le duc d'Orléans actuel se pourvoit de chevaux, de voitures et de maîtresses en Angleterre.

— Bon! et M. le duc de Richelieu, quand il était jeune et qu'il courtisait les princesses du sang, malgré le chef de l'État, leur père?... Mademoiselle Ingénue est-elle plus difficile à obtenir que mademoiselle de Valois, et M. Rétif de la Bretonne est-il plus puissant que Philippe d'Orléans?

— J'ose répéter à Votre Altesse royale que toutes les bonnes traditions se perdent; il faut, comme dit M. Mercier, qu'on approche de quelque cataclysme; ce qui était regardé autrefois comme une grâce est appelé aujourd'hui un déshonneur. En vérité, monseigneur, excusez-moi de vous dire de pareilles choses, je ne sais pas si ce sont les princes qui s'en vont ou les honnêtes femmes qui viennent; mais, aujourd'hui, on recule devant tout, et la preuve, c'est que Votre Altesse royale me déclare que, si les ravisseurs d'Ingénue sont poursuivis, elle me livrera pour être pendu. Est-ce bien encourageant, voyons, monseigneur? Ah! qu'on me donne une lettre de cachet, une entrée à la Bastille pour ce Rétif de la Bretonne! — il l'a méritée cent fois, et ce ne sera pas lui faire une injustice; — qu'on me donne un piquet d'agents de la police pour rouer de coups ceux qui nous ont roués, et je garantis à Votre Altesse royale que la belle sera prise avant deux jours; seulement, pour cela, il faut qu'on ne craigne ni le bruit ni les coups : les coups, je ne les crains pas, et je les ai reçus bravement; mais le bruit, Votre Altesse royale n'en veut pas.

— Non, certes, je n'en veux pas! s'écria le prince. Voyez un peu le beau mérite de me satisfaire en me mettant en jeu! Pardieu! si je vous donne une armée de trois mille hommes, il est à peu près certain que vous réduirez M. Rétif; si je vous donne un bon pour prendre quatre canons aux Invalides, il me paraît probable que vous enfoncerez la porte de mademoiselle Ingénue ; mais ce que je demande, moi, entendez-vous? c'est de l'adresse, c'est de l'imagination, c'est de la diplomatie. Vous me répondez que les temps sont changés; parbleu! oui, ils le sont, puisque je ne vous ai pas encore fait brancher pour la confusion dont vous me couvrez... Si de pareilles demoiselles sont plus difficiles qu'au temps de Bachelier et de Lebel, morbleu! il fallait vous montrer plus fort que Lebel ou Bachelier, voilà tout. J'entends dire tous les jours que le monde marche, que le siècle fait des progrès, que les lumières se répandent : marchez avec le monde, monsieur! faites des progrès avec le siècle, et, puisque la lumière se fait, voyez-y clair!

Auger voulut répliquer, mais le prince, lancé dans sa colère, avait été si loin, qu'il ne pouvait plus reculer.

Le comte d'Artois se dressa sur son lit, et, montrant la porte avec un geste d'empereur :

— Sortez, monsieur! dit-il, sortez!

— Monseigneur, répondit Auger s'inclinant, je ferai mieux une autre fois.

— Point du tout, vous ne me comprenez pas : je vous ordonne de sortir pour ne plus rentrer.

— Comment, monseigneur?

— Je ne veux plus de vos services.

— Quoi! Votre Altesse me chasse? s'écria Auger tout stupéfait.

— Oui.

— Sans motif?

— Comment, sans motif?

— Je veux dire sans torts.

— C'en est un, d'échouer, monsieur, et celui-là, Dieu merci! vous l'avez eu!

— Monseigneur, laissez-moi essayer encore...

— Jamais !

— Peut-être trouverai-je quelque ruse.

— Inutile ! Si je veux cette fille, je l'aurai, mais par un autre que vous, mon cher ; ce sera le moyen de vous prouver que vous êtes un âne. Allez !

Le prince, cette fois, avait parlé en maître ; il n'y avait donc rien à répliquer. Il tira une bourse de son secrétaire, la jeta à Auger, se tourna du côté de la ruelle, et cessa de parler.

Auger, un instant confondu par ce qu'il appelait une noire ingratitude, ramassa la bourse et sortit en disant, assez haut pour que le prince l'entendît :

— C'est bon, je me vengerai !

Mais, comme cette menace ne pouvait regarder le prince, il ne se retourna même point : il soufflait sa colère, ou ronflait.

Monseigneur le comte d'Artois avait tort de ronfler : il n'y a pas de petit ennemi, même pour un grand prince.

Témoin madame du Barry, qui fut un instant une plus grande princesse que les princesses du sang, et qui eut pour ennemi un petit nègre, lequel lui fit couper cette même tête sur laquelle, en se jouant, elle avait essayé cette même couronne de France, qui devait porter si grand malheur à Marie-Antoinette !

## XXVII

### LE CURÉ BONHOMME

On se demande, sans doute, quel genre de vengeance M. Auger, c'est-à-dire un misérable laquais, pouvait tirer de Son Altesse royale monseigneur le comte d'Artois, prince du sang.

M. Auger perdait, il est vrai, sa fortune et son avenir, — puisqu'il y a parfois un autre avenir que la potence pour les misérables de l'espèce de M. Auger; — M. Auger ne figurait plus parmi les ustensiles de la cour : M. Auger ne trouvait plus sous sa dent ce pain tout cuit de la servitude, qui a des charmes si puissants sur les cœurs lâches et les âmes aviles.

Ce sont là, convenons-en, des griefs qui ne se pardonnent pas.

M. le comte d'Artois eût dû penser à cela, avant de se faire un ennemi tel que M. Auger; mais, nous l'avons dit, avec l'imprudente insouciance de la jeunesse, le prince s'était retourné contre la muraille, et, au lieu de méditer, il avait ronflé.

Funeste indifférence ! — Les époques changent, et l'ennemi microscopique prend, à de certaines heures, les proportions du géant Micromégas.

Au reste, ne nous appesantissons pas sur un sommaire qui pourrait trop en dire au lecteur; la vengeance de M. Auger se déduira du récit qu'on va lire.

Trois jours après cette scène violente entre le valet et le maître, un homme pâle, les traits altérés, sans souffle et sans force, se présentait chez le curé de la petite paroisse Saint-Jacques-du-Chardonnet ou du Chardonneret, soit que le lecteur veuille faire remonter l'étymologie de la rue au genre végétal ou au genre animal.

Il était une heure de l'après-midi ; il faisait une splendide journée d'automne, lumineuse comme un sourire de vieillard ou un coucher de soleil.

Le curé venait d'achever de dîner. Il avait accompli tous ses offices. Assis sur un banc de gazon, dans son jardin, il lisait, au lieu de son bréviaire, une brochure qui venait de paraître, et que les uns attribuaient à M. de Mirabeau, d'autres à M. Marat, d'autres à d'autres.

Toujours est-il que, quel que fût l'auteur de l'écrit, l'écrit était des plus patriotiques.

Ce digne curé, élève de la charité du siècle, et bercé par la philosophie de Port-Royal, pratiquait un culte de fantaisie non encore défini, mais qui devait, soixante ans plus tard, se trouver représenté par la doctrine de l'abbé Châtel; c'était un mélange d'incrédulité et de religion formant une croyance révolutionnaire à l'usage des honnêtes gens : la plus dangereuse de toutes les croyances, en ce qu'elle dispensait de croire à Dieu !

Mais le digne curé n'y regardait pas de si près; on n'était plus au temps des prélats qui coordonnaient à la fois l'exercice de l'esprit et de la conscience *ad usum Ecclesiæ*.

Notre curé, bourré de lectures patriotiques et philosophiques à la fois, respectait Dieu, mais s'occupait infiniment plus que le pape ne l'eût autorisé des affaires temporelles de la France. C'était, à coup sûr, un de ces pasteurs qui, quatre ans plus tard, prêtèrent, avec enthousiasme, serment à la Constitution, et qui aidèrent la Révolution à sortir de ses langes ; honnêtes utopistes, cœurs purs, traîtres irréprochables qui livrèrent pieds et poings liés aux jacobins le roi et Dieu, si l'on pouvait livrer Dieu aux hommes ; un de ces prêtres, en un mot, que la reine refusa si dédaigneusement quand elle aperçut l'échafaud qui lui marquait le ciel.

L'abbé Bonhomme — c'était un excellent nom de pasteur chrétien — lisait donc cette brochure, quand mademoiselle Jacqueline, sa servante, l'appela dans son petit jardin, pour qu'il répondît à l'homme échevelé et pâle dont nous venons de parler à l'instant même.

L'abbé donna ordre qu'on introduisît auprès de lui cet homme; mais, préalablement, il cacha sa brochure sous un banc, dans une touffe épaisse de réséda.

Les prêtres sont, comme les médecins, un peu physionomistes; il faut avouer que, même dans les bons temps, on ne va pas vers eux sans avoir absolument besoin d'eux; si bien qu'ils ont pour habitude et pour instinct de s'inquiéter, quand on les aborde, quel genre de service on vient réclamer d'eux.

L'abbé Bonhomme, jugeant, à l'extérieur de cet homme, qu'il était du commun et fort troublé, se remit sur son banc, leva son nez chargé de grosses lunettes sur le nouveau venu, qu'il commença par tenir à distance en lui adressant les mots suivants :

— C'est bien, monsieur... Que voulez-vous de moi?

L'homme s'arrêta; son émotion, feinte ou réelle, était visible : il roulait son chapeau entre ses doigts tremblants.

— Mauvaise figure ! murmura l'abbé Bonhomme, mauvaise figure !

Et il regardait si dame Jacqueline, sa chambrière était à portée d'entendre son appel, et d'y répondre.

L'homme s'aperçut bien de l'effet qu'il produisait, et prit un air de plus en plus humble.

— Monsieur le curé, murmura-t-il, je viens vous faire une confidence.

— Ah ! pensa Bonhomme, c'est quelque voleur qu'on poursuit... Mauvaise affaire !

— Monsieur, répliqua-t-il, un prêtre n'est point un notaire ; il ne reçoit point de confidence, il entend des confessions.

— C'est précisément la faveur que je désire obtenir de vous, monsieur le curé. Voulez-vous m'entendre en confession? demanda l'homme effaré.

— La peste soit de ce drôle ! dit en lui-même le curé; je faisais une si bonne digestion quand il est venu...

— Mais, mon cher monsieur, ajouta-t-il tout haut, une confession, c'est toujours chose grave, et cela ne se fait point dans un jardin. Attendez que je sois à l'église, dans mon confessionnal, et, alors, nous verrons...

— En ce cas, monsieur le curé, permettez-moi de vous demander quand vous serez au confessionnal.

— Demain, après-demain...

L'homme secoua la tête d'une façon désespérée.

— Oh! je n'attendrai jamais jusque-là! dit-il.

— J'en suis fâché, monsieur; mais j'ai sur ce chapitre des règles que je me suis faites. Je confesse le matin, de huit heures à midi, et jamais plus tard, à moins d'urgence.

— C'est trop tard, monsieur le curé! c'est trop tard! il me faut l'absolution tout de suite.

— Je ne comprends pas du tout, dit Bonhomme avec inquiétude.

— C'est bien facile à comprendre, cependant: il me faut l'absolution avant de mourir.

— Mon cher ami, permettez-moi de vous dire, répliqua le curé, que vous n'avez pas du tout l'air d'un homme en danger de mort.

Et il s'agita sur son siége de gazon, de plus en plus inquiet de la tournure que prenait cette affaire.

— Voilà, cependant, monsieur le curé, ce qui sera arrivé dans une heure d'ici.

— Comment cela?

— Parce qu'après avoir eu l'absolution de mon crime...

— Alors, c'est un crime que vous avez commis, et dont vous voulez vous confesser?

— Un abominable crime, monsieur le curé!

— Oh! oh! fit Bonhomme, dont l'émotion allait croissant toujours.

Et il commença de regarder autour de lui, pour reconnaître, en cas de dangers, ses moyens de défense ou de fuite.

L'homme continua, sans paraître faire attention aux dispositions prudentes que prenait le curé :

— Un crime après lequel je ne puis plus vivre, et pour lequel il me faut au moins l'absolution d'un prêtre, afin que je paraisse plus tranquille devant Dieu.

— Mais, objecta le curé, vous prenez là une route impossible.

— Comment?

— Je ne puis vous laisser vous tuer.

— Oh! empêchez-m'en! empêchez-m'en! s'écria l'homme avec un sourire qui glaça le prêtre de terreur.

— Si je ne vous en empêche pas, c'est que je serai moins fort que le diable, qui vous possède! J'entends, par le diable, le mauvais esprit; car, enfin, — ajouta-t-il avec un sourire, tout effrayé qu'il était, — vous ne me supposez pas capable de croire au diable, comme un ecclésiastique du moyen âge, et, cependant, l'Écriture dit : *Diavolus ;* tous les livres saints le nomment; je ne ferais donc, à tout prendre, que mon devoir en croyant au diable.

— Mais vous préférez n'y pas croire!... répondit l'homme avec une douceur qui n'était pas exempte d'ironie.

— On a ses idées, mon ami.

— Sans doute, monsieur le curé, vous avez les vôtres; moi, j'ai les miennes aussi, et particulièrement celle d'aller me jeter à la Seine au bout de la rue, aussitôt que je serai absous.

— Mais, mon cher monsieur, répondit le curé, je ne puis vous absoudre, si vous avez de pareils projets : le suicide est un péché mortel; le désir seul de vous tuer constitue ce péché : vous ne pouvez détruire ce que Dieu a fait.

— Êtes-vous bien sûr que ce soit Dieu qui m'ait fait, monsieur le curé? demanda le pécheur avec ce doute ironique dont, une première fois déjà, il avait donné la marque.

Le curé regarda celui qui l'interrogeait ; puis, comme un homme dont l'intelligence fait une immense concession à la foi :

— Je dois le croire, comme je crois au diable, dit-il, puisqu'il y a dans l'Écriture que Dieu a fait l'homme et la femme... Je vous répète donc que, si vous mourez, vous mourrez en état de péché mortel ; ce qui n'est pas une mince affaire, surtout si déjà votre conscience est chargée comme vous le dites.

— Chargée, surchargée, écrasée, monsieur le curé ! au point que je ne puis plus supporter ce fardeau, et que vous voyez un homme réduit au désespoir.

— Allons, allons, dit le curé, en qui la charité, s'éveillant, prenait peu à peu la place de la crainte ; le désespoir... cela se guérit.

— Oh ! alors, monsieur le curé, si vous connaissez un remède, indiquez-le-moi.

— Si le remède n'existe pas, au moins y a-t-il le médecin... Je suis ce médecin.

— Oh ! monsieur le curé !

— C'est à moi que les âmes s'adressent quand elles souffrent.

— Aussi me suis-je adressé à vous.

— Soyez le bienvenu, mon fils.

— Vous consentez donc à me confesser ?

— Oui.

Et le digne curé Bonhomme se leva pour aller à l'église.

Mais il faisait si doux, si chaud, si beau, que c'eût été pécher de quitter ce bon air et ces charmants ombrages. En effet, le jardin envoyait ses parfums et sa fraîcheur ; le siége gazonneux du curé avait pris cette languissante et moelleuse souplesse qui semble une complaisance des choses inanimées pour les besoins du corps.

Le curé, à moitié levé déjà, retomba sur son banc en poussant un soupir.

— J'ai entendu dire, fit-il, que Dieu aime les révélations faites à sa face, c'est-à-dire en plein air, sous son ciel, devant sa nature, et que les secrets de l'homme lui parviennent mieux à travers les nuages qu'au travers des murs de pierre d'une cathédrale...

— C'est mon avis aussi, murmura humblement le pécheur.

— Eh bien, alors, il ne vous contrarie point, continua le curé satisfait, de me conter à l'oreille, ici, loin de tous les témoins, ce que vous m'eussiez raconté dans le confessionnal? Votre plaie est douloureuse, ne l'irritons point par le déplacement.

— Volontiers, dit l'homme, qui parut s'accommoder parfaitement de la proposition du curé; faut-il que je me mette à genoux, mon père?

Le curé leva les yeux, regarda autour de lui, et vit à une fenêtre basse sa servante, qui suivait cette scène avec curiosité.

Il la fit remarquer à son pénitent.

— Eh bien, dit celui-ci, qui avait fait connaissance avec elle par son introduction dans le jardin, c'est mademoiselle Jacqueline... je la connais.

— Oui?... Eh bien, vous voyant à genoux, répondit le curé, elle ne comprendrait pas, et elle pourrait venir, ce qui nous gênerait; tandis qu'elle ne peut rien trouver que de naturel à notre conversation. Asseyez-vous donc là, près de moi, et commencez.

FIN DU PREMIER VOLUME.

# TABLE

|  |  | Pages. |
|---|---|---|
| I. | Le Palais-Royal. | 1 |
| II. | L'arbre de Cracovie | 10 |
| III. | Les nouvellistes. | 22 |
| IV. | Chez Danton. | 33 |
| V. | Le dîner. | 50 |
| VI. | Le club Social | 70 |
| VII. | Le club des Droits de l'homme | 93 |
| VIII. | La traite des blancs | 102 |
| IX. | L'intérieur de Marat | 131 |
| X. | Ce qu'était Marat en 1788 | 139 |
| XI. | Le prince Obinsky. | 147 |
| XII. | Cécile Obinska | 155 |
| XIII. | Le roman se noue. | 167 |
| XIV. | Le roman se dénoue | 175 |
| XV. | Comment les aventures de Marat se trouvent mêlées à celles d'un roi. | 183 |
| XVI. | Comment, après avoir fait connaissance avec les officiers du roi de Pologne, Marat fit connaissance avec les geôliers de l'impératrice de Russie. | 191 |
| XVII. | Deux différentes manières de voir | 201 |
| XVIII. | Le mannequin de la place Dauphine. | 212 |
| XIX. | La maison de M. Réveillon, marchand de papiers peints, au faubourg Saint-Antoine | 224 |
| XX. | Le père et la fille. | 241 |
| XXI. | L'émeute. | 246 |
| XXII. | Christian | 253 |
| XXIII. | Où les soupçons de Rétif sont tristement confirmés. | 263 |
| XXIV. | Le tentateur | 271 |
| XXV. | L'ingénuité d'Ingénue. | 290 |
| XXVI. | M. Auger. | 301 |
| XXVII. | Le curé Bonhomme. | 313 |

---

Coulommiers. — Imprimerie de A. MOUSSIN.

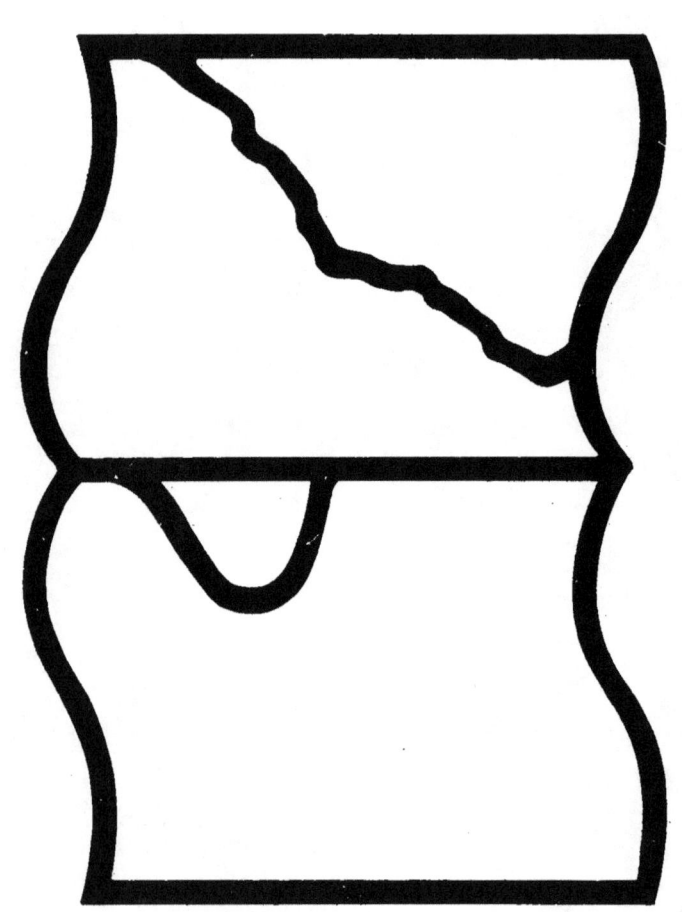

Texte détérioré — reliure défectueuse
**NF Z 43-120-11**

www.ingramcontent.com/pod-product-compliance
Lightning Source LLC
Chambersburg PA
CBHW060652170426
43199CB00012B/1755